国家社会科学基金项目"'三权分置'下农地抵押贷款产权价值评估分类设计研究"（17CJY028）

农地经营权

价值评估：理论与实践

阚立娜 ◎ 著

四川大学出版社

图书在版编目（CIP）数据

农地经营权价值评估：理论与实践 / 阚立娜著. — 成都：四川大学出版社，2024.1
ISBN 978-7-5690-6446-9

Ⅰ. ①农… Ⅱ. ①阚… Ⅲ. ①农业用地－土地产权－资产评估－研究－中国 Ⅳ. ①F321.1

中国国家版本馆CIP数据核字（2023）第212129号

书　　名：农地经营权价值评估：理论与实践
　　　　　Nongdi Jingyingquan Jiazhi Pinggu: Lilun yu Shijian
著　　者：阚立娜

选题策划：梁　平
责任编辑：梁　平
责任校对：李　梅
装帧设计：裴菊红
责任印制：王　炜

出版发行：四川大学出版社有限责任公司
　　　　　地址：成都市一环路南一段24号（610065）
　　　　　电话：（028）85408311（发行部）、85400276（总编室）
　　　　　电子邮箱：scupress@vip.163.com
　　　　　网址：https://press.scu.edu.cn
印前制作：四川胜翔数码印务设计有限公司
印刷装订：四川省平轩印务有限公司

成品尺寸：170 mm×240 mm
印　　张：14.75
字　　数：282千字

版　　次：2024年5月 第1版
印　　次：2024年5月 第1次印刷
定　　价：78.00元

本社图书如有印装质量问题，请联系发行部调换

版权所有　◆　侵权必究

扫码获取数字资源

四川大学出版社
微信公众号

前 言

长期以来,我国农村金融市场存在严重的供不应求问题,一方面是由于农业生产的弱质性和风险性,金融机构资金供给的内生动力不足;另一方面是由于农业经营主体缺乏优质的抵押品而受到较强的金融排斥。为了满足现代农业发展需要,有效盘活农村资源资产,增加农业生产的资金投入,2013年11月党的十八届三中全会提出"要赋予农民对于承包地占有、使用、收益、流转以及承包地经营权抵押、担保的权能";2014年中央一号文件首次提出农村土地(本书将"农村土地""农用地"均简称为"农地")实行"三权分置",进一步"稳定农户承包权、放活土地经营权、允许承包土地的经营权向金融机构抵押融资";2019年1月1日我国开始实行新的《中华人民共和国农村土地承包法》,其中第四十七条明确提出"承包方可以用承包地的土地经营权向金融机构融资担保,受让方通过流转取得的土地经营权,经承包方书面同意并向发包方备案,也可以向金融机构融资担保"。至此,农地经营权抵押在"三权分置"的制度框架下得到了法律层面的认可,为进一步推动农地市场化改革提供了法律保障。2022年党的二十大报告再次明确提出"深化农村土地制度改革,赋予农民更加充分的财产权益"是全面推进乡村振兴的重要内容。"三权分置"下农地经营权抵押担保融资是推进农地制度和农村金融联动改革的重大创新,农地价值评估是农地抵押融资顺利开展的关键环节。农地经营权作为抵押物时,其抵押属性、价值构成、产权主体等方面的特征决定了价值评估方法的特殊性,但我国农村资产价值评估体系还不完善,在一定程度上制约了农地经营权产权价值评估的开展。本书基于农地"三权分置"的制度背景,对农地经营权抵押价值评估方法进行创新,根据农地产权属性和经营主体类型对农地承包经营权和农地流转经营权的价值评估方法进行分类设计,一方面解决普通农户和新型农业经营主体的资金短缺问题,提高金融机构开展农地抵押融资的积极性;另一方面基于新发展理念提高农地资产价值评估的精准性和科学性,在有效发挥农地资产属性的同时保护其生态产品功能,实现农地资源的可持续发展。

　　本书研究主题是"农地经营权价值评估",研究重点是基于"三权分置"下农地经营权属性差异对农地抵押价值评估方法进行分类设计。以农地"三权分置"改革为制度背景,以农地产权理论、资产价值评估理论、农地金融理论为理论基础,结合我国农地抵押贷款试点地区的实践经验,对农地抵押贷款、农地经营权价值评估等内容进行系统的、多维度的定性描述和定量分析。基于分类设计视角,分析不同属性的农地经营权抵押价值构成、抵押属性、影响因素以及评估方法,在此基础上分别提出农地承包经营权的产权价值评估法和农地流转经营权的公允价值评估法,重点对两种方法的基本原理、模型构建、案例检验等内容进行研究,最后对两种方法进行合并,形成农地经营权价值评估的综合模型,并提出完善农地经营权价值分类评估支撑体系的政策建议。

　　重要观点概括如下:①我国农地抵押贷款在循序渐进、试点先行的原则下经历了严格禁止、政策逐渐松动、有条件解禁和法律放开四个阶段,每个阶段的政策都是根据"三农"发展的现实需求而进行的理性选择。实践中各地区探索出了不同的农地抵押贷款模式,总体上可分为直接型与间接型、政府主导型与市场主导型、承包经营权型与流转经营权型。从实践效果来看,农地抵押贷款使农业经营主体的融资可得性提高、收入水平得到改善、农地市场化流转进程加快,但同时也存在内生发展动力不足、市场处置机制不畅、农地价值评估机制不完善等困境。②《中华人民共和国农村土地承包法》赋予了"三权分置"下农地经营权合法的融资担保权能,其抵押价值评估不仅要遵循真实性、法规性、科学性和可行性等原则,还要充分考虑城乡融合发展、市场化改革以及生态文明建设等多重问题。农地价值评估方法主要有收益还原法、市场比较法、成本法等,但实践中存在着评估程序不规范、评估方法不统一以及评估管理水平不高等现实问题。借鉴顾客满意度指数(CSI)理论框架构建农地价值评估农户满意度指数模型,运用结构方程模型定量分析得出影响农地价值评估满意度的关键因素。③普通农户拥有的农地承包经营权权属完备、抵押属性完整,但农地小而散、劳动生产率低下、市场联结能力弱等生产特征,降低了农地承包经营权作为抵押品的实际价值。新型经营主体拥有的农地流转经营权是基于流转合同而产生的期限性权利,其抵押价值形成的前提是农地"三权分置",必备条件是市场化流转,且随着农业规模化程度提高而不断增强。两类农地经营权产权属性不同决定了二者作为抵押品时收益、还款和处置变现能力的差异,据此形成了农地抵押价值分类评估的理论依据,进而提出使用产权价值评估法和公允价值评估法分别对两类农地经营权进行评估。④基于可持续发展视角，农地承包经营权抵押价值主要由经济价值、社会价值和生态价值三部分构成，分别适合利用收益还原法、替代市场法和当量因子法进行估算，在此基础上构建了农地承包经营权的产权价值评估模型。以宁夏回族自治区平罗县作为样本区，对农地承包经营权的经济价值、社会价值和生态价值进行估算，将模型计算出的理论评估值与案例实际评估值进行对比，发现实践中平罗县采用基准价格法计算的农地承包经营权抵押价值被低估，忽略了社会保障功能和生态功能，导致在此基础上发放的抵押贷款很难满足农户的资金需求。⑤农地流转经营权剥离了社会保障功能，其抵押价值构成中只有经济价值和生态价值，抵押实质是对农地所产生的未来收益进行抵押。公允价值的自愿交易性、信息对称性以及市场相关性等特征能够保证农地价值评估结果的客观性和准确性，在此基础上构建了农地流转经营权的公允价值评估模型。以陕西省杨凌农业高新技术产业示范区作为样本区，对农地流转经营权的经济价值和生态价值进行估算，将模型计算的理论评估值与案例实际评估值进行对比，发现案例中的农地流转经营权评估价值只与公允价值模型中的经济价值大致相当，年净收益、流转租金、农业补贴以及生态价值等问题未得到合理考虑。⑥基于两类农地经营权价值评估模型的比较优势，同时结合产权价值构成以及价值评估方法的共同性特征，将两种方法进行有机结合，构建出农地经营权价值评估的综合模型。为了确保农地抵押价值分类评估方法的应用和发展，需要构建一套完善的支撑体系，包括"四位一体"的农地金融利益保障机制、"三公一独"的农地价值评估准则体系以及"三台一系"的外部生态环境。

  本书根据"三权分置"下农地产权属性差异对农地经营权抵押价值进行分类设计研究，一方面实现了农地制度与农村金融研究的深度融合，有利于扩展普惠金融理论的深度和广度；另一方面有利于扩充农地价值评估方法范畴，并进一步拓展自然资源生态产品价值评估的理论框架。研究结论具有一定的学术价值。从实践应用角度看，农地价值评估方法的分类设计有利于提升农地抵押和农地价值评估服务的精准性和科学性。基于产权价值评估法对农地承包经营权进行价值评估，既可解决普通农户家庭经营的"融资之困"，又可减少农户因抵押而产生的"失地之忧"；基于公允价值评估法对农地流转经营权进行价值评估，可保障规模经营主体能够获得充足的资金支持，对促进农业产业化和集约化经营具有重要意义。

  本书在撰写期间开展了多次社会调研工作，研究成果积极用于服务地方经济发展，产生了一定的社会影响，例如，2018年8月赴宁夏回族自治区平罗县，到中国人民银行平罗支行、平罗县农村产权流转交易服务中心等部门开展调研；2019年1月赴陕西省西安市高陵区，到中国人民银行高陵支行开展调研；2019年8月赴陕西省杨凌农业高新技术示范区，到杨凌区财政局、土地流转中心等部门开展调研；2021年4月赴陕西省安康市，到安康市乡村振兴局、平利县农业农村局开展调研；2022年8月赴陕西省西安市周至县，到周至县政府开展全面助力县域经济高质量发展的调研。调研期间课题组对各地区农地抵押担保融资试点效果及农地经营权价值评估情况进行深入了解，并形成了相应的调研报告和指导意见，对各地区深化农地金融改革提供了一定的理论指导和经验借鉴，也为西部地区乡村振兴战略的全面开展提供了决策支持。

目　　录

第一章　概　论……………………………………………………（1）
　第一节　研究背景……………………………………………（1）
　第二节　研究意义……………………………………………（8）
　第三节　主要研究内容………………………………………（11）
　第四节　研究思路……………………………………………（12）
　第五节　研究方法……………………………………………（14）
　本章小结………………………………………………………（15）

第二章　国内外研究现状综述………………………………（16）
　第一节　关于农地抵押贷款的研究动态……………………（16）
　第二节　关于农地价值评估的研究动态……………………（22）
　第三节　国内外研究动态述评………………………………（29）
　本章小结………………………………………………………（31）

第三章　我国农地抵押贷款的政策演进及实践模式………（32）
　第一节　农地抵押贷款的政策演进及阶段特征……………（32）
　第二节　农地抵押贷款的试点实践模式……………………（38）
　第三节　农地抵押贷款的实践效果评价……………………（53）
　第四节　农地抵押贷款的可持续推广困境…………………（59）
　本章小结………………………………………………………（63）

第四章　"三权分置"下农地经营权抵押价值及评估………（64）
　第一节　"三权分置"的内容及实践意义……………………（64）
　第二节　"三权分置"下农地经营权抵押价值分析…………（67）
　第三节　农地经营权抵押价值评估…………………………（74）

第四节　农地经营权价值评估的农户满意度分析……………（85）
　　本章小结……………………………………………………………（97）

第五章　"三权分置"下农地经营权价值分类评估的理论分析………（99）
　　第一节　"三权分置"下农地经营权产权差异表现………………（99）
　　第二节　农地承包经营权产权属性及抵押价值分析……………（103）
　　第三节　农地流转经营权产权属性及抵押价值分析……………（113）
　　第四节　"三权分置"下农地经营权价值影响因素分析…………（121）
　　第五节　农地经营权价值分类评估方法选择……………………（134）
　　本章小结……………………………………………………………（137）

第六章　基于产权价值模型的农地承包经营权价值评估方法………（138）
　　第一节　农地承包经营权价值构成………………………………（138）
　　第二节　农地承包经营权价值评估方法…………………………（142）
　　第三节　农地产权价值评估模型的构建…………………………（148）
　　第四节　宁夏平罗农地承包经营权价值评估与实践检验………（152）
　　本章小结……………………………………………………………（161）

第七章　基于公允价值评估模型的农地流转经营权价值评估方法……（162）
　　第一节　农地流转经营权价值构成………………………………（162）
　　第二节　农地流转经营权价值评估方法…………………………（164）
　　第三节　农地流转经营权公允价值评估模型的构建……………（167）
　　第四节　陕西杨凌示范区农地流转经营权价值评估与实践检验……（172）
　　本章小结……………………………………………………………（184）

第八章　"三权分置"下农地经营权价值综合评估模型………………（185）
　　第一节　农地产权价值评估模型的比较优势……………………（185）
　　第二节　农地公允价值评估模型的比较优势……………………（188）
　　第三节　农地经营权价值综合评估模型构建……………………（191）
　　本章小结……………………………………………………………（196）

第九章　完善农地经营权价值分类评估支撑体系的政策建议………（198）
　　第一节　构建"四位一体"的利益保障机制………………………（198）

第二节　构建"三公一独"的价值评估准则体系……………（204）
　　第三节　构建"三台一系"的外部生态环境…………………（207）
　　本章小结………………………………………………………（210）

第十章　结论与展望………………………………………………（212）
　　第一节　研究结论………………………………………………（212）
　　第二节　研究展望………………………………………………（214）

附录　农地经营权抵押贷款及价值评估开展情况调查问卷……（215）

参考文献……………………………………………………………（221）

后　　记……………………………………………………………（225）

第一章 概 论

第一节 研究背景

农村金融是新时代农村经济发展的血脉,高效的农村金融供给体系是推进乡村振兴战略、加快城乡融合发展进而实现共同富裕的重要基础。我国"十四五"规划和2035年远景目标都提出了要通过扩大农村资产抵押担保融资范围来完善金融支农激励机制。"三权分置"下农地经营权抵押贷款是推进农地制度和农村金融联动改革的重大创新,有利于发挥农地的资本属性,为农业规模化经营和现代农业发展提供多元化的金融支持。科学合理地评估农地经营权价值是农地抵押贷款可持续发展的关键,对农村金融全面支持乡村振兴和完善乡村生态资产价值评估体系都具有重要意义。

一、政策背景

(一)"三权分置"下农地经营权抵押贷款的政策演进

随着我国由传统农业向现代农业转型发展,农地市场化流转趋势加快,发展适度规模经营成为实现农业现代化的必由之路,而充足的资金支持是各类农业经营主体发展规模经营的必要条件。长期以来,我国农村金融市场存在严重的供不应求问题,一方面是由于农业生产的弱质性和风险性,金融机构资金供给的内生动力不足;另一方面是由于农业经营主体缺乏优质的抵押品而受到较强的金融排斥。为了支持现代农业发展需要,解决规模经营的资金短缺问题,有效盘活农村资源资产,增加农业生产的资金投入,党中央、国务院以及相关金融部门出台了一系列政策法规。2013年11月,党的十八届三中全会通过了《中共中央关于全面深化改革若干重大问题的决定》,明确指出要赋予农民对于承包地占有、使用、收益、流转以及承包地经营权抵押、担保的权能①。2014年中央一号文件《关于全面深化农村改革加快推进农业现代化的若干意见》首次提出要在坚持农地集体所有的前提下，促使承包权与经营权分离，形成所有权、承包权、经营权"三权分置"，经营权流转的格局；并且允许承包土地的经营权向金融机构抵押融资②。2015年8月，《国务院关于开展农村承包土地的经营权和农民住房财产权抵押贷款试点的指导意见》发布；同年12月，经全国人民代表大会授权，对《中华人民共和国物权法》和《中华人民共和国担保法》中关于集体所有耕地使用权不得抵押的规定，在北京市大兴区等232个试点县（市、区）进行了临时调整③。在消除了法律制度障碍的前提下，全国开始开展大规模的农地经营权抵押贷款试点工作。2016年3月，中国人民银行、银监会、保监会、财政部、农业部五部委联合发布《农村承包土地的经营权抵押贷款试点暂行办法》，从设立条件和相关程序等方面详细规范了农地经营权抵押贷款试点的具体安排，为试点工作的顺利开展提供了具有可操作性的指导④。

2018年底，农地经营权抵押贷款试点结束，《国务院关于全国农村承包土地的经营权和农民住房财产权抵押贷款试点情况的总结报告》发布。报告显示，截至2018年9月，试点地区农地抵押贷款余额为520亿元，同比增长76.3%，累计发放贷款964亿元；新型农业经营主体融资可得性明显提升，对普通农户的带动作用也持续增强，普通农户贷款额度由试点前的最高10万元提高至50万元，新型农业经营主体贷款额度由试点前的最高1000万元提高至2000万~5000万元不等⑤。农地"三权分置"改革的确立与推进使农地经营权抵押贷款具备了全面推广的条件。2018年12月，第十三届全国人民代表大会常务委员会第七次会议通过了《关于修改〈中华人民共和国农村土地承包法〉的决定》，新的《中华人民共和国农村土地承包法》于2019年1月1日开

---

① 中共中央：《中共中央关于全面深化改革若干重大问题的决定》，https://www.gov.cn/zhengce/2013-11/15/content_5407874.htm。
② 中共中央、国务院：《关于全面深化农村改革加快推进农业现代化的若干意见》，https://www.gov.cn/jrzg/2014-01/19/content_2570454.htm。
③ 国务院：《国务院关于开展农村承包土地的经营权和农民住房财产权抵押贷款试点的指导意见》，https://www.gov.cn/zhengce/content/2015-08/24/content_10121.htm。
④ 中国人民银行、银监会、保监会、财政部、农业部：《农村承包土地的经营权抵押贷款试点暂行办法》，https://www.gov.cn/zhengce/2016-05/24/content_5076149.htm。
⑤ 国务院：《国务院关于全国农村承包土地的经营权和农民住房财产权抵押贷款试点情况的总结报告》，http://www.npc.gov.cn/zgrdw/npc/xinwen/2018-12/23/content_2067610.htm。

始实施[1]。其核心思想是"三权分置",即在不改变农地所有权的基础上,将农地承包经营权进一步细分为承包权和经营权,充分保护集体农户承包权利的同时,明确土地经营权在农地制度中的核心作用。其中第四十七条指出,承包人可以使用承包地的土地经营权向金融机构提供融资担保并向发包人备案;受让人通过流转取得的土地经营权,经承包人书面同意并向发包人备案后,可以向金融机构提供融资担保[2]。虽然在新法中没有提出农地经营权抵押的概念,但是使用了包含抵押和质押两种情形的融资担保的说法[3]。至此,农地经营权抵押在"三权分置"的制度框架下得到了法律层面的认可,为进一步的实践推广提供了制度支撑,这也是本书进行农地经营权价值分类评估研究的法律依据。

为了实现巩固拓展脱贫攻坚成果同乡村振兴战略的有效衔接,切实提高金融服务乡村振兴的效率和水平,《关于金融服务乡村振兴的指导意见》于2019年2月发布。该意见建议积极扩大农业和农村抵押质押范围,推动依法形成全方位、多元化的农村资产抵押质押融资模式;积极稳妥地推进农村承包地经营权抵押贷款业务,促进农地资产与金融资源的有机结合[4]。为了进一步促进农业全面升级、农村全面进步和农民全面发展,加快实现农业和农村现代化建设目标,2021年4月,全国人民代表大会常务委员会通过了《中华人民共和国乡村振兴促进法》,其中第六十三条明确建议依法完善农村资产抵押担保权,完善和加强对乡村振兴的金融支持和服务[5]。2021年6月,《关于金融支持巩固拓展脱贫攻坚成果 全面推进乡村振兴的意见》发布。该意见指出,要拓宽农村资产抵押质押物范围,积极推广农村承包土地的经营权抵押贷款业务[6]。至此可以看出,农地作为最重要的乡村资产,完善其抵押担保权能、发挥其资

---

[1] 在没有特殊说明的情况下,后文中出现的《农村土地承包法》都是指2018年修订后的《农村土地承包法》。

[2] 全国人民代表大会常务委员会:《中华人民共和国农村土地承包法》,http://www.npc.gov.cn/zgrdw/npc/xinwen/2019-01/07/content_2070250.htm。

[3] 李飞、周鹏飞:《巩固和完善农村基本经营制度——刘振伟谈农村土地承包法修改(三)》,《山西农经》,2019年第3期,第1页。

[4] 人民银行、银保监会、证监会、财政部、农业农村部:《关于金融服务乡村振兴的指导意见》,https://www.gov.cn/gongbao/content/2019/content_5401351.htm。

[5] 全国人民代表大会常务委员会:《中华人民共和国乡村振兴促进法》,https://www.gov.cn/xinwen/2021-04/30/content_5604050.htm。

[6] 人民银行、银保监会、证监会、财政部、农业农村部、乡村振兴局:《关于金融支持巩固拓展脱贫攻坚成果 全面推进乡村振兴的意见》,https://www.gov.cn/xinwen/2021-07/01/content_5621872.htm。

本融资功能一直是国家支持"三农"发展的重要政策内容,对于推动农业现代化发展,支持乡村全面振兴也具有重要的战略意义。"三权分置"制度的有序推进加快了农地经营权流转。截至 2021 年 2 月,全国农村承包地确权登记颁证基本完成,涉及 2 亿多农户,承包耕地流转面积超过 5.55 亿亩[①]。农地"三权分置"下,以农地经营权抵押贷款为突破口,对我国农地金融发展模式进行探索与创新是破解农村金融"最后一公里"困境的有效途径,也是我国深入推进乡村振兴战略和实现农业高质量发展的重要内容。

(二)农地资产价值评估的政策依据

针对农地的价值评估,我国于 2012 年发布了《农用地估价规程》,这也是我国对农地估价基本原则、影响因素以及估价方法等进行详细规定的国家级标准。关于农地经营权抵押价值的评估,2016 年的《农村承包土地的经营权抵押贷款试点暂行办法》提出,试点地区逐步建立政府专家评估、专业评估机构评估、相互协商评估、金融机构独立评估等多维评估模式,并因地制宜地采用收益法、市场比较法、成本法等多种评估方法,实现农地经营权价值评估的公平性、公开性和客观性[②]。随着城镇化进程的推进,农地市场化流转不断加快,为进一步规范农地价值评估工作,发挥农村集体土地资源资产价值,支持城乡融合发展和乡村振兴战略,2020 年 4 月,《农村集体土地价格评估技术指引》发布,提出对于以抵押为目的的农地价值评估,应特别关注待估宗地及地上建(构)筑物的权利状况,并在评估报告中予以全面、客观的披露。同时应体现谨慎原则,按照合法合规的现状用途及其在谨慎预期下最可能实现的价值进行评估[③]。这为农地经营权抵押价值的确定提供了更加明确的参考依据。

党的十八大以来,随着生态文明建设深入推进,党和国家高度重视自然资产的保护和价值核算,要求深化资源性产品价格和税费改革,建立反映市场供求和资源稀缺程度、体现生态价值和代际补偿的资源有偿使用制度和生态补偿制度[④]。党的十九大报告明确指出,必须树立和践行绿水青山就是金山银山的

---

① 乔金亮:《15 亿亩承包地如何合理有序流转》,《经济日报》,2021 年 2 月 8 日第 1 版。
② 中国人民银行、银监会、保监会、财政部、农业部:《农村承包土地的经营权抵押贷款试点暂行办法》,https://www.gov.cn/zhengce/2016-05/24/content_5076149.htm。
③ 中国土地估价师与土地登记代理人协会:《农村集体土地价格评估技术指引》,2020 年。
④ 胡锦涛:《坚定不移沿着中国特色社会主义道路前进 为全面建成小康社会而奋斗——在中国共产党第十八次全国代表大会上的报告》,http://www.xinhuanet.com//18cpcnc/2012-11/17/c_113711665.htm。

理念，对生态产品价值开展开创性、长远性的探索工作①。党的二十大报告再次肯定了促进人与自然和谐共生的战略目标，要建立生态产品价值实现机制，完善生态保护补偿制度，从而提升生态系统多样性、稳定性和持续性②。生态产品价值实现的关键是如何将富足的生态资源转化成资产、资本和资金。2021年4月，《关于建立健全生态产品价值实现机制的意见》发布。该意见重点提出完善生态产品价值评估体系，结合不同类型生态产品的商品属性设计价值核算方法，突出反映生态产品保护和开发成本与市场供求关系③。

农地作为一项重要的生态资源，科学确定其实际价值对于引导农地的合理占用和推动农地抵押贷款可持续发展具有重要意义。农地价值评估是我国农地资源进行资产化管理的必然结果，但我国尚未形成统一的评估体系和规范的评估方法。金融机构对我国农地资源的抵押价值和抵押属性认可度不高，一方面是由于农业生产本身的经营风险和承包责任制下农地的社会保障属性，另一方面是由于我国农村抵押贷款资产价值评估市场的不完善容易引发金融风险。农地资源资产抵押的特殊性以及农地价值评估所处的阶段特征使得其在评估方法设计和评估模式选择方面都需要更强的科学性和专业性。

二、现实背景

（一）农业经营主体多元化格局形成，资金不足成为普遍问题

随着我国经济社会发展，农业供给侧改革深入推进，农业边缘化、农村空心化和农民老龄化的"新三农"问题越来越突出。农村剩余劳动力逐渐向第二三产业转移，农地出现大规模的流转，新型经营主体得以发展壮大，经营主体多元化逐渐成为我国现代农业经营体系最重要的基础特征④。发展家庭经营和适度规模经营并存的中国特色现代化农业成为我国农村经济发展的必由之路。

---

① 习近平：《决胜全面建成小康社会 夺取新时代中国特色社会主义伟大胜利——在中国共产党第十九次全国代表大会上的报告》，https://www.gov.cn/zhuanti/2017-10/27/content_5234876.htm。

② 习近平：《高举中国特色社会主义伟大旗帜 为全面建设社会主义现代化国家而团结奋斗——在中国共产党第二十次全国代表大会上的报告》，https://www.gov.cn/xinwen/2022-10/25/content_5721685.htm。

③ 中共中央办公厅、国务院办公厅：《关于建立健全生态产品价值实现机制的意见》，https://www.gov.cn/zhengce/2021-04/26/content_5602763.htm。

④ 张红宇：《农地改革：从"两权分离"到"三权分置"》，《中国经济报告》，2018年第12期，第38页。

根据《第三次全国农业普查主要数据公报（第一号）》，截至2016年末，我国规模农业经营户[①]数量达到了398万户，农业经营单位204万个，农业经营单位数量较10年前增长了417.4%；经营面积超过50亩的农户已达356万户，其中家庭农场87.7万户[②]。家庭农场和大型专业农户数量的逐年增加，对我国以农村小额信贷为主的传统金融支农模式提出了挑战。普通农户的家庭经营和新型经营主体的规模经营都面临着严重的生产资金短缺问题，尤其是以规模化、长期化资金需求为特征的新型经营主体。由于缺乏有效的抵押物，两类主体参与金融机构贷款的比例均不高，规模农户参与银行贷款的比例为11.17%，参与信用社贷款的比例为9.64%，而普通农户这两项比例分别仅为3.56%和3.83%，这也说明农业经营主体的正规融资渠道不畅[③]。发展现代农业，实现乡村振兴，都需要大量的资本要素投入。但长期以来由于农业经营主体普遍缺乏有效抵押品而受到正规金融的排斥，发展农业生产的资金需求长期未能得到有效满足，成了制约农业现代化发展进程的关键性障碍之一。

（二）农地抵押贷款成为解决经营主体融资困难的有效途径

农地是农户最有价值和最有抵押潜力的资产，更是农民收入的保障。在过去很长的时间里，农民只拥有土地的承包权和使用权以及由此带来的收益权。这种产权的不完整性使农地更多地发挥了"资产"功能，而"资本"功能一直处于沉睡状态[④]。农地"三权分置"改革，将家庭联产承包责任制下的农地所有权和承包经营权"两权分离"进一步细化为所有权、承包权和经营权的"三权分置"，一方面稳定了现有的农地承包经营关系，在不改变农地集体所有的前提下，使承包权继续保有社会保障和集体成员身份功能；另一方面激活了农地经营权，进一步发挥出农地作为资本要素的融资担保功能，有力促进了农地承包经营权抵押贷款开展。根据农地经营权取得方式和两权分离状态的不同，农地抵押贷款可分为两种：一种是"分而不离"的承包型，即农地承包权与农

[①] 规模农业经营户指具有较大农业经营规模，以商品化经营为主的农业经营户。其中种植业的规模化标准为：一年一熟制地区露地种植农作物的土地达到100亩及以上、一年二熟及以上地区露地种植农作物的土地达到50亩及以上、设施农业的设施占地面积25亩及以上。

[②] 国务院第三次全国农业普查领导小组办公室、中华人民共和国国家统计局：《第三次全国农业普查主要数据公报（第一号）》，2017年。

[③] 李艳、杨慧莲、杨舒然：《"规模农户"与普通农户的主体特征和生产经营状况考察》，《改革》，2021年第8期，第120页。

[④] 武丽娟、刘瑞明：《唤醒沉睡的资本：农地抵押贷款的收入撬动效应》，《财经研究》，2021年第9期，第109页。

地经营权都由原来的承包户所有，承包户可直接用农地经营权进行抵押融资；另一种是"既分又离"的流转型，即原承包户保有承包权，将经营权流转给规模经营主体，以流转的农地经营权进行抵押融资[①]。在农地"三权分置"改革基础上，"人""地""钱"成为推进乡村振兴战略的关键要素，承包型和流转型农地经营权抵押贷款两种形式都能够实现三大要素的有效串联，保证农民增收、农业发展和农村稳定三大目标的实现，同时农地经营权抵押贷款也肩负着满足乡村振兴战略多样化金融需求的时代使命。

（三）农地价值评估成为影响农地抵押实践效果的关键

农地抵押贷款试点以来，在中国人民银行和地方金融机构等部门的积极努力下，取得了一系列阶段性成果。农村产权流转体系逐步健全，多层次的风险补偿和缓释机制逐步完善，金融产品创新力度持续加大，抵押物处置机制不断完善。但我国"三农"领域固有的农地特殊性、农业弱质性和农民生计需要三大基础性因素导致农地抵押内生发展动力不足[②]；农村金融供给的结构性失衡导致农村金融机构开展积极性不高，相关配套措施和制度保障不完善导致开展农村资产抵押的外部条件缺乏。权属明晰、产权价值稳定且便于评估、变现容易是一个优质抵押担保物的基本特征。"三权分置"下农地经营权理论上虽然具备了抵押品的一般条件，但实践中其抵押功能的实现对农地经营权预期价值、流转市场以及农户信用体系都提出了较高的要求。因此从农地抵押贷款产品本身来看也存在着一些制约抵押功能实现的内在因素：申请流程复杂、实际贷款利率高、金额小、抵押物处置困难等。为期三年的试点实践证明农地经营权作为有效抵押物，对其价值进行科学评估是合理确定贷款额度的前提。但现实中我国大部分农村地区资产价值评估体系不完善，专业的评估机构和评估人员普遍缺乏，价值评估程序和评估标准不规范，尤其尚未根据产权属性差异进行分类考虑，这必然会导致农地价值评估工作缺乏一定的科学性和准确性，降低了农地抵押贷款对不同类型农业经营主体的金融支持效应。农地经营权抵押价值评估是推进农地制度和农村金融联动改革的关键环节，对评估方法进行科学设计，有利于解决各种类型农业经营主体发展适度规模经营的资金短缺问题，有利于提高金融机构开展农地抵押贷款的积极性，推动农地抵押贷款的可

---

① 汪险生、郭忠兴：《流转型土地经营权抵押贷款的运行机制及其改良研究——基于对重庆市江津区及江苏新沂市实践的分析》，《经济体制改革》，2017年第2期，第69页。

② 王德福：《制度障碍抑或市场不足？——农地产权抵押改革的限制因素探析》，《求实》，2017年第5期，第86页。

持续发展。

第二节 研究意义

一、理论意义

"三权分置"下农地经营权抵押贷款的抵押品包括农地承包经营权和农地流转经营权,对抵押品的产权属性和价值构成进行分类界定是科学开展农地价值评估的理论前提,对完善和丰富农地产权理论和农村金融理论具有重要意义。研究农地产权、农地抵押、农地金融、农地价值以及价值评估等系列问题,不仅有利于丰富农业经济学、农村金融学、土地经济学的学科内容,也有利于进一步拓展和深化资产评估学、制度经济学的研究领域。

(一)有利于深化农地产权理论体系

农地产权是由一系列权利束组成的权利体系,为了实现资源的最优化利用,可以将单个权利束分配给不同的主体。坚持农地集体所有、稳定农户家庭承包权、促进经营权流转的农地"三权分置"产权体系,是深化我国农地产权制度市场化改革的主要方向。农地经营权和承包权进一步分离,在保证农户集体身份成员权的前提下,激活出更加多元的农地产权结构。相应地,农地抵押也从家庭联产承包制度下"承包经营权抵押"转变为"经营权抵押"。因此农地经营权抵押价值评估必须基于"三权分置"下农地产权结构细分的前提进行,根据农地经营主体和产权属性分别对普通农户的承包经营权价值和规模经营主体的流转经营权价值进行分类评估,有利于进一步巩固土地集体所有、农户承包、多元经营的新型农业经营机制,使农地承包经营权和承包农地的经营权权利边界和内涵更加丰富。农地抵押价值分类设计将农地经营权细分为经济收益权、生存保障权、发展权、生态安全权等权利体系,并选择科学的评估方法进行价值测算,进一步深化和巩固了农地产权理论体系。

(二)有利于完善农村金融创新理论视域

以农地抵押为主要形式的农地金融是我国农村金融体系的重要组成部分,同时也是发展普惠金融的重要内容,在促进农业信贷资金投入、提高农业效率、增加农民收入以及推动农地市场化流转进而支持农业规模化发展等方面都发挥了积极的作用。农地金融的实质就是发挥土地的财产功能，其根本宗旨和目标是通过金融工具创新为各种农村经营主体提供持续有效的金融服务。完善的抵押担保制度和农地价值评估机制能有效降低信贷过程中供需双方的信息不对称问题，保障农村金融市场的有序发展。对农地经营权抵押贷款及其抵押价值进行分类研究能够有效推动农地与金融深度有效融合，提升农村金融服务的精准性和普惠性，扩展农村金融和普惠金融理论的深度和广度。

（三）有利于扩充土地价值评估方法范畴

目前我国尚未出台一部关于农地资源资产评估的评估准则，在农地资产价值评估实务中主要遵循《资产评估准则——基本准则》《农用地估价规程》和《农村集体土地价格评估技术指引》等，已有的这些规范没有专门对以抵押为目的的农地价值评估问题进行说明，因此无法满足新时代背景下农地资源资产评估实务的发展需要，也无法精准有效地服务农地抵押贷款的实践和推广。农地价值评估是农地贷款准入的主要制约因素，进而影响着不良贷款的处置，最终导致农地经营权的潜在价值和内生活力无法被充分释放。因此，对"三权分置"下农地抵押价值评估方法进行分类设计，实现农地资产价值的公允性，有利于完善农地资源资产评估方法体系，为农地价值评估实践奠定坚实的理论基础。

（四）有利于拓展生态产品价值评价理论框架

合理确定农地资源价值是正确全面认识自然资源价值的基础性工作，符合国家战略层面的要求，更是践行绿水青山就是金山银山理念的重要举措。农地作为一项重要的自然资源和生态产品，本身具有经济性、生态性、文化性等多元价值属性，科学合理地评估农地价值是建立生态产品价值评价机制的重要内容。当前我国对于以抵押为目的的自然资源资产价值评估从理论到实践都没有建立一套统一的理论和方法体系，评估实务中对于抵押贷款价值的确定也没有形成统一的标准。对农地抵押价值方法进行研究设计，有利于拓展生态产品价值评价理论框架。

二、实践意义

本书在"三权分置"的制度背景下，提出了农地产权抵押价值分类评估的思路，将农地经营权划分为普通农户的承包经营权和新型经营主体的流转经营权，根据产权属性和价值构成的差异对农地抵押价值评估方法进行分类设计，对解决两类经营主体农业生产资金短缺问题、推动农地抵押贷款业务的可持续开展、规范农村资产价值评估工作具有较强的实践意义。

（一）有利于解决新型经营主体规模经营的资金短缺问题

农业经营主体多样化是农业现代化的重要标志，以家庭农场、农业合作社等为代表的新型规模经营主体在现代农业发展中发挥着举足轻重的作用。规模经营主体通过农地经营权抵押贷款可以获得商业银行的金融支持，但是在抵押物价值评估过程中，偏高或者偏低的估值都可能损害市场参与主体的权益。市场价格作为一种价值最直接的体现方式，成为市场经济中最基础的价值衡量指标。根据新型经营主体抵押的农地流转经营权属性及特点，使用反映市场价格的公允价值法进行评估，更能体现农地的资产属性，可以最大限度地利用市场发现农地的真实价值。农地经营权作为一项特殊的无形资产，对其估值的客观公允性关系到规模经营主体和金融机构的切身利益。采用公允价值法对农地流转经营权的抵押价值进行科学计量和评估，有利于规模经营主体获得更加客观的贷款资金，对促进农地经营权有序流转、激活农地市场活力、推动农业规模化和集约化经营具有重要的作用。

（二）有利于解决普通农户家庭经营的资金短缺问题

当前，以小农户为主的家庭经营仍然是我国农业经营的主要形式，更是农业发展需要长期面对的基本现实，其发展的好坏会直接影响农村居民收入水平，进而影响我国农业发展质量效益和核心竞争力的提升。对家庭经营提供高质量的资金支持是我国农村金融和普惠金融的重要任务，基于农地"三权分置"改革，对普通农户开展农地承包经营权抵押贷款是解决融资困境的有效方式。从权利属性看，普通农户作为集体成员天然拥有农地的经营使用权，其通过家庭承包获得的农地承包经营权是一项兼具身份和财产属性的综合性权利，因此具有完全的用益物权和担保物权属性。但普通农户拥有的农地面积有限，农地的细碎化和分散性导致价值评估困难，进而导致农地经营权市场价值较低。在农地抵押贷款过程中，基于产权价值评估法对农地承包经营权价值进行评估，既能够实现对普通农户家庭经营的金融支持，解决小农户农业生产的"融资之困"，实现农地的经济价值，又能发挥农地的社会保障功能，实现农地的社会价值，解除农户因农地抵押而产生的"失地之忧"。

（三）有利于规范乡村资产价值评估工作

我国农地情况复杂，不同时期、不同地区、不同类型、不同主体的农地经营权抵押物收益差异巨大，农地价值受到一系列市场和非市场因素的影响，这也决定了农地价值评估工作的复杂性。农地经营权抵押价值评估涉及普通农户和新型农业经营主体两大群体，现实中采用统一模糊的方法缺乏科学性。新型经营主体的经营规模较大，一般都从事收益较高的农业项目，采用以租金或者以收益为基准的估值方法具有一定的合理性。普通农户拥有的土地数量较少、位置分散，农村金融机构若采用同样的方法进行价值评估，则一方面会因交易成本过高而导致抵押贷款利率水平高，另一方面会忽略农地承包经营权对普通农户的社会保障功能。两方面因素都会导致农地价值被低估，农户可获得的贷款减少。因此，对农地抵押价值进行分类评估的方法，有利于进一步规范乡村资产价值评估工作。

第三节　主要研究内容

一、农地抵押贷款的政策演进过程及特征模式

这是本书开展研究的政策前提和现实依据。总结和归纳我国农地产权制度从"两权分离"到"三权分置"的政策演进过程；记录和描述现阶段试点地区农地产权抵押贷款的主要模式及价值评估方法；对农地抵押贷款的实践效果进行评价，重点分析实践推广的主要困境。在此基础上得出科学合理的农地价值评估是实现农地抵押贷款可持续发展的关键环节，进一步总结"三权分置"下农地经营权价值评估方法和实践现状。

二、农地经营权抵押价值分类评估的理论依据

基于"三权分置"下农地经营权产权属性的差异和抵押主体不同，将农地抵押分为农地承包经营权抵押和农地流转经营权抵押，对两种经营权的产权属性、价值形成过程、价值影响因素、抵押价值以及产权主体特征等内容进行全面分析，以此作为农地经营权抵押价值分类评估的理论依据。

三、基于产权价值模型的农地承包经营权价值评估方法

对"三权分置"下农地承包经营权的价值构成、评估方法进行理论分析，在此基础上构建农地承包经营权价值评估模型，并以宁夏平罗作为案例地区，通过利用宁夏平罗农地抵押相关数据对模型的理论评估值与实践评估值进行对比，得出两种价值的差异所在。

四、基于公允价值模型的农地流转经营权价值评估方法

对"三权分置"下农地流转经营权的价值构成、评估方法进行理论分析，在此基础上构建农地流转经营权的公允价值评估模型，并以陕西杨凌示范区作为案例地区，利用杨凌地区农地抵押相关数据对模型的理论评估值与实践评估值进行对比，得出两种价值的差异所在。

五、农地经营权抵押价值的综合评估方法设计

基于"三权分置"下农地承包经营权和流转经营权产权属性、价值构成、评估方法的共性特征，将产权价值评估模型和公允价值评估模型进行整合，并根据产权属性对价值评估公式进行分段运用，从而得出一种农地经营权抵押价值的综合评估方法。最后对实现农地抵押贷款产权价值分类评估的支撑体系建设提出相应的对策建议。

第四节 研究思路

本书紧紧围绕农地经营权抵押贷款产权价值评估这一研究主题，以农地产权、农村金融相关理论为基础，以国外先进地区农地金融开展经验为参照，结合我国试点实践中农地抵押和价值评估开展的基本现状，基于"三权分置"下农地经营权产权属性差异视角，对农地抵押价值评估方法进行分类设计。首先对"三权分置"下农地经营权抵押贷款的政策演进、实践模式以及农地价值评估的现状进行总结分析；然后分析农地经营权的产权特征、抵押属性、价值构成、价值影响因素等，揭示农地承包经营权和流转经营权的差异性，提出对两类经营权价值评估方法进行分类设计的基本思路；在此基础上，提出了基于产权价值模型和公允价值评估模型的农地承包经营权和农地流转经营权的价值评

估方法，并以宁夏平罗和陕西杨凌两地区的实践案例进行检验；最后提出"三权分置"视角下农地经营权价值评估的综合方法，以及完善农地经营权抵押价值分类评估支撑体系的政策建议。

研究思路框架如图1-1所示。

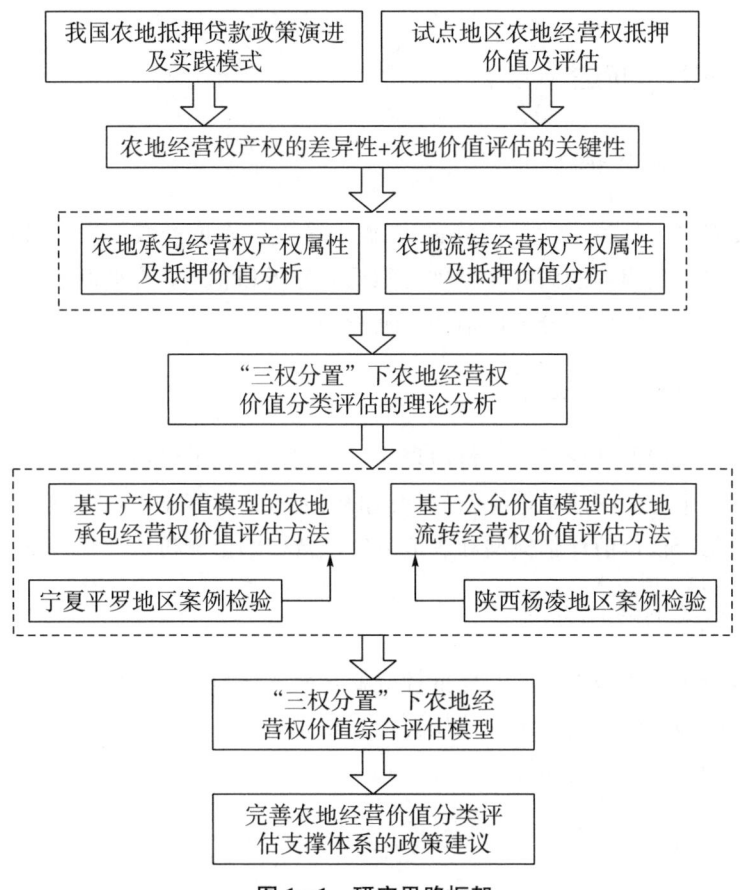

图1-1 研究思路框架

第五节 研究方法

一、定性分析法

（一）文献分析法

主要对国内外关于"三权分置"、农地金融、农地产权、农地抵押、农地价值评估等方面内容的研究文献进行归纳、分析和总结，在此基础上形成基于农地抵押贷款产权价值分类评估的文献依据。

（二）理论分析法

基于产权价值理论和公允价值理论，从农地产权的经济价值、社会价值和生态价值三个方面阐述农地经营权价值的构成；在此基础上，分别构建农地承包经营权的产权价值评估模型和农地流转经营权的公允价值评估模型。

（三）案例对比分析

以调研区域典型地区的农地抵押贷款开展情况为案例，根据抵押产权属性选择相应的理论模型测算出农地抵押评估价值，并与实际抵押价值进行对比，从而检验理论模型的适用性。

二、定量分析法

（一）统计分析法

采用统计方法和数据挖掘技术，对前期已经积累的农地抵押数据进行统计分析，进一步通过各种统计报告和政府官方报道等途径进行数据整理和案例分析，为后面的实证分析提供数理基础。

（二）实证分析法

使用结构方程模型（SEM）对样本区农地抵押价值评估的农户满意度进行测量，得出农地价值评估的基本现状；使用多元回归模型对农地抵押价值的影响因素进行实证检验，并对农地承包经营权和流转经营权的异质性进行分析。

（三）价值计算法

使用收益还原法和公允价值法分别对农地承包经营权和流转经营权的经济价值进行计算，使用替代市场与分解求和相结合的方法计算农地承包经营权的社会保障价值，使用当量因子法分别计算农地承包经营权和流转经营权的生态服务价值。

本章小结

随着我国由传统农业向现代农业转型发展，农地市场化流转趋势加快，发展适度规模经营成为实现农业现代化的必由之路，但农户家庭经营也将是未来很长一段时期内我国农业经营的重要形式，充足的资金支持是两类农业经营主体实现可持续发展的必要条件。但长期以来，我国农村金融市场存在严重的供不应求问题，一方面是由于农业生产的弱质性和风险性，金融机构资金供给的内生动力不足；另一方面是由于农业经营主体缺乏优质的抵押品而受到较强的金融排斥。"十四五"规划和2035年远景目标提出，健全农村金融服务体系，完善金融支农激励机制，扩大农村资产抵押担保融资范围是加强农业农村要素保障的重要内容。"三权分置"下农地经营权抵押贷款是推进农地制度和农村金融联动改革的重大创新，有利于发挥农地的资本属性，为农业规模化经营和现代农业发展提供多元化的金融支持。科学合理地评估农地价值是农地抵押贷款可持续发展的关键，对农村金融全面支持乡村振兴和完善乡村生态资产价值评估体系具有重要意义。作为序幕，本章围绕农地产权、农村金融、价值评估等基本理论，介绍了本书的研究思路和主要内容，即以农地抵押贷款产权价值评估为研究对象，采用定性描述和定量分析相结合的方法，从"三权分置"下农地经营权产权属性差异入手，分析农地经营权抵押贷款和价值评估的瓶颈和障碍，揭示农地经营权价值构成及评估方法，重点对农地承包经营权和流转经营权价值评估方法进行分类设计，在此基础上提出"三权分置"视角下的完善农地抵押贷款产权价值分类评估支撑体系的政策建议。

第二章 国内外研究现状综述

农地经营权抵押贷款是一种具有中国特色的农地金融形式，也是我国农村金融改革探索的创新性成果。在西方大部分国家，农地作为私有财产，以农地抵押担保开展的融资活动比较普遍，农地抵押价值评估主要由评估公司来完成，相关的研究成果比较丰富。但是在我国农地"三权分置"的特殊制度安排下，农地抵押和价值评估与国外相比具有很强的异质性，国内学者对此也展开了一定的研究。本书基于农地"三权分置"视角对农地抵押贷款中农地经营权价值评估方法进行分类研究是对现有研究的延续、拓展和深化。

第一节 关于农地抵押贷款的研究动态

一、国外关于农地抵押贷款的研究

西方大部分国家普遍实行的是农地私有制，开展的主要是农地所有权抵押；许多发展中国家从20世纪中后期开始进行农地产权制度改革，并在此基础上赋予农地抵押权。从 Web of Science（WoS）核心库选取"Land Loan"或"Land Mortgage"为检索主题，共检索到277篇文献，运用VOSviewer对其关键词进行聚类分析。如图2-1所示，国外学者对农地抵押贷款的研究主要集中在农地权利、财产、法律、农地抵押条件、影响因素及实施效果等方面。

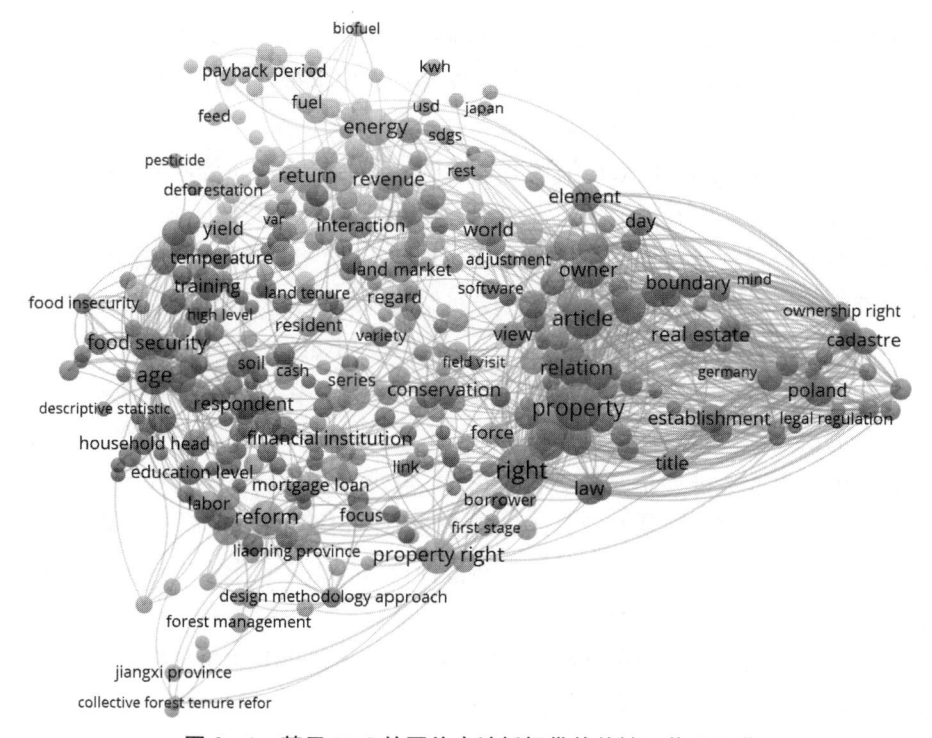

图 2-1　基于 WoS 的国外农地抵押贷款关键词共现图谱

抵押品作为风险贷款的常规内容在金融市场中发挥着重要作用（Steijvers T.、Voordeckers W.，2009），一方面可以有效降低贷款人的潜在风险损失，另一方面也可以形成对借款人的还款激励和承诺信号。由于信息不透明和道德风险的存在，在欠发达的农村金融市场中，对抵押品的要求更高。但是农地作为抵押物处置困难、农地价值评估成本高，加之农户的贷款规模小、使用期限短等特点，使得农地的抵押担保作用很难有效发挥（Menkhoff L. 等，2012）。农地自身拥有一定的市场价值是其实现抵押融资作用的关键，而产权明晰有利于农地价值的更好实现，因此农地抵押的实现条件首先是农地的产权因素。但也有研究显示，农地确权并不一定能增加农地产权的安全性，农地抵押能提高农户的信贷可得性还有待检验（Jansen K.、Roquas E.，1998）。

学者们通过对拉丁美洲、亚洲和非洲等部分国家的农地抵押贷款实施效果进行研究，得出农地产权抵押贷款可以有效缓解农民的融资约束，进一步增加农业投入，提升农民收入水平。如 Kemper 等（2010）通过对越南的考察发现农地确权有利于降低贷款利率，农户信贷可得性和农村信贷市场绩效也得到了显著改善。而 Feder（1988）和 Lopez（1997）对洪都拉斯和泰国的经验研究也验证了这种正向效应。但也有学者认为农地抵押贷款对农户信贷约束缓解作用不明显，或者存在着结构性差异。Boucher 等（2005）对 20 世纪 90 年代洪都拉斯和尼加拉瓜农地确权改革的研究发现，农地抵押贷款并没有使大多数农户的贷款获取能力得到显著提高。

农地抵押贷款的正向效应需要有完善的外部政策支持才能体现，因为来自外部的改革可能与原有规范发生冲突而导致目标无法实现（Hare D.，2008），且银行在发放贷款时更加关注农户的社会资本问题，是否用农地抵押对其信贷可得性没有显著影响。小农户在资产等级、耕地规模以及信贷交易成本等方面的弱势导致银行难以处置抵押物（Pender J. L.、Kerr J. M.，1999），使得银行对小规模农户的土地作为抵押物的接受程度较低，因此农地抵押贷款对小规模农户的信贷约束缓解作用较小（Boucher S. R. 等，2005），正式信贷机构往往惠及的是靠农地抵押获取贷款的大农户。在非正式信贷主导的地区，农地抵押政策的供给效果也非常有限。Domeher 和 Abdulai（2012）认为，农地产权稳定性、农地流转市场完善程度、农地抵押价值等因素是影响农地抵押效果发挥的关键因素。

在发展中国家，增强土地财产权抵押信贷效果，提升土地抵押融资能力还需要市场、法律等诸多因素的共同作用。尤其是信息不对称条件下完善配套机制、防范各种风险显得更加重要（Conning J.、Udry C.，2007）。农地价值评估对农地抵押融资有着重要影响，政府通过立法行政推动农地抵押会提高农户贷款的可获得性（Tassel E. V.，2004）。但是，由于个体之间主观上对事物认知的差异性，当农民和银行对农地的评估价值不一致时，则会导致贷款农户数量的减少。抵押物的价值是贷款发放的主要参考依据，抵押物价值评估也相应成为农地抵押贷款的基础性工作（Berger A. N.、Udell G. F.，2006）。

二、国内关于农地抵押贷款的研究

由于我国农地制度的特殊性，农地抵押贷款的开展具有鲜明的中国特色。从 CNKI 北大核心及 CSSCI 来源期刊上以"农地抵押贷款"为主题词进行检索，共检索到 696 篇期刊论文，对其发表的年度进行可视化分析，如图 2-2 所示。早在 21 世纪初就有学者开始关注农地抵押方面的研究，成果数量也在逐年增长。2014 年中央一号文件首次提出赋予农民对承包地承包经营权抵押、担保权能，这一改革引起了学者们的广泛关注和热议，因此从 2014 年开始，有关此类主题的发文量迅速上升，在 2017 年达到最高峰。随着试点工作的结束，从 2018 年开始这方面的研究开始减少，并在 2020 年出现大幅下降。学者们针对农地抵押试点实践开展的研究有利于农地金融改革政策的实施，助力乡村发展。

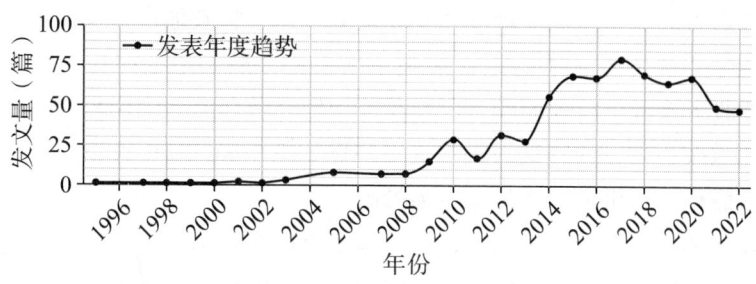

图 2-2 以"农地抵押贷款"为主题词的发文量检索

从部分地区实践探索到国家试点检验，从政策允许到立法推进，国内学者在各个阶段都进行了深入的研究。通过对CNKI检索文献的关键词进行聚类分析，发现关键词主要包括农地抵押供需意愿及影响因素、运行机理、实践模式及困境、融资效果和融资风险等方面，如图 2-3 所示。

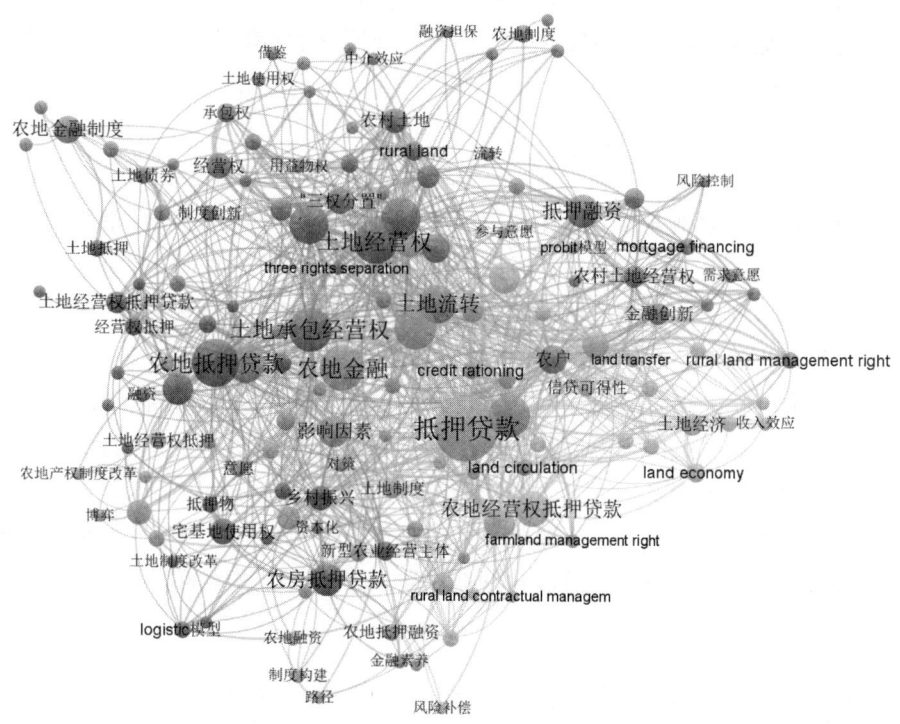

图 2-3 基于CNKI的农地抵押贷款关键词共现图谱

（一）关于农地经营权抵押融资供需意愿的研究

从农地抵押贷款的供给来看，农地特殊性、农业弱质性和农民生计需要三大基础性因素形成的合力造成了农地抵押的市场不足[①]。变现是抵押权实现的必要条件，若无法变现或变现能力差，金融机构不将农地作为抵押物，则农地抵押权实际上就是"空白支票"。影响金融机构开展农地抵押贷款的因素有农户的主要收入来源、耕地面积、农户兼业程度、社会关系、确权颁证、农村社会环境的综合约束、信贷员的风险认知、贷款成本等，其中农户的耕地面积特别是农地能稳定提供的经济效益是关键因素。

从农地抵押贷款的需求来看，影响因素总体上包括农户个人、家庭特征及社会资本拥有情况，当地金融环境和区域因素，农村产权抵押融资评价及农户认知水平等方面。此外，金融素养、农户收入满意度、是否参加合作社、是否转入土地、正规信贷经历、政策信任和交易成本感知、农地经营权融资认知等因素均对农地抵押贷款需求意愿有显著影响。除此之外，地区差异和主体差异的影响也比较显著。不同农村区域经济水平下社会保障体系完善程度影响着农户对农地的依赖程度，是影响农户抵押意愿的关键；农民专业合作社和专业大户等流入农地的规模经营主体对农地经营权抵押贷款的需求高于原始承包农户（顾庆康、林乐芬，2019）。

（二）关于农地经营权抵押运行机理的研究

由于我国农地制度的复杂性和影响的深远性，切实可行的制度措施是实现农地产权创新的重要保障，这从时间上需要较长的过程。农地抵押贷款的顺利开展需要一系列的外部支撑条件，农地的初次流转及承包经营权证的办理、承包经营权确权颁证及违约后的再流转是最关键的环节。彭澎、刘丹（2019）认为地方政府承担"拓荒成本"、农地抵押契约治理结构、农地抵押价值确定以及组合抵押担保方式四个方面是影响农地经营权抵押融资的关键因素。因此，在中国农地制度现实背景下，农地经营权抵押贷款应该分阶段分区域地逐步推进；根据地方政府财力和基层治理水平差异，因地制宜地选择不同抵押贷款模式，提高农地经营权抵押有效性和抵押权能、降低抵押贷款的运行成本（吴一恒、马贤磊等，2022）。

（三）关于农地经营权抵押融资实践模式的研究

在国家各项农村金融政策的鼓励和指引下，我国各地开展了形式多样的农

---

① 王德福：《制度障碍抑或市场不足？——农地产权抵押改革的限制因素探析》，《求实》，2017年第5期，第86页。

地经营权抵押贷款的探索实践,并形成了不同的融资模式:根据抵押品功能不同,可分为向金融机构直接抵押和通过担保公司等间接抵押。根据农地经营权取得方式的不同,可分为承包型抵押和流转型抵押。从风险控制机制视角可分为单一农地经营权抵押模式、追加抵押模式、第三方担保模式、风险补偿模式。按照发展主体不同可分为政府主导型和市场主导型。截至2018年9月末,我国232个试点地区中政府主导型地区有190个,占比为81.90%;市场主导型地区仅有42个,占比为18.10%[①]。可见,政府主导型的农地经营权抵押贷款在我国试点地区的运用比较广泛,但政府主导模式下农地抵押贷款容易陷入"停滞"状态,农地经营权作为抵押品不是单纯的市场经济行为,而是具有一定的政策意图(李国正,2020)。农地经营权抵押贷款有效盘活了农地经营权抵押融资功能,但实践效果与政策初衷还存在一定的差距,其中外部支撑条件发展缓慢、交易流转市场不完备、抵押融资信息平台建设缓慢、定价机制不完善、土地价值评估困难以及社会保障体系不健全等因素制约着农地融资担保制度的有效实现。

(四)关于农地经营权抵押融资效果的研究

关于农地抵押贷款实践效果的研究主要体现在两个方面:一是农户融资约束是否得到缓解。一些学者认为农村产权抵押融资是解决农户和农村中小企业抵押、担保、贷款难等问题的有效途径。农地经营权作为抵押标的物,可提高金融机构贷款意愿和农村贷款可得性。部分学者认为农地抵押贷款对农户正规信贷约束的影响不显著。周南等(2019)得出现阶段仅单方面推进农地确权或允许农地抵押并不能改善农户正规信贷配给,信贷获得效应的大小还受到农地经营规模的影响。还有部分学者认为农地抵押贷款对农户正规信贷约束的影响具有差异性。戴琳和于丽红等(2020)研究得出农地抵押贷款的开展对种粮大户信贷约束程度影响显著。但李韬和罗剑朝(2015)却得出农地产权抵押贷款缓解了小农户贷款难的问题,小农户对抵押贷款的行为响应较大农户更为积极。二是农户收入水平是否得到改善。从宏观层面,武丽娟和刘瑞明(2021)利用2005—2017年全国1831个县域地区的面板数据,研究得出农地抵押政策显著提高了农民收入,且在经济基础条件好、农地抵押价值高以及制度质量好的地区积极效应发挥得更好。从微观层面,不同模式的农地抵押贷款增收效应

---

① 国务院:《国务院关于全国农村承包土地的经营权和农民住房财产权抵押贷款试点情况的总结报告》,http://www.npc.gov.cn/zgrdw/npc/xinwen/2018-12/23/content_2067610.htm。

存在着差异，同时在农户层面也存在着异质性，农地产权抵押贷款促进了中等收入农户的收入增长，但对于低收入和高收入农户的收入改善则没有表现出显著作用（梁虎、罗剑朝，2019）。

（五）关于农地经营权抵押融资风险的研究

由于法律、政策和产权制度等方面因素的限制，农地经营权不具备作为合格抵押物的必要条件，同时还面临着较高的交易成本和违约风险。国内学者对农地抵押融资风险的研究主要包括风险类别分析、成因分析、影响因素分析、风险辨识与评价等方面。潘文轩（2015）基于风险范围和主体的二维视角，将农地抵押贷款的风险划分为微观层面农民面临的生计风险和银行面临的还款来源风险，以及宏观层面农民群体面临的农村社会风险和银行体系面临的农村金融风险。杨奇才和谢璐等（2015）认为"两权分离"下的农地承包经营权抵押贷款，可能会使农户面临"失地"风险；"三权分离"下的农地流转经营权抵押贷款降低了农民失地的风险，但是会面临失租的风险。农地经营规模的差异决定了农户面临市场运作风险、政策法律风险、自然灾害风险和道德风险的程度不同。因此要化解抵押贷款风险，必须建立包括农业保险制度、风险补偿基金和信用担保等在内的多主体、多层次、广覆盖的风险分担机制。

第二节 关于农地价值评估的研究动态

一、国外关于农地价值评估的研究

农地价值评估是一项涉及面广、政策性强、利益关系复杂的具体工作，从 Web of Science 核心库选取"Farmland Value Assessment"为检索主题，共检索到 510 篇文献，对其关键词的时序情况进行分析，如图 2-4 所示。可以看出，近些年学者多关注于生态价值方面，在其中可以看到有"食品安全""生态系统"等方面的相关词汇。本节主要从评估方法选择和评估价值影响因素两个方面进行综述。

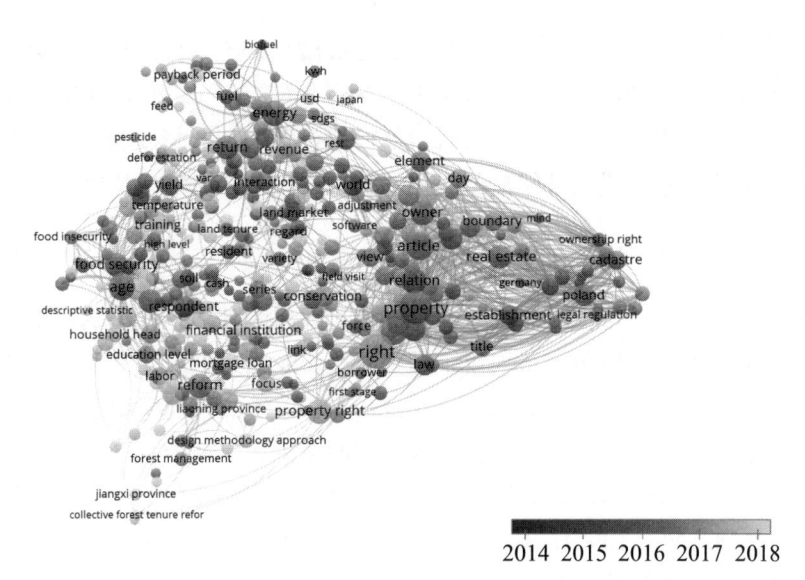

图 2-4　基于 WoS 的农地价值评估关键词时序图谱

（一）关于农地价值评估方法的研究

评估方法的选择对于评估工作至关重要。Power 和 Turvey（2010）通过分析美国农地市场价格趋势，得出通货膨胀是引起农地价值评估困境的一个方面，采用正确的价值评估方法对于降低银行信贷风险至关重要。Burt（1986）认为，以农地产出分析为基础的收益还原法是理论上比较完美的方法，因为其考虑了影响土地长期均衡价格的关键因素。但在市场条件下，价格机制会受到法律法规、政策制度、个人预期等外在因素的影响。因此只有以市场供求分析为基础的评估方法才有可能准确地评估出农地的价值（Alston J. M.，1986）。近年来，为了增强农地评估的科学性和应用性，学者们对农地价值评估方法进行了创新和发展，总体上从农地市场价值和非市场价值两个方面进行研究。对于市场价值的评估主要采用收益还原法、土壤潜力法、净现值法等。例如 Falk B.（1991）运用了股票市场价格走势的方法检验得出使用收益还原法测算农田价值具有一定的合理性。Ustaoglu E. 等（2016）基于土地动态利用模型，通过对欧盟 28 个国家农地市场和农地用途变化的关系进行分析，发现净现值法是一种可广泛适用于不同国家和不同农地用途的经济价值评估方法，但该方法可能因地区农作物产量不同而在空间范围内有所差异。关于非市场价值的评估方法，总结起来主要有成本分析法、特征价值法、意愿调查评估法。Kocur-Bera（2016）以加入欧盟后的波兰为例，基于特征价值法分析了农地产权价值的影响因素包括农地地理位置、土壤质量、土地分散程度、市区森林覆盖率以及生产不利地区的农场位置等。Shibli M. A.（1993）分析了在南亚地区农地用益物权抵押贷款中，银行虽然没有设置明确的贷款利率，但却会低估抵押品价值，从而成为补偿借款人资金机会成本的一种有效机制。

（二）关于农地价值影响因素的研究

国外学者对农地价值内涵的研究多侧重于探讨农地价值的影响因素。市场经济条件下的农地价值由一系列复杂的因素决定，而预期收益是最主要的影响指标（Nilsson P.、Johansson S.，2013）。在农地价值折现模型中，政府补助收入和农业经营收入构成了未来预期收益的两个来源。政府补助金额越高、时间越稳定，对农地价值的正向影响越大，而且对不同群体的显著性影响程度不同（Shibli M. A.，1993）。从农地产权属性角度来看，农地的所有权安排通过影响农业经营者的决策行为来影响农地价值。Choumert 和 Phélinas（2015）认为通常情况下租用农地的农民比农地所有者会较少采用长期的和保护性的土地措施，进而导致租用的农地价值偏低。此外，学者们还通过建立各种实证模型检验土地属性、农场属性等内部因素，以及区域经济水平、城镇化水平、信贷可获得性、自然环境特征、自然便利设施等外部因素对农地价值的影响。

二、国内关于农地价值评估的研究

从 CNKI 北大核心及 CSSCI 来源期刊上以"农地价值评估"为主题词进行检索，共检索到 145 篇期刊论文，对其发表的年度进行可视化分析，如图 2-5 所示。从 21 世纪初期我国学者便对农地的价值评估开始进行研究，这与我国农村农地流转市场的发育程度是同步的，也符合农地作为农村、农民经济命脉的基本事实，并在 2018 年达到了一个较高的研究热潮。2014 年农地"三权分置"政策提出，农地经营权抵押贷款也逐渐开始在各地出现试点。对农地进行公平、公正、合理的评估是调动农民积极性，确保农地抵押贷款有序发展的关键。因此农地经营权价值构成、价值评估现状、评估方法等方面内容再次受到了学者们的重视。

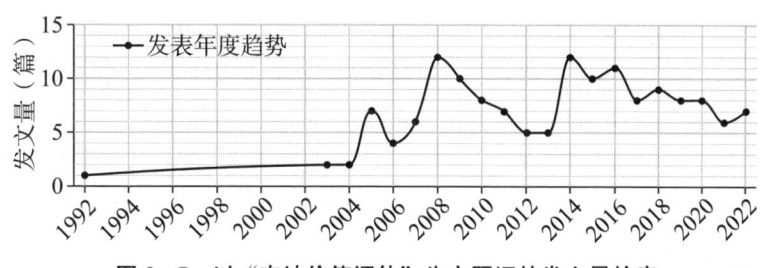

图 2-5　以"农地价值评估"为主题词的发文量检索

国内学者们对农地价值的研究是一个不断完善的动态发展过程,从无价到单一经济价值评估再到包含社会价值、生态价值和发展权价值等在内的综合价值评估。如图 2-6 所示,对检索的相关文献进行关键词的时序分析,发现初期的研究集中于农地价值评估的价值内涵及评估方法方面,这占了研究的很大一部分。随着农地制度改革的深入推进,从 2020 年起,有关农地价值评估的研究开始与乡村振兴主题相结合,凸显了时代的热点。

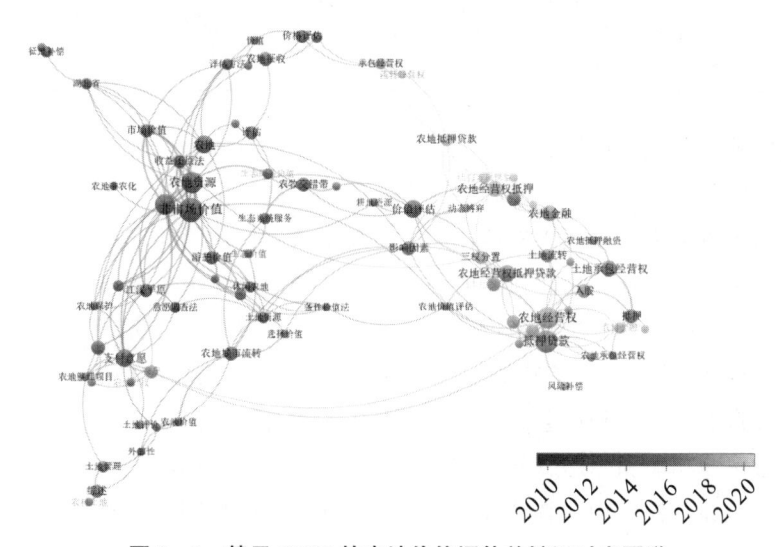

图 2-6　基于 CNKI 的农地价值评估关键词时序图谱

(一) 对农地经营权抵押价值内涵及构成的界定

作为农地抵押贷款中的抵押物,农地经营权包括普通农户通过家庭承包取得的农地经营权和新型经营主体通过流转方式取得的农地经营权。对于第一种经营权的价值内涵,学者们基本达成了共识,即农地承包经营权是一种用益物权,是一种具有身份和财产双重属性的综合型权利,因此具有作为抵押品的担保属性。而对于通过流转获得的农地经营权内涵,经过学者们的研究探讨总结起来主要有"物权说""债权说"和"折中说"三种观点，具体内容及代表学者如表2-1所示。总之，抵押权的本质内容就是价值权，"三权分置"下农地经营权的抵押权表现为具有可衡量、可交易、可处置的市场价值，这也是完整意义上担保物权的前提条件[1]。新修订的《农村土地承包法》从当前"三农"发展的实践需要出发，只对土地经营权的权利范围进行了界定，淡化了土地经营权的内涵性质[2]。

表2-1 农地经营权属性内涵的主要观点

主要观点	内容	代表学者
物权说	独立物权，新型用益物权，次级用益物权，不动产用益物权	蔡立东等（2017），王康（2018），冯淑怡等（2018），徐超（2019）等
债权说	派生权利，基于流转合同而产生的债权，租赁债权	吴兴国（2014），姜红利（2016），高海（2016），楼建波（2016）等
折中说	期限长可视为物权，期限短则视为债权；属性取决于土地承包经营权持有人授权；兼具物权与债权性质	罗兴等（2017），廖洪乐（2020），姜楠（2019）等

对农地经营权价值构成的认识，总结起来主要有以下三个角度。第一，基于市场价值角度。从农业经营者角度看，农地资源价值分为市场价值和非市场价值。市场价值主要表现为农地作为生产要素投入使用后获取一定的农业收益以及由此带来的各种补贴性收入或租金收入；非市场价值主要包括为农户提供就业、养老、医疗等社会保障价值，享受集体公共权利的身份认同价值以及维系农民"恋乡""恋土"情感的工具性价值[3]。第二，从农地功能效用角度看，农地是集自然、生态和社会经济属性为一体的综合体，其功能包括经济产出功能、社会保障功能和生态服务功能。第三，从农地产权构成角度看，普通农户的农地承包经营权价值应体现出市场价值、社会价值和身份价值的多维性[4]。"三权分置"下，作为相对独立状态的农地经营权，其产权价值主要体现为承包户可以通过转包、转让、出租、入股等形式实现农地的交换价值。

---

[1] 张凡：《"三权分置"背景下农地抵押权的法律构造》，《理论导刊》，2019年第4期，第89页。

[2] 房绍坤、林广会：《土地经营权的权利属性探析——兼评新修订〈农村土地承包法〉的相关规定》，《中州学刊》，2019年第3期，第45页。

[3] 蒋永甫、徐蕾：《农户农地流转意愿：一种农地价值的视角》，《学历论坛》，2015年第6期，第31页。

[4] 朱文珏、罗必良：《农地价格幻觉：由价值评价差异引发的农地流转市场配置"失灵"——基于全国9省（区）农户的微观数据》，《中国农村观察》，2018年第5期，第71页。

（二）对农地经营权抵押价值影响因素的研究

第一，从农地价值角度，农地承包经营权是否具有可抵押性，主要通过对比其抵押价值和抵押成本得到明确，经典地租理论表明农地的质量与模式以及经营者生产能力等因素都会影响农地的潜在生产价值[1]。第二，从农地价格角度，农地流转价格主要受自身内部因素和外部因素的影响。内部因素主要包括农户特征、农地特征、农地流转特征，具体影响变量有农作物价格、期限、年收益、土地位置、面积、质量、流转方式等[2]。外部因素包括经济环境特征和政策环境特征，具体影响变量有农地产权制度安排、国家宏观农业制度、农业生产经营体制、区位条件、当地经济发展水平等。

（三）关于农地经营权抵押价值评估模式与方法的研究

试点实践中农地价值评估主要包括第三方机构评估、农户或金融机构自我评估、政府和农户及金融机构三方协商评估，以及在以上模式下按照一定标准进行的分类评估。农地经营权作为农村地区农户拥有的一种无形资产，其价值评估工作也应该由第三方评估机构来完成。例如，枣庄市普惠农村土地资产评估事务所就是山东省枣庄市成立的国内第一家农地经营权价值认定机构，贷款农户在向金融机构申请农地抵押贷款之前先委托该评估机构对农地经营权和地上附着物的价值进行专业评估，主要参考近年农产品市场价格、经营主体综合能力以及生产成本、农地产权及经营收益情况[3]。农户或金融机构自评估是指农户或贷款银行作为价值评估主体，根据对抵押农地资产信息的掌握情况，确定出抵押物的市场价值，在此基础上双方经过商讨就最终评估价值达成一致意见。例如浙江嘉兴南湖区，由金融机构以农地流转剩余租金为基准自行评估农地经营权价值，该种模式下由于农户或金融机构的专业性不足，可能会导致农地评估价值不够客观和公允。在政府部门、金融机构与农户协商评估模式下，政府部门充当着"第三方"的角色，在金融机构和贷款农户之间就合理的评估价值进行公证和裁决。例如陕西省平利县，秉持"物有所值、风险可控、公平

---

[1] 胡新艳、洪炜杰：《农地租约中的价格决定——基于经典地租理论的拓展分析》，《南方经济》，2016年第10期，第8页。

[2] 郝宇彪、管智超：《中国农村土地流转价格形成机制的比较分析》，《区域经济评论》，2018年第6期，第110页。

[3] 王成琛：《收益法下农地经营权抵押贷款额度评估——基于三个试点地区的比较分析》，南京农业大学，2017年，第19页。

自愿、利民便民"的评定原则,对农地经营权实行借款人、贷款人、承包人、村民小组、镇农业综合站和县农林科技局"六位一体"联合评估的方法,评估完成后由登记机关办理他项权利证书,经第三方公证后按照农地经营权评估价值的50%发放贷款①。除以上三种模式外,实践中还有地区或根据农地抵押主体,或根据经营项目类型和农地规模,或根据抵押贷款额度等标准进行分类评估。

对于农地抵押价值评估方法,当前我国农地承包经营权(使用权)价格评估可采用的方法一般包括收益还原法、市场比较法、剩余法、基准地价法和评分评价法等②。关于其他农地价值评估方法的研究,王颜齐(2017)提出了基于发展权评估视角对农地经营权流转定价的方法;辜寄蓉和冯义从等(2017)提出可以通过不动产数据和大数据的结合,采用人工神经网络进行数据挖掘,针对不同方式的农地经营权流转建立科学的价格评估体系。

(四) 关于农地抵押价值评估现状与实践中存在问题的研究

农地价值是农地抵押贷款的关键环节,贷款的额度都必须以精确的农地价值为依据。2016年中国人民银行联合银监会等五部门印发的《农村承包土地的经营权抵押贷款试点暂行办法》提出:借贷双方可采取委托第三方评估机构评估、贷款人自评估或者借贷双方协商评估等方式③。大部分试点地区结合自身实际情况也制定了相应的农地抵押价值评估办法。但从整体来看,试点地区农地价值评估在评估主体、客体、方法等方面存着一些共性的问题。首先,当前大部分试点地区通常由金融机构与贷款农户协商评估,或者由地方政府成立相关部门充当"第三方";评估人员一般是由一些政府官员、金融机构信贷人员和高校学者组建成的"专家小组",并非真正具有评估资格的从业人员,严重影响了农户参与农地抵押贷款的积极性。其次,农地抵押贷款实践中大部分试点地区的农地价值评估体系尚不健全,土地评估失灵问题在一定程度上制约着农户与金融机构之间的抵押借贷博弈行为。再次,价值影响因素设计不够全面。2020年4月,中国土地估价师与土地登记代理人协会发布了《农村集体土地价格评估技术指引》,为农地抵押贷款抵押物价值的确定提供了参考依据。

---

① 平利县人大常委会调研组:《平利县"两权"抵押贷款试点情况调查报告》,https://www.ankang.gov.cn/Content-1537313.html。
② 中国土地估价师与土地登记代理人协会:《农村集体土地价格评估技术指引》,2020年。
③ 中国人民银行、银监会、保监会、财政部、农业部:《农村承包土地的经营权抵押贷款试点暂行办法》,https://www.gov.cn/zhengce/2016-05/24/content_5076149.htm。

在实践中，农地经营权的未来价值主要是参照初始农地出让的市场租金来确定，但农地出让后基础设施和科技投资对农地经营权收益的影响却没有合理考虑，更没有合理估计地上种植物的未来收益情况。农地产权价值由于会受到自身属性、所处位置、农业项目以及社会经济环境等多重因素的影响，很难确定统一可行的评估方法和评估标准。在各地开展的实践中，一般都采用"一权一议""一块一定"的估值方式[①]。

第三节　国内外研究动态述评

国外学者关于农地产权价值影响因素和评估方法的研究是在农地市场和金融市场比较发达的条件下进行的，其理论成果对我国农村资源市场化改革具有重要的理论借鉴意义和实际参考价值。但由于我国农地产权制度的特殊性，农地和资本不能实现完全市场化流动和转换，农地抵押贷款在实践中还存在很多困境，农地经营权价值评估难、处置变现难成为阻碍农地抵押贷款业务快速发展的主要原因。因此，研究农地抵押贷款价值评估问题，应充分结合我国"三权分置"的政策背景，在农地产权细分的基础上评估农地抵押价值。

综上所述，现有关于农地产权价值评估的研究成果较多，拓展和深化了农地资产评估理论和资产价值评估的研究范围，也有助于了解当前我国农地价值评估的现状和存在的问题。但同时也应该看到，由于我国农村资产价值评估还处于初步探索阶段，并且随着农村市场化改革的深入推进，"三块地"改革[②]也有了新的突破，农地价值评估研究领域还存在一些可以拓展的空间。专门针对抵押特定目的下的农地产权价值研究较少，对农地抵押的产权属性和抵押主体的特殊性分析不够深入。综合起来，现有的有关农地经营权价值评估的研究具有以下三方面的主要特点：①农地经营权价值内涵和影响因素方面。学者们普遍认为，农地具有经济产出、社会保障和生态保护等多种功能效用。虽然农地经营权的价值内涵复杂，但通常包括可以用货币计量的经济价值，以及非市场的社会保障价值和生态价值。然而由于社会保障价值和生态价值在计算上存

---

① 中国人民银行眉山市中心支行课题组：《金融创新视角下的农村产权融资法律制度研究——基于农村"两权"融资实践引出的法律问题研究》，《西南金融》，2018年第2期，第66页。

② "三块地"改革是指农村土地征收、集体经营性建设用地入市、宅基地管理制度。

在一定的难度,加之影响价值的因素纷繁复杂,在农地经营权抵押贷款实践中,农地经营权抵押价值的计算通常将二者排除在外。②农地价值评估规范性方面。学者们通过对现行农地价值评估方法的优缺点进行比较,得出不同的评估方法在计算农地经营权抵押价值时都存在一定的不足。完善农地价值评估方法,既要保证方法具有较强的科学性和合理性,又要在实践角度具有一定的实际可操作性。收益还原法是目前应用性最强的一种方法,但还需要结合被评估农地的具体情况和价值影响因素进行完善和补充,同时在应用中应该向灵活性、精确性、区域性的方向发展。③农地评估价值失灵问题。农地价值评估建立在数据信息基础上,但是当前我国农地资产的市场建设还不够完善,加之农地自然资源特殊性导致农地价值评估数据收集存在很大难度。基于互联网构建农地价值信息和农户信用信息的数据库,基于数字移动技术开展农地价值评估和农地抵押贷款成为农地金融改革的基本方向。

由于农地经营权作为抵押物时的抵押属性不强、农业经营预期收益的风险性以及农地价值内涵和构成的复杂性,如何进一步完善农地经营权价值评估体系,提高评估方法的适用性和科学性,已成为当前学术研究的重要话题。因此,在现有研究基础上,今后可以重点关注以下三个方面:①如何根据农业经营主体类型和农地产权属性分类设计农地经营权抵押价值评估方法。对于普通农户抵押的农地承包经营权,由于其承担着养老就业等社会保障职能,价值计算时可以利用产权价值评估模型来体现其社会属性;对于规模经营主体抵押的农地流转经营权,由于其只具有经济价值属性,价值计算时可以构建基于公允价值评估模型来体现其市场价值属性。②如何构建涵盖农地抵押登记、价值评估、流转交易、资产收储和不良处置等一系列功能的综合农村资产交易服务平台,同时加强交易和评估信息的互联互通和信息共享,基于计算机和互联网技术实现政府部门、金融机构和第三方评估主体关于农户贷款数据的共享和传送,将共享的客观数据作为农地经营权价值评估的主要依据。③如何对农村资源资产科学定价成为深化我国农村改革的重要内容。基于资本资产定价理论、金融资产定价模型,结合我国农村资源资产的特殊属性特征,对农村资产的定价及核算问题进行开拓性研究。充分考虑农村资产的产权属性、自然特征以及特殊的社会属性,制定科学合理的价值评估指标体系也成为今后研究的重点方向。

本章小结

农地价值问题一直都是经济理论界研究的重要议题。农地经营权要实现抵押贷款及市场化流转，必须评估出农地经营权的真正价值。本章通过对国内外农地抵押贷款以及农地价值评估的相关文献进行系统的梳理，从农地抵押贷款现状、制约因素、农地价值评估模型和方法、农地价值影响因素等方面对现有研究的主要成果进行了归纳与述评，并在此基础上对未来的研究方向及趋势进行了展望，为后面章节关于农地经营权抵押价值评估方法分类设计的研究开展奠定了坚实的理论基础。

第三章　我国农地抵押贷款的政策演进及实践模式

　　农地是人类赖以生存和发展的物质基础，更是开展农业生产保证经济发展的重要资源。一个国家制定和采用何种农地制度来实现土地与劳动、资本等要素的组合配置，对国家粮食安全和社会稳定具有决定性作用。农地金融是农地制度的重要组成部分，农地金融政策是否符合农民的利益诉求和农业的发展需要，是其能否可持续发展的重要因素。为了有效解决农业融资困境，国家以农地经营权抵押融资为突破口，不断推动农地金融改革的进程。农地金融模式从最初普通的农地流转演进到复杂的农地抵押、信托、证券等模式，可以看出国家在农地制度完善和农村金融发展方面的努力探索。2021年4月通过的《中华人民共和国乡村振兴促进法》也明确提出，进一步完善农村资产的抵押担保权能，提升农村金融支持和服务乡村振兴的效率和水平。农地抵押是农地金融制度的重要内容，明确我国农地抵押贷款政策的演进过程及阶段特征是研究农地抵押价值评估的逻辑前提。

第一节　农地抵押贷款的政策演进及阶段特征

一、法律严格禁止阶段

　　20世纪80年代，我国农村开始实行家庭联产承包责任制，农地实行"两权分离"制度，即集体拥有农地所有权、农户家庭拥有承包经营权。此时农户以经营自家农地为主，承包权和经营权合为一体，农业生产是农户家庭经济收入的主要来源，同时农地还承担着养老、就业等社会保障功能，对稳定农村社会发挥着重要作用，农业生产的资金供求矛盾并不突出。因此，为有效防范农民失地和失业的双重风险,我国的相关法律一直都明确规定农地承包经营权不得抵押,相关政策内容如表3-1所示。

表3-1　法律严格禁止阶段有关农地抵押的政策文件

法律文件	时间	相关内容
《中华人民共和国担保法》[①] 第三十七条	1995年	耕地、宅基地、自留地、自留山等集体所有的土地使用权不得抵押。
《中华人民共和国农村土地承包法》[②] 第十六条、三十三条	2003年	以家庭承包方式取得的土地承包经营权可以进行多种形式的流转,但未明确是否可以抵押。
《中华人民共和国物权法》[③] 第一百八十四条	2007年	耕地、宅基地、自留地、自留山等集体所有的土地使用权不得抵押。

农地抵押被法律禁止的主要原因是政府担心农民因抵押而丧失农地从而成为赤贫阶层或无业游民,进一步引发社会风险。由于农户的偿债能力弱,农地抵押贷款会激发农户举债的意愿,但农业本身又具有市场与自然的双重风险,因此更增大了农户的破产风险。农地一旦抵押担保,农户到期无法偿还贷款,土地流转处置就变成事实上的土地买卖[④]。从第一阶段的政策演进过程可以看出,国家对我国农地历来实行特殊保护制度,这也是保障国家粮食安全和农村社会安定的必然要求,符合时代特征和现实需要。

二、政策逐渐松动,地方探索阶段

进入21世纪以来,随着我国工业化和城镇化进程加快,农民的收入来源

[①] 《中华人民共和国担保法》由中华人民共和国第八届全国人民代表大会常务委员会第十四次会议于1995年6月30日通过,自1995年10月1日起施行。2020年5月28日,十三届全国人大三次会议表决通过了《中华人民共和国民法典》,自2021年1月1日起施行。《中华人民共和国担保法》同时废止。

[②] 2002年8月29日,第九届全国人民代表大会常务委员会第二十九次会议通过;2002年8月29日中华人民共和国主席令第七十三号公布,自2003年3月1日起施行;根据2009年8月27日第十一届全国人民代表大会常务委员会第十次会议《关于修改部分法律的决定》第一次修正;根据2018年12月29日第十三届全国人民代表大会常务委员会第七次会议《关于修改〈中华人民共和国农村土地承包法〉的决定》第二次修正。

[③] 2007年3月16日,第十届全国人民代表大会第五次会议通过;2007年3月16日中华人民共和国主席令第六十二号公布,自2007年10月1日起施行。2020年5月28日,十三届全国人大三次会议表决通过了《中华人民共和国民法典》,自2021年1月1日起施行。《中华人民共和国物权法》同时废止。

[④] 陈锡文:《农村土地制度改革不能突破三条底线》,《国土资源导刊》,2013年第10期,第39页。

逐渐多元化，农民对土地的依赖程度在逐步降低，通过土地获取财产性收入的意愿也越来越强。另外，新型经营主体通过农地流转实现规模化经营的进程也在加快，生产资金的缺口不断加大，发展农地金融的需求则越来越强烈。

在农地主体功能发生变化的背景下，通过开展农地抵押贷款，激活农地资本属性，创新农村金融形式，成为普通农户和新型经营主体迫切的利益需求。基于这一背景，党和政府审时度势，开始出台各种政策支持开展承包土地的经营权抵押融资。2008年十七届三中全会首次提出，通过完善农地权能体系，提高农地承包经营权对农户的保障性和收益性；2009年10月中国人民银行和银监会等部门联合下发第一个关于探索开展农地经营权抵押贷款的指导意见文件；2013年党的十八届三中全会提出在坚持和完善最严格的耕地保护制度前提下，赋予农民对集体资产股份占有、收益、有偿退出及抵押、担保和继承的权利；2014年4月至2015年8月国务院连续三次颁布相关文件，推动农地抵押贷款试点的相关工作。相关政策内容如表3-2所示。

表3-2 政策逐渐松动阶段有关农地抵押的政策文件

政策文件	时间	相关内容
《关于进一步加强信贷结构调整促进国民经济平稳较快发展的指导意见》	2009年10月	首次明确提出有条件的地方可以探索开展土地经营权抵押贷款。
《关于全面推进农村金融产品和服务方式创新的指导意见》	2010年5月	在不改变土地集体所有性质、不改变土地用途和不损害农民土地承包权益的前提下，探索开展农地抵押贷款试点。
《中共中央关于全面深化改革若干重大问题的决定》	2013年11月	赋予农民对承包地占有、使用、收益、流转及承包经营权抵押、担保权能，允许农民以承包经营权入股，发展农业产业化经营。
《国务院办公厅关于金融服务"三农"发展的若干意见》	2014年4月	中国人民银行等部门制定农地承包经营权抵押贷款试点管理办法，在经过批准的地区开展试点。
《关于引导农村土地经营权有序流转发展农业适度规模经营的意见》	2014年11月	稳步推进土地经营权抵押、担保试点，研究制定统一规范的实施办法，探索建立抵押资产处置机制。
《国务院关于开展农村承包土地的经营权和农民住房财产权抵押贷款试点的指导意见》	2015年8月	稳妥有序地开展"两权"抵押贷款试点，落实"两权"抵押融资功能。

此外，2012—2015 年的中央一号文件也依次提到加大对种养大户、农民专业合作社、县域小型微型企业等新型经营主体的信贷投放力度；鼓励符合条件的涉农企业开展质押融资业务；同时赋予农民对承包地占有、使用、收益、流转及承包经营权抵押、担保权能。从本阶段的政策文件可以总结出，我国在逐渐放松对农地权属方面的限制，并不断细化和明晰农地产权，农地抵押贷款也开始从理论研究上升到实践探索，且实现了从"自发诱导"到"政府主导"的过渡和转变，同时农地和农村金融制度的联动改革也拉开了序幕。

三、法律有条件解禁，全国试点阶段

2015 年 12 月，全国人民代表大会授权 232 个"两权"抵押贷款试点地区暂时调整实施相关法律法规，赋予了这些地区有权突破《中华人民共和国物权法》和《中华人民共和国担保法》中关于耕地、宅基地等集体所有土地使用权不得抵押的相关法律规定，直到 2017 年 12 月 31 日。"两权"抵押贷款试点由此正式落地，该决定意味着试点地区在试点期间出现风险后会受到法律保护，这也是与非试点地区的最大差别。虽然政策上明确了农地承包经营权可以抵押，但在"两权分离"的制度设计下，实践中却无法回避抵押品处置风险而导致农民丧失土地的担忧，因此迫切需要对农地制度进行创新。在此背景下农地"三权分置"成为破解农地抵押贷款实践困境的突破口。2016 年 3 月和 10 月，国务院及中国人民银行等部门印发相关政策文件进一步规范试点工作有序发展，推动农地"三权分置"格局的形成，重点强调要落实集体所有权、稳定农户承包权、放活土地经营权。2018 年 2 月，中国人民银行再次下发通知，提出"两权"抵押贷款试点延期 1 年至 2018 年 12 月 31 日。相关政策内容如表 3-3 所示。

表 3-3 法律有条件解禁阶段有关农地抵押的政策演进

法律（政策）文件	时间	相关内容
《关于延长授权国务院在北京市大兴区等 232 个试点县（市、区）、天津市蓟州区等 59 个试点县（市、区）行政区域分别暂时调整实施有关法律规定期限的决定（草案）》	2015 年 12 月	试点地区被授权突破《中华人民共和国物权法》和《中华人民共和国担保法》中关于耕地、宅基地等集体所有的土地使用权不得抵押的相关法律条款。
《农村承包土地的经营权抵押贷款试点暂行办法》	2016 年 3 月	进一步扩大试点范围，具体明确试点要求。

续表

法律（政策）文件	时间	相关内容
《关于完善农村土地所有权承包权经营权分置办法的意见》	2016年10月	不断探索农地集体所有制的有效实现形式，形成层次分明、结构合理、平等保护的农地"三权分置"格局。
《关于进一步做好"两权"抵押贷款试点有关工作的通知》	2018年2月	"两权"抵押贷款试点延期，进一步健全土地抵押、流转、评估机制，推动相关金融机构尽快制定配套的信贷管理制度和实施细则。

2016—2018年的中央一号文件也都再次强调了持续推动农地承包经营权抵押贷款试点工作，保证农地承包关系稳定并长久不变，进一步完善农村承包地"三权分置"制度，农村承包土地经营权可以作为有效抵押物依法向金融机构提供融资担保或者入股农业企业。从该阶段的政策内容及演进可以看出，国家关于农地抵押的法律法规逐步调整，部分地区的实践探索开始突破法律上的一些限制。"三权分置"的主要目的是进一步放活农地经营权，保护新型经营主体土地流转、抵押融资等农地权益，进而推动农业规模化经营。农地抵押的标的物从原来的农地承包经营权转变为经营权，农户的承包权得到了有效的保护，避免了农民失地的风险。此阶段农地经营权流转的市场化进程在加速推进，与之相应的配套机制也在逐步形成，"三权分置"成为农地抵押贷款稳步开展的制度保障，但是政策的可推广性还需要进一步用试点实践的效果来检验，农地抵押的可持续性还具有一定的不确定性。

四、法律放开，全国推广提质阶段

《中华人民共和国农村土地承包法》于2003年3月开始施行，该法对稳定"两权分离"经营体制，巩固家庭承包经营制度发挥了重要作用。但随着我国市场化改革的不断推进，农业现代化和农村城镇化步伐加快，各类新型农业经营主体大量涌现，农地经营方式也呈现出多元化的特征。因此，现代农业的规模化经营和产业化发展对农地制度提出了更高的要求。基于以上背景，《中华人民共和国农村土地承包法》经过两次修正，于2019年1月1日开始实施，第四十七条明确提出土地经营权持有人经承包方同意并向发包方备案，可以用土地经营权设定融资担保[①]，即普通农户的原始承包经营权和受让人通过流转

[①] 全国人民代表大会常务委员会：《中华人民共和国农村土地承包法》，http://www.moa.gov.cn/gk/zcfg/fl/202007/t20200716_6348744.htm。

取得的流转经营权，在经过备案后都可以向金融机构融资担保。自此，农地经营权抵押在"三权分置"的制度框架下得到了法律层面的认可和支持，为其获得进一步实践推广奠定了法律基础，这也是农地抵押价值分类评估的法律依据。修法的目的是将更多资金引入农业，支持现代农业发展。因此，农地经营权抵押贷款成为继农户小额信用贷款和联户担保贷款后的又一个创新型农村金融产品。相关政策内容如表3-4所示。

表3-4 法律放开阶段有关农地抵押的政策演进

法律（政策）文件	时间	相关内容
《中华人民共和国农村土地承包法》	2019年1月	承包方可以用承包地的土地经营权、受让方用通过流转取得的土地经营权，向金融机构融资担保。
《关于金融服务乡村振兴的指导意见》	2019年2月	积极稳妥推广农村承包土地的经营权抵押贷款业务；积极拓宽农业农村抵质押物范围，依法合规推动形成全方位、多元化的农村资产抵质押融资模式。
《中共中央 国务院关于抓好"三农"领域重点工作，确保如期实现全面小康的意见》	2020年1月	推动温室大棚、养殖圈舍、大型农机、土地经营权依法合规抵押融资。
《中华人民共和国民法典》	2020年5月	第三百三十九条、第三百九十九条等落实了农村承包地"三权分置"的改革要求，增加了土地经营权的规定，并删除了耕地使用权不得抵押的规定，以适应"三权分置"后土地经营权入市的需要。
《农村土地经营权流转管理办法》	2021年1月	对于农地经营权融资担保方式和备案等作出了规定。
《中华人民共和国乡村振兴促进法》	2021年4月	依法完善乡村资产抵押担保权能，改进、加强乡村振兴的金融支持和服务。

进一步从2019—2021年的中央一号文件可以看出保持农地承包关系稳定并长久不变，完善落实"三权分置"法规和政策体系，农地经营权依法合规抵押融资，做大面向新型经营主体的担保业务，同时通过完善农村产权制度和要素市场化配置机制，充分激发农村发展内生动力等内容成为此阶段的主要政策目标。以农地经营权抵押贷款为突破口，对我国农地金融发展模式进行探索是破解农村金融困境和支持现代农业发展的有效途径，也是我国深入推进乡村振

兴战略和实现农业高质量发展的重要组成部分。从理论上看，修订后的《中华人民共和国农村土地承包法》实现了农地经营权抵押的法律有效性，为农地抵押贷款进入全面推广阶段奠定了制度基础。因此，深入总结农地经营权抵押贷款的试点实践情况，为向"扩面、增量、增质"方向稳步发展提供创新思路和经验参考，成为本阶段农地金融改革的主要任务。

综上所述，从我国农地抵押贷款的政策演进和四个阶段的特征来看，国家采用了循序渐进的原则进行农地金融制度的改革创新活动，进一步通过试点进行检验和完善，这是符合我国农业制度特色和农村发展水平的理性选择。农地"三权分置"改革在不改变农村集体土地所有权性质的前提下，把农地经营权作为一项独立的权利从农地承包经营权中剥离出来，让农地经营者以此作为一种抵押物向银行申请贷款，从而解决土地经营者因缺乏抵押物引致的贷款难问题。这对改变农地闲置状态，加快农地流转，推进农业适度规模经营有着非常重要的意义。

第二节　农地抵押贷款的试点实践模式

在国家各项农村金融政策的鼓励和指引下，我国各地开展了形式多样的农地经营权抵押贷款的探索实践。在抵押贷款模式上大胆创新，各地区陆续推出"农地经营权"单一抵押以及"农地经营权+"等组合抵押模式，极大地拓展了抵押品的范围，提升了农地经营权的抵押权能，尤其是与"其他经营权""农业设施权"以及"农户联保"等担保物的组合，降低了农地抵押的金融风险，有利于提高金融机构的贷款意愿。

农地抵押根据不同的标准可以划分为不同的模式：根据抵押品功能不同，可分为向金融机构直接抵押型和通过担保公司等担保机构间接抵押型[①]。根据制度生成过程不同，可分为政府主导型和市场主导型[②]。根据农地经营权取得方式不同，可分为承包型和流转型。其中承包型的贷款对象为普通农户，例如

---

① 黄惠春、徐霁月：《中国农地经营权抵押贷款实践模式与发展路径——基于抵押品功能的视角》，《农业经济问题》，2016年第12期，第96页。

② 梁虎、罗剑朝：《不同模式下农地经营权抵押融资试点农户满意度评价及影响因素研究——以山东寿光、陕西高陵和宁夏同心447户农户为例》，《财贸研究》，2017年第11期，第55页。

宁夏平罗县和同心县①；流转型面向的是规模经营主体，如重庆江津区和江苏新沂市②。此外，根据农地融资中介机构的不同，可分为"农户+地方政府+金融机构""农户+村民委员会+金融机构""农户+农民合作社+金融机构""农户+土地协会+金融机构"等模式③。根据农地抵押所采取的联合保证措施可分为"信用+抵押""保证+抵押""反担保+抵押""信托+抵押""土地证券化+抵押"等模式④。从风险控制机制视角可分为单一农地经营权抵押模式、追加抵押模式、第三方担保模式、风险补偿模式等⑤。本节内容主要根据前三种划分标准对农地抵押实践模式进行典型案例分析。

一、直接抵押型与间接抵押型

在信贷市场上，为了缓解借贷双方的信息不对称问题，降低借款人违约风险，金融机构通常要求借款人提供抵押品。根据农地经营权作为抵押品发挥作用的大小，农地抵押贷款可分为直接型抵押和间接型抵押两种模式。第一种模式是指家庭承包农户或规模经营农户将承包取得或者流转取得的农地经营权在不附带其他担保条件的情况下直接作为抵押品向金融机构申请贷款。此种模式下金融机构与借款人之间是一种直接的债权债务关系和抵押关系。第二种模式是在农地经营权抵押基础上，用"第三方担保+农地经营权""资产担保+农地经营权"等附加担保方式来提升借款人的信用程度从而获取金融机构贷款。两种模式的根本区别在于农地经营权发挥的抵押品功能是否充分，直接模式下农地经营权在贷款发放中起到了决定性作用，而间接模式下附加的增信方式成为贷款发放的关键条件。

（一）直接抵押模式——浙江省嘉兴市海盐县

2008年4月，嘉兴市被列为浙江省统筹城乡发展综合改革试验区。同年5月，嘉兴市实施农业用地流转"两分两换"工程，以优化土地使用制度为核

---

① 汪险生、郭忠兴：《土地承包经营权抵押贷款：两权分离及运行机理——基于对江苏新沂市与宁夏同心县的考察》，《经济学家》，2014年第4期，第56页。
② 汪险生、郭忠兴：《流转型土地经营权抵押贷款的运行机制及其改良研究——基于对重庆市江津区及江苏新沂市实践的分析》，《经济体制改革》，2017年第2期，第69页。
③ 惠献波：《农村土地抵押融资实践模式的探索与路径选择——基于农地金融试点的实证观察》，《西南金融》，2014年第3期，第67~68页。
④ 程郁、王宾：《农村土地金融的制度与模式研究》，中国发展出版社，2015年，第125页。
⑤ 林一民、林巧文、关旭：《我国农地经营权抵押的现实困境与制度创新》，《改革》，2020年第1期，第128页。

心，开展城乡综合改革，海盐县被列为县级试点县①。自获批成为全国农村流转土地经营权抵押贷款试点县以来，海盐县通过建立确权、赋权、活权、护权的"四权联动"工作机制，不断强化农村金融改革创新，逐步建立起一个多层次、广覆盖、低成本、适度竞争、可持续发展的县域现代农村金融服务体系样本，有效激活了农村"沉睡资产"，激发了乡村振兴内生动力。围绕构建"归属清晰、责权明确"的农地承包经营权体系，海盐县制定出台了《海盐县农村土地承包经营权确权登记颁证实施方案》，加快推进农地确权颁证工作，保护农民财产权益。同时，积极引导银行、保险、农业担保公司等社会金融主体主动"认权"，参与试点工作，开展金融指导员服务对接等活动，满足农村现代化经营主体的信贷需求，先后推出"农宅通""农股通""农财通"等多种农村金融产品，在全省率先实现农民"三权"金融产品全覆盖。截至2019年7月，该县已完成56565户农户、27.41万亩二轮承包土地的确权颁证，确权率达95.8%，累计发放贷款620笔，涉及金额7.7亿元②。

海盐县农地经营权抵押贷款具体操作流程主要包括以下环节：①确权颁证；②申请贷款；③审查批复；④签订合同；⑤备案登记；⑥划拨贷款；⑦还款或抵押物违约处置；⑧注销登记。具体操作流程如图3-1所示。

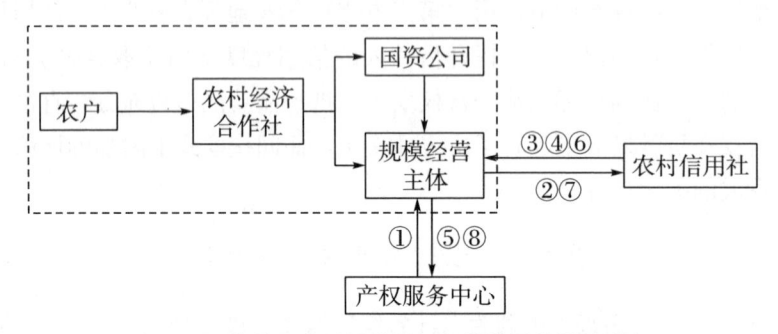

图3-1 海盐县农地经营权抵押贷款具体操作流程

其中，借款人与农村信用社签订农地出让经营权抵押合同，抵押贷款金额一般不超过农地流转经营权抵押评估价值的70%；贷款期限由双方协商确定，一般为一年，最长不超过3年；贷款利率一般比基准利率高20%。

根据确权、转让、抵押的产权交易程序，海盐县先后颁发了农地承包经营

---

① 张树峰、安海燕：《产权交易市场完善条件下的农地抵押贷款模式及效果研究——以嘉兴市海盐县为例》，《中国农业资源与区划》，2016年第5期，第136页。

② 海盐县人民政府：《我县推进全国农村流转土地经营权抵押贷款试点建设》，http://www.haiyan.gov.cn/art/2019/6/28/art_1512814_35111873.html。

证、农地出让经营证，并赋予农地承包经营权转让、抵押担保等权利，使承包农户、转让经营者、金融机构和其他市场主体都可以在农地产权交易过程中分享到收益。可以看出，海盐县面向规模经营主体开展的是直接型农地抵押贷款，贷款人凭借农地流转经营权他项权利证书即可向农村信用社申请贷款。同时创新农地经营权价值评估方式，除个别涉及较多房产、设备、农具的主体要求采用第三方评估外，其余主体均可采用双方协商确定评估价格的方式，有效简化了评估流程，降低了评估成本，提升了抵押融资的实际效果。其中农村信用社在农地价值评估过程中起主导作用，需要对申请抵押的农地进行实地调查，抵押价值的确定应结合农地产权属性、剩余租金支付期限、转让价格、地上（含地下）附着物的预期收益等因素来确定。在此基础上，进一步审查借款人的信用状况和贷款用途，来确定抵押贷款的额度和期限，在贷前环节有效降低金融风险。

（二）间接抵押模式——山东省枣庄市

2008年枣庄市被列为全国首批农村改革试验点，之后开始开展以"一证一所一社"[①]为核心的农地使用权产权制度改革，实现农地的资本化。首先，将农地使用权与承包经营权分离，并赋予农地使用权合法的权证证明。其次，向申请加入农地合作社的普通农户颁发"小证书"，向通过乡镇和区农地流转市场获得农地使用权的农地合作社颁发"大证书"。产权证明不仅是对农地使用权、经营权和转让权的确认，也可以将此权证作价、折股作为资本使用，最重要的用途是持有者可以利用该产权证明向金融机构申请抵押贷款。但农地产权证书抵押权能的实现需要完善的农地产权交易市场来保证。为此，枣庄市在市、区（县）、乡三级设立了农地使用权交易服务中心，实现了土地流转由生产要素市场向产权市场转变。枣庄市农地抵押贷款中农地合作社的设立和运行是关键，既能实现大规模农地流转，又能提升农地产权抵押权能。综上所述，发放农地使用产权证、组建农地合作社、搭建农地使用权交易服务所构成了枣庄市农地产权制度改革的三大支柱。

在此基础上，为了切实解决金融机构开展农地抵押贷款的积极性不强、农地处置变现困难等问题，枣庄市的台儿庄区大胆探索出"结对融"模式，即农

[①] "一证"就是赋予农民土地使用产权，由区政府对自愿申请加入土地合作社的农户颁发"农村土地使用产权证"；"一所"是建立农地使用产权交易所，在市、区（县）、乡镇建立3级农村产权交易所，并重点建设乡镇一级产权交易所；"一社"是发展农民土地合作社。

户向银行借款,在以农村承包土地经营权作为抵押物的同时需要与其他农户签订"结对协议",并承诺在借款人不能按期偿还贷款时,由签署协议的结对农户代其偿还,并在补偿后将农地经营权转让给结对农户使用[①]。

"结对融"是一种典型的"农地经营权+担保人"组合成的间接抵押贷款模式,其中寻找"结对人"是关键环节,村委会在双方结对协议签订和履行过程中起到协调监督作用,这是关于农地经营权抵押中处置环节的有益实践探索。具体操作流程如图3-2所示。

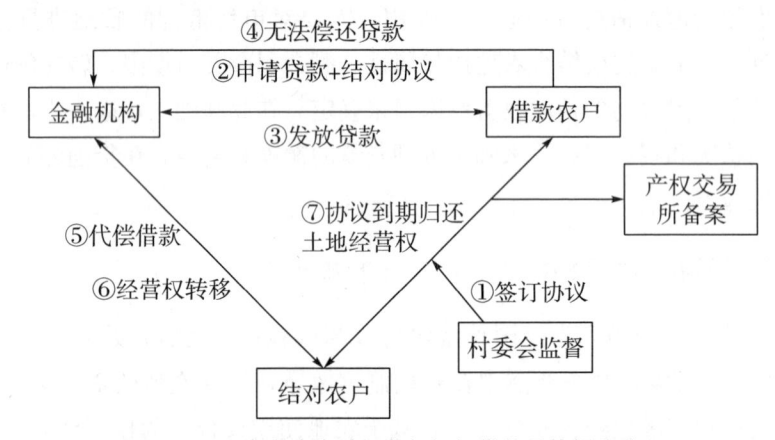

图3-2 山东枣庄农地经营权抵押贷款具体操作流程

在农地经营权价值评估方面,2010年枣庄市普惠农村土地资产评估事务所成立,成为全国第一家农地资产专业评估机构,依法开展土地使用权价值、土地收益价值以及各类农村资产的专业评估工作,以维护产权主体利益、保证产权抵押担保合法化作为评估工作的主要宗旨。实践中,枣庄市普惠农村土地资产评估事务所综合考虑农产品市场价格、经营主体当年综合能力和成本,采用市场比较法合理评估农地使用权价值,通常用结对协议中约定的年限乘以近一年同类经营权市场交易价格和土地亩数来计算。在此基础上,农地经营权评估价值=农地使用权价值+地上附着物价值,其中附着物价值主要以农地上种植作物评估基准日的市场价格计算出来的总收益减掉经营成本后的净收益来表示。由于此种模式中农户结对的协议年限一般都很长,以此计算出来的农地经营权价值相对较高,有利于提升农地的综合评估值。

枣庄市开展的农地产权改革探索,扩展了农村金融抵押担保机制,利用合作

---

① 纪秀江:《农地经营权抵押融资功能实现的创新探索——基于枣庄"结对融"模式的思考》,《西南金融》,2018年第2期,第73页。

社的规模优势降低了交易成本；利用"结对协议"提高了农地作为抵押物的处置效率，不仅能够有效盘活农户手中的土地资源，还有利于促进农村的信用体系建设和文明乡村的发展，为其他地区开展农地金融改革提供了成功的参考模式。

（三）直接型与间接型抵押模式对比

通过对浙江省海盐县和山东省枣庄市两地开展的农地抵押贷款模式的分析和比较发现，直接型贷款模式是农地抵押政策的初衷，从理论上具有更大的操作可行性，交易成本低、实践效率高，但对当地经济发展水平、金融市场完善情况以及地方政府的兜底能力都有较高的要求，且一般适用于面向规模经营主体开展。间接型贷款模式通过引入第三方担保人或者担保物，增加了农地抵押的贷款难度和交易成本，但有利于降低违约情况的发生和后期农地抵押处置的难度。从金融机构角度看，间接型是更理想的农地抵押模式，但也成为农地抵押贷款逐渐被小额信贷替代的主要因素。两种模式的具体差异性如表 3-5 所示。

表3-5 直接型与间接型抵押贷款模式比较

比较内容	直接型（浙江省海盐县）	间接型（山东省枣庄市台儿庄）
抵押机制	申请—贷款调查—价值评估—签订抵押借款合同—办理抵押登记手续—贷款发放—贷后管理—贷款归还	申请—土地评估—土地抵押登记—贷款审批—贷款担保—贷款发放—贷后追踪—贷款追偿
贷款对象	以农业企业、家庭农场、农民专业合作社及专业大户为主	以普通小农户为主
抵押物	农地经营权	农地经营权+担保人
产权交易机构	土地流转与产权交易服务中心	区（县）、镇（乡）、村三级农村产权交易平台
评估机构	海盐农村信用联社	普惠农村土地资产评估事务所
估价方式	贷款人自评估或者借贷双方协商	农地经营权评估价值＝农地使用权价值+地上附着物价值
贷款额度	一般不超过农地流转经营权抵押认证价值的70%	一般不超过抵押评估价值的50%
贷款期限	由借贷双方协商确定，一般为1年，最长不超过3年	1年
抵押物处置	可依法采取转让、变更、变现、诉讼以及其他合法方式进行处置	抵押结对人接收

续表

比较内容	直接型（浙江省海盐县）	间接型（山东省枣庄市台儿庄）
违约偿还风险分担	大多由银行承担	无法偿还的贷款损失，由担保基金和承办银行按照8∶2的比例分担

为防范农地抵押融资风险，金融机构通常会对采用直接抵押的农业经营主体在资金实力、资产设备、土地投入等方面设定一定的资格条件。因此，从严格意义上来看，直接型抵押贷款本质上类似于信用贷款，金融机构愿意发放贷款是基于农业经营主体自身信用、经济实力以及项目发展前景等因素，农地经营权的抵押功能是次要的，作为独立抵押物的功能属性也没有得到实质性的体现。土地经营权的直接抵押价值相较于其他模式较低，而且还依赖抵押农地市场价值实现的保障，因此农地资源禀赋好、农地规模大的地区更适合此种模式。"农地经营权+担保人"的间接型抵押模式能够有效降低农地经营权抵押处置困难。例如"结对融"模式通过农户自己寻找愿意接手农地经营权的定向流转人，并通过签订协议的形式予以制度保证，在缺乏第三方专业处置机构的情况下，实现了农地经营权的顺畅流转。

二、政府主导型与市场主导型

政府主导型农地抵押模式是政府部门通过发挥直接或间接的担保作用与农村金融机构开展合作，进而推动农地经营权抵押贷款的开展，同时发挥一定的协调和监督职能。此种模式以政府行政力量的强行介入提升农村金融机构开展农地抵押的供给意愿。市场主导型是以农业经营主体和金融机构合作为主导，农户自发成立土地合作社或者贷款担保协会等机构，通过熟人社会的信息传递优势和乡土人情的协商机制来降低金融机构农地抵押供给的信贷风险[1]。该模式下政府不介入农地抵押贷款运作过程，只是发挥有限的引导和规范作用。截至2018年9月底，农地抵押贷款的232个试点地区中，政府主导模式数量达到了190个，占比81.90%；而市场主导型模式只有42个，占比18.10%[2]。显而易见，当前农地抵押贷款的实践发展主要依靠地方政府从上向下的行政力量来推动，带有一定的行政色彩和政策旨意，因此金融支持效应也会随着政策强度和监管力度的降低而逐渐减弱。

---

[1] 陈东平、高名姿：《第三方促进农地抵押贷款缔约和履约：交易特征—嵌入视角——以宁夏同心县样本为例》，《中国农村观察》，2018年第1期，第74页。

[2] 国务院：《国务院关于全国农地经营权和农民住房财产权抵押贷款试点情况的总结报告》，http://www.npc.gov.cn/zgrdw/npc/xinwen/2018-12/23/content_2067610.htm。

（一）政府主导型——成都市温江区

四川省成都市在2016年开展农地经营权抵押贷款试点工作，温江区积极探索"农地经营权＋经济林木权"的抵押贷款模式，形成了具有当地特色的运行机制。为缓解农地抛荒、农业收入低等问题，当地政府积极为农户土地确权颁证，在市区、城镇和乡村都建立了土地流转交易所，这不仅调动了农民参与的积极性，还促进了农地市场流转。

温江区农地抵押贷款的运作流程主要包括：①抵押人申请农地经营权证书；②抵押人申请担保公司担保；③担保公司指定评估公司负责对抵押资产进行价值评估；④抵押人申请评估报告；⑤评估公司向担保公司出具评估结果；⑥担保公司根据评估报告确定担保金额；⑦抵押人与担保公司签订反担保合同；⑧抵押人向金融机构申请贷款；⑨金融机构根据贷款合同、抵押合同和抵押登记证向抵押人发放贷款。具体动作流程如图3-3所示。

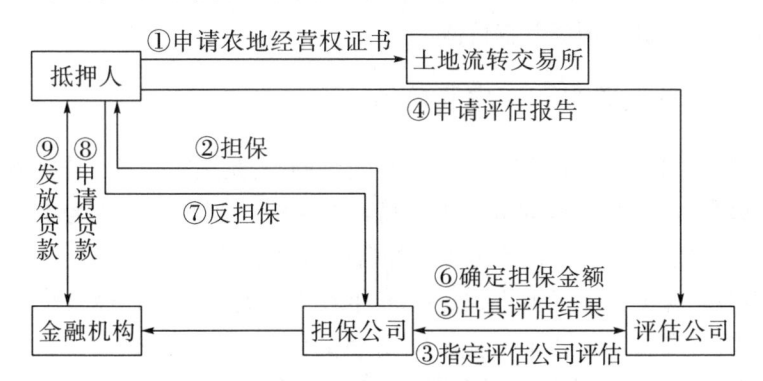

图3-3 成都市温江区农地抵押贷款运作流程

确权颁证是成都市温江区农地抵押贷款进行的基础，有利于形成归属清晰、权能完整的农村产权制度。农户在取得农地经营权后，借款人再向农村产权交易所申请农地交易鉴定证明，办理农村承包土地经营权证。成都市温江区人民政府在2008年开始农村产权确权颁证，到了2011年基本完成。2015年，温江区对农村承包土地经营权、农村小型水利工程所有权、农村经济林木权等进行了确权颁证，确权率达到100%[①]。"确权颁证"一方面是为了划清所有权、承包权、经营权的权力边界，另一方面是为农地抵押融资奠定基础。

成都市温江区主要采用"政府＋金融机构"和"政府＋金融机构＋担保公

---

① 绍兴全：《"三权分置"背景下的农地抵押融资调查——以成都市温江区为例证》，《现代经济信息》，2017年第20期，第483页。

司"模式开展农地抵押。前者大部分风险由银行和政府来分担，但政府的财政支持是有限的，所以该模式用得很少。在农户违约时，银行主要通过抵押物的价值进行风险补偿。当抵押资产无法变现时，才启用政府风险补偿基金。后者引入第三方担保公司分担风险，例如温江区将"花乡农盟"合作社作为第三方处置企业，当农户不能支付贷款时，第三方处置企业根据抵押资产进行处置后代为偿还。若变现金额无法覆盖债权，则启动政府风险补偿基金来分担70%的净损失。

为了解决新型农业经营主体贷款和农地评估问题，温江区出台了《农村产权价值评估体系》，确定了集体建设用地、农地承包经营权以及林权等产权评估细则，并定期公布各类农村资产的基准价格、市场交易指数等信息。抵押资产的评估价值根据租金和农地附着物价值来确定，在此基础上以农地位置和产业规划作为农地均值区域划分的标准。专业评估机构会根据市场动态定期公开发布农地基准价格评估成果，金融机构可以依据发布的评估基准价格并结合相关影响因素，估算农地经营权价值。

(二)市场主导型——宁夏同心

宁夏回族自治区同心县(以下简称宁夏同心)是国家扶贫工作重点县，经济基础薄弱，农户对土地的依赖程度高，主要的农业经营模式为小规模种养业。为了满足农户发展种植养殖规模经营的资金需求，早在2003年同心县就开始试验反担保型农地抵押贷款。2006年农户自发成立土地经营权抵押贷款协会(土地经营权流转合作社前身)，并将其作为担保组织，实行"贷款第一责任人制"，同时开始实施"同心模式农地抵押贷款"。土地经营权抵押贷款协会通常由村委会牵头成立，成为农地抵押贷款的反担保组织，农户以其农地承包经营权入股土地经营权抵押贷款协会并成为会员，然后以会员共同担保或协会总担保为条件保障向金融机构申请贷款。农户获得贷款后，抵押的农地由协会统一管理；一旦发生违约的情况，联保人或协会应负责偿还贷款并处置抵押土地的经营权。地方政府在后续的推广中总结经验对同心模式进行了改进和完善，将协会变为正式组织——土地承包经营权流转合作社，从而保证与农户签订的担保协议具备法律效力。此种模式的关键是合作社是农户自发成立的民间组织，代表着全体入股会员的意志，同时也承担着农地经营权的处置义务，这对地区村委会的组织和协调能力要求较高。

具体运作流程包括：①成立土地承包经营权流转合作社，将其作为中介，农户申请加入；②合作社内部入股；③成立小组联保；④合作社与农户签订委托书；⑤合作社为其成员提供担保，并向金融机构申请贷款；⑥发放贷款（如图 3-4 所示）。

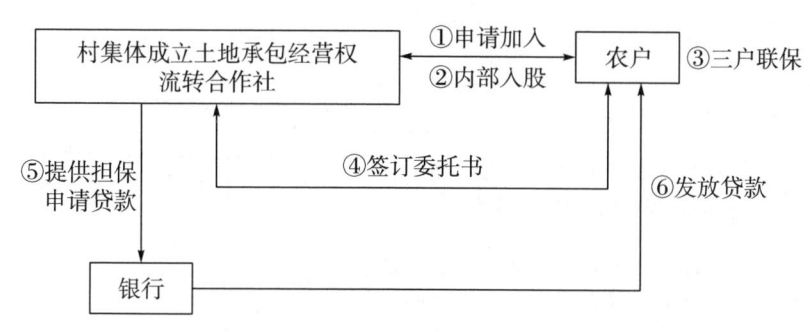

图 3-4 宁夏同心农地抵押贷款运作流程

宁夏同心模式作为市场主导、农户自发形成的农地抵押贷款模式，有效降低了贷款农户的融资成本，在一定程度上满足了农业经营主体融资贷款的资金需求。与之前的传统模式相比，承包经营权流转和农户联保有效防范了银行的信贷风险，同时提升了入社农户利用农地产权获取金融支持发展农业生产的积极性，有利于提高农业收入，全面助力乡村振兴。

（三）政府主导型与市场主导型抵押对比

政府主导型与市场主导型都明确了农地承包经营权的抵押担保权能，建立了农地流转市场，制定了严密的操作规范，取得了良好的实践效果。但前者依靠政府行政力量推动，要求市场具备较强的流转能力，在交易成本、风险兜底等方面都要求政府具备良好的财力支持；后者源于"草根"阶层的探索，政府在其中只起到引导和规范作用，不需承担兜底风险，且以承包经营权流转为媒介，是间接实现农地经营权抵押权能的一种方式。两类模式的差异特征如表 3-6 所示。

表 3-6 政府主导型与市场主导型抵押比较

比较内容	政府主导型（成都市温江区）	市场主导型（宁夏同心）
抵押机制	申请农地经营权证—担保—评估—确定担保金额—反担保—申请贷款—发放贷款	农户以农地入股合作社—寻求联保人—申请贷款—权属登记—反担保协议—金融机构放贷
贷款对象	普通农户、规模经营主体	普通农户、规模经营主体
抵押物	农地经营权+经济林木权	农地经营权+信用担保

续表

比较内容	政府主导型（成都市温江区）	市场主导型（宁夏同心）
产权交易机构	土地流转交易所	土地承包经营权流转合作社
评估机构	专业评估机构	乡（镇）农村经营管理部门
估价方式	评估机构根据市场动态定期公开发布农地基准价格评估成果	农地经营权评估价值＝抵押农地平均净收益×经营期限＋地上种植作物价值
贷款额度	不超过50%的评估折算比率，按低于其他担保方式1%~1.5%的年利率放贷	一般不超过反担保农地承包经营权认定价值的80%
贷款期限	普遍为1年，最多不超过10年	双方协商且不超过提供反担保的农地承包经营权剩余期限
抵押物处置	金融机构、第三方担保公司	银行不可处置抵押物，农地承包经营权在合作社内部流转

首先，农地经营权抵押贷款模式选择的关键是各试点地区农地金融的供求关系。如果农村金融机构对农地抵押贷款的供给意愿不强，且承担风险的能力较弱，则该地区更适合选择政府主导型模式。其次，政府财力也是影响模式选择的主要因素。市场主导型农地抵押贷款是在农民内生需求的推动下由农户和金融机构共同主导的农地金融创新，金融机构与贷款农户的供求意愿是推动农地抵押发展的核心动力。在整个过程中，地方政府不需要承担兜底风险，也不需要对农地抵押的运作进行直接干预，因此对政府财力的要求很小。政府主导型下政府需要出台相应的政策法规来推动确权、流转平台建设、风险分担等工作，需要具备较强的财政能力。在政府主导型模式下的成都市温江区，截至2018年6月末累计发放农地抵押贷款375笔，贷款金额12.31亿元[①]；而在市场主导型模式下的宁夏同心，截至2018年6月发放贷款2.2万笔，金额6.9亿元[②]。由此可见，政府主导模式下农业经营主体的参与数量不多，多以规模经营主体为主，因此贷款规模比较大，农地抵押的普惠性不足，金融支持效率也不高。因此，要真正激活金融机构和农业经营主体开展农地抵押贷款的供需

[①] 宋坤、聂凤娟：《政府主导型农地经营权抵押贷款对农户收入效应的影响——基于成都温江与崇州市对比分析》，《中国农业资源与区划》，2021年第9期，第217页。

[②] 中国人民银行银川中心支行：《宁夏同心县农地经营权抵押贷款试点工作显成效》，http://yinchuan.pbc.gov.cn/yinchuan/119962/3613773/index.html。

动力，推动政府主导型向市场主导型转变，是农地经营权抵押贷款可持续发展的必然趋势。

三、承包型与流转型

根据农地抵押主体和抵押经营权获取方式的不同将农地抵押贷款划分为承包型和流转型农地经营权抵押两种模式。承包型农地经营权抵押是指普通农户以家庭承包获取的农地经营权作为抵押品向金融机构申请贷款，而流转型农地经营权抵押是指规模经营主体以通过流转方式获取的农地经营权作为抵押品申请贷款。两种模式下农地经营权的产权属性、价值构成都存在着一定的差异，导致农地抵押贷款运行模式和实践困境也不同。

（一）承包型农地经营权抵押——宁夏平罗县

宁夏回族自治区平罗县是西北地区的"鱼米之乡"，也是全国重要的商品粮生产基地之一，农业生产条件和经济基础都较好，是农业部首批的24个农村改革试点地区之一。自2015年成为农村"两权"抵押贷款试点地区以来，其积极探索开展各项创新工作，农村产权改革取得了显著成效。目前已创新性地为农户和规模经营主体颁发了农村集体土地所有权证、农地承包经营权证、连片50亩以上集体荒地承包经营权证、宅基地使用权证、农地流转经营权证、设施农业用地使用权证、农村林权证、小型水利使用权证、大型农机具使用权证、不动产权证等10项权证。在确权基础上，积极探索建立农村产权抵押贷款机制，赋予已确权资产中的8项具有产权抵押融资权能，并给予贷款户一定的利率优惠。截至2018年底，全县累计办理农村产权抵押贷款2.19万笔，共计12.1亿元，为贷款农户和经营主体节省贷款利息2800万元。其中农地承包经营权抵押贷款在数量上占比为97.8%，在金额上占比为83.7%；农地流转经营权抵押贷款占比0.4%，金额占比4.5%[①]。因此，从金融支农对象来看，达到了支持小农户与现代农业有效衔接的目的。具体情况如表3-7所示。

表3-7 平罗县农村产权抵押贷款具体情况

抵押贷款类型	数量（笔）	数量占比（%）	金额（万元）	金额占比（%）
农地承包经营权	21200	97.79	98600	83.66

---

① 数据来源于2019年8月对平罗县开展的关于农地抵押贷款的社会调研。

续表

抵押贷款类型	数量（笔）	数量占比（%）	金额（万元）	金额占比（%）
连片50亩以上集体荒地承包经营权	31	0.14	1078	0.92
农地流转经营权	88	0.41	5248	4.45
设施农业用地使用权	55	0.25	6916	5.87
农村林权	6	0.03	4520	3.84
农民住房财产权	297	1.37	1288.6	1.09
集体经营性建设用地不动产权	2	0.01	201	0.17
总计	21679		117851.6	

注：数据来源于中国人民银行平罗县支行调研数据。

平罗县面向普通农户开展的农地承包经营权抵押贷款基本流程包括：①贷款农户向村委会提交贷款申请。②村委会向银行申请贷款。③银行向价值评估机构申请农地价值评估。④价值评估机构出具资产价值评估报告。⑤凭土地承包经营证和产权价值评估报告申请办理抵押登记。⑥价值评估机构对产权变更情况进行登记。⑦银行向农户发放贷款。⑧违约处理。如果农户未能按时还款，银行将根据借款人的还款意愿和能力决定采取应对措施，包括延长期限、更新贷款（借新还旧），以及向农村土地改革服务中心申请补偿。⑨农地经营权的处置，代偿贷款。具体流程如图3-5所示。

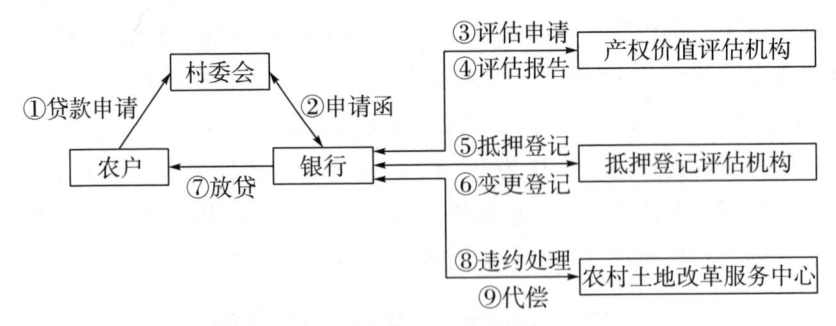

图3-5 宁夏平罗农地抵押贷款具体流程

平罗县对农地抵押贷款价值评估采用分类评估的方法，根据抵押金额分别确定不同的评估机构和评估人员，具体情况如图3-6所示。

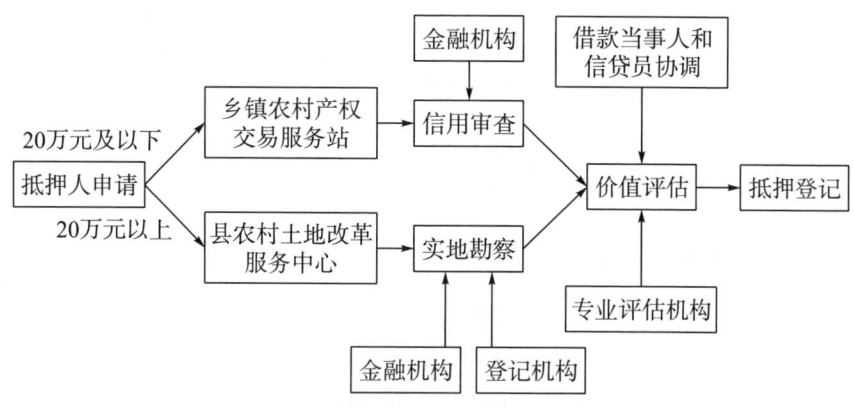

图 3-6 平罗县农村产权价值分类评估程序

（二）流转型农地经营权抵押——陕西省杨凌示范区

陕西省杨凌示范区是国家级农业高新技术产业示范区，2009 年底被批准为农村金融改革试点示范区。自此，杨凌示范区在国家农村改革政策的指引下，积极创新农村产权抵押融资模式，不断拓宽抵押融资担保范围，目前抵押物有农地流转经营权，农村房屋、大棚、养殖圈舍等农业生产设施，活体动物、果园、苗木等生物资产，多种形式农村产权抵押贷款的开展有效缓解了现代农业发展中规模经营资金不足问题。

为了保证农村产权抵押贷款的顺利开展，杨凌区积极通过市场机制促进农地规模化经营，鼓励种植大户、家庭农场、农业合作社和农业企业等新型农业经营主体开展土地流转，并成立了一系列的社会服务组织予以保证，主要包括村级土地银行、土地流转公司、土地股份合作社等。截至 2019 年 6 月，全区累计流转土地 6.3 万亩，共为 28 家新型农业经营主体发放农村产权抵押贷款 1.42 亿元[①]。农村产权抵押融资的具体流程包括：①贷款农户提出贷款申请；②政府部门对抵质押物进行确权颁证；③金融机构对贷款农户综合条件进行审查，双方对抵押品价值达成协议；④贷款农户在政府部门登记备案；⑤农户与金融机构签订贷款合同；⑥金融机构发放贷款，同时联合保险公司、担保公司等机构开展贷后监管和追踪；⑦贷款农户按照贷款合同的相关规定偿还本金和利息。陕西省杨凌示范区农地抵押贷款具体流程见图 3-7。

---

① 数据来源于 2019 年 12 月在杨凌示范区开展的关于农村产权抵押的社会调研。

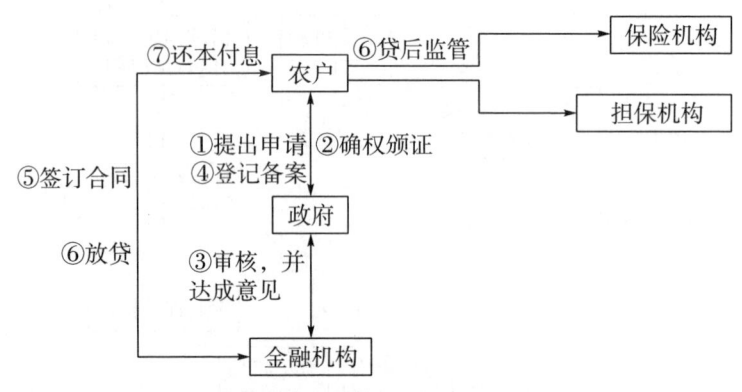

```
⑦还本付息        ⑥贷后监管      → 保险机构
         → 农户 ←
⑤签订合同    ①提出申请 ②确权颁证         → 担保机构
         ④登记备案
              ↓
             政府
⑥放贷    ③审核，并
         达成意见
         ↓
        金融机构
```

图 3-7　陕西省杨凌示范区农地抵押贷款具体流程

（三）承包型与流转型模式对比

农地抵押贷款的可持续性在很大程度上取决于农地经营权的稳定性。承包型抵押贷款由于以普通农户作为贷款主体，以农户通过家庭承包获取的农地承包经营权作为抵押物，因此在承包期内具有较好的稳定性；但是流转型经营权作为抵押物是规模经营主体通过流转方式取得的一种有期限的债权，实质上是一种债权型抵押贷款。因此，从金融机构处置抵押物角度来看，不具有操作上的可行性。两种模式的对比如表 3-8 所示。

表 3-8　承包型与流转型农地经营权抵押模式比较

比较内容	承包型（宁夏平罗县）	流转型（陕西省杨凌示范区）
贷款对象	普通农户、经营大户	规模经营主体
抵押机制	贷款申请—金融机构审查—评估—抵押登记—发放贷款—偿还—登记注销	贷款申请—确权颁证—审核—抵押登记—签订合同—风险备存—放贷—追踪—偿还
抵押物	农地承包经营权、收益权	农地流转经营权+地上附着物
产权交易机构	农村产权交易中心	农村土地流转交易中心
评估机构	农村土地改革服务中心或贷款抵押当事人	农村土地流转交易中心
估价方式	农地经营权价值=农地参考价格×农地亩数×（承包剩余年限－抵押贷款年限）	可由抵押当事人协商确定，或参照农村土地流程交易中心公布的指导价格确定，也可由抵押当事人认可的具有资质的评估机构确定

续表

比较内容	承包型（宁夏平罗县）	流转型（陕西省杨凌示范区）
贷款额度	不超过贷款人认定的土地经营权抵押评估价值的50%	一般不超过抵押资产评估净值的60%
贷款期限	一般为1年，最长不超过3年	不得超过农地经营权的剩余使用年限
抵押物处置	法律渠道，银行需要经过"提起诉讼→法院判决→公开拍卖"的处置程序	抵押权人可与抵押人协商以抵押的农地经营权流转所得价款受偿

农地承包经营权具备完整的用益物权和担保物权属性，作为抵押品的功能更加完备，农地抵押贷款过程中农地承包经营权的价值功能更加充分。平罗县农地资源禀赋条件较好，农业生产的综合条件优越，普通农户通过大面积种植可以获得相对满意的农业收入。因此普通农户开展农地承包经营权抵押贷款具有可行性和推广价值。但由于大部分地区普通农户拥有的承包经营权分布零散，农地价值评估成本较高，金融机构开展此类抵押贷款的意愿并不是很强烈。流转型农地经营权抵押贷款的抵押品是农地流转经营权，从本质上来说是一种债权性质权利，但是由于其农地规模较大，通常还附加其他的担保条件，其在现实中能够快速开展，迎合了国家支持规模经营主体的政策需要，是杨凌地区金融机构目前仅面向规模经营主体开展农地流转经营权抵押贷款的主要原因，但同时也面临着租金支付方式和流转期限等现实问题。

第三节 农地抵押贷款的实践效果评价

一、全国整体情况总结

农村承包土地经营权抵押贷款试点实践是党的十八届三中全会确定的一项我国农村领域的重点改革活动。2015年12月27日，第十二届全国人大常委会第十八次会议通过决定，授权国务院对部分试点县（市、区）行政区域的相关法律规定进行临时调整，这也是国家第一次为支持农地经营权抵押贷款试点工作的顺利开展而做出的法律调整。之后，在相关部门的通力合作和系列政策的支持下，各地普遍开展了以农地经营权抵押贷款为主的农村产权和农村金融联动改革的实践探索。从农村金融需求端来看，农村金融供给总量得到了快速增长，有效缓解了普通农户和新型经营主体的融资约束问题。截至 2018 年 9 月末，全国 232 个试点地区农地抵押贷款余额 520 亿元，同比增长 76.3%，累计发放 964 亿元；对需求方融资的放款额度也显著提高，普通农户贷款额度由试点前的最高 10 万元提高至 50 万元，对新型农业经营主体的贷款额度由试点前的最高 1000 万元提高至 2000 万~5000 万元不等[①]。从供给端来看，农村金融机构积极创新农村产权抵押贷款模式，先后推出农地经营权单一抵押和"农地经营权+其他产权"组合抵押、"农地经营权+农业设施权证"、"农户联保+农地经营权"反担保等多种形式，在提高信贷供给总量的同时，进一步释放了农地资源资产的抵押担保权能。

农地抵押贷款的顺利实施需要建立完善的流转机制、风险补偿机制以及抵押物处置机制。据统计，截至 2018 年 9 月底，全国 222 个试点地区都先后建立了农村产权流转交易平台；在完善贷款风险补偿和缓释机制方面，190 个试点地区专门设立了风险补偿基金，140 个地区成立了政府担保公司，并以财政出资额为上限为金融机构提供风险补偿或担保补偿，解决了金融机构开展农地抵押贷款的后顾之忧[②]。此外，针对不同模式的农地抵押，各地区在实践探索中也形成了贷前抵押物的"预处理"、引入第三方进行回购以及开展多方合作共同处置和分担等风险防控机制，大大提升了金融机构开展农地抵押贷款的积极性。

二、农地抵押的具体实践效果

（一）农业经营主体的融资可得性提高

农地经营权抵押融资是破解普通农户和新型农业经营主体抵押难、担保难、贷款难的有效途径。农地经营权作为开展农业经营必不可少的生产要素，进一步激活其财产价值属性，既能提高农业生产效率，也能作为经营主体获取商业金融支持的有力工具。据测算，试点地区农业经营主体的信贷约束强度较非试点地区显著降低了 18.64%[③]。普通农户参与农地抵押和获取正规金融贷

[①] 国务院：《国务院关于全国农村承包土地的经营权和农民住房财产权抵押贷款试点情况的总结报告》，http://www.npc.gov.cn/zgrdw/npc/xinwen/2018-12/23/content_2067610.htm。

[②] 国务院：《国务院关于全国农村承包土地的经营权和农民住房财产权抵押贷款试点情况的总结报告》，http://www.npc.gov.cn/zgrdw/npc/xinwen/2018-12/23/content_2067610.htm。

[③] 黎翠梅：《农地经营权抵押贷款试点对信贷约束的缓解效应研究——基于倾向得分匹配法的实证分析》，《武汉金融》，2020 年第 7 期，第 85 页。

款的比例都在提高，有效缓解了农村金融供给的"马太效应"。但同时农地抵押贷款供给本身呈现出明显的规模偏好，这是由金融机构营利性的本质诉求决定的，对于盈利能力较强的经营项目和非农收入较高的农业经营主体，农地抵押具有信贷改善效应，而对财力有限的小规模农户则存在挤出效应，信贷约束缓解作用较小。

（二）农业经营主体的收入水平得到改善

农地抵押政策对农民收入的提升具有可持续的长期影响，并且这种正向影响效应在农业经济实力高、"三农"发展条件好、制度建设规范的地区会更加显著。从微观层面来看，很多学者利用实地调研数据，通过理论与实证相结合的方式研究得出，参与农地产权抵押贷款显著提升了农户收入水平[①]。但仍需认识到，不同模式的农地抵押贷款对农户的增收效应存在着差异。农地抵押贷款对农民收入的正向影响具有一定的持续效应，而相较于政府主导型的农地抵押贷款模式，市场主导型在促进农户收入增长和激励农户要素投入方面效果更好[②]。此外，农地抵押贷款政策对不同类型农户所起的增收效应也有所不同，从农户本身收入水平的角度进行划分与比较，农地产权抵押贷款促进了中等收入农户的收入增长，但对于低、高收入农户的收入水平提高则没有显著作用[③]；从农户种植农作物类型的角度进行划分和比较，农地产权抵押贷款用于经济作物种植对融资农户所起的增收作用大于粮食作物的种植[④]。

（三）农地市场化流转进程加快

2009—2018年，我国农村家庭承包耕地流转面积从1.51亿亩增长到5.3亿亩，耕地流转占比也实现逐年增长，但增速明显降低[⑤]。农地流转增速持续下降制约了农业农村现代化发展。农地抵押贷款的试点推广有利于提高农地流转发生率，为进一步推动农地高效有序流转提供资金支持。农村金融发展是农

[①] 曹瓅、陈璇、罗剑朝：《农地经营权抵押贷款对农户收入影响的实证检验》，《农林经济管理学报》，2019年第6期，第793页。

[②] 张珩、罗剑朝、王磊玲：《农地经营权抵押贷款对农户收入的影响及模式差异：实证与解释》，《中国农村经济》，2018年第9期，第91页。

[③] 梁虎、罗剑朝：《农地抵押贷款参与、农户增收与家庭劳动力转移》，《改革》，2019年第3期，第115页。

[④] 李韬、汪兴旺、陈丽红：《农地产权抵押贷款用途对种植户农业增收的影响》，《西北农林科技大学学报（社会科学版）》，2021年第4期，第120页。

[⑤] 数据来源：2010—2019年《中国农业年鉴》。

地流转的重要动力之一，以农地经营权抵押融资为主的农地金融不仅为农村产业的培育和升级提供了融资渠道，也为农地流转模式创新提供了思路，同时也有助于促进各类农业经营主体的广泛参与。《中华人民共和国农村土地承包法》赋予了农地经营权独立的法律地位，突显了其财产权属性，规模经营主体可以将通过流转获得的农地经营权作为担保抵押物申请金融贷款，提高了金融机构开展农地抵押的积极性，也为增强新型农业经营主体流转农地扩大生产规模提供了资金保障。

三、实践效果与政策预期的反差

现实中许多试点地区开展的农地抵押贷款可以看作是地方金融机构为了完成政府部门的政策性任务而开展的一种政策性贷款，在各种硬性指标要求下，很多常规的担保贷款和小额信贷都被统计成农地贷款，这种情况下，农地经营权实质性的抵押功能被掩盖，或者只是起到最后一点增信作用。贷款发放的依据主要是基于农业经营主体的自身信用、综合经济实力、产业发展前景等，对如何实现农地自身的独立抵押地位尚无关注，这种简单追求农地抵押发放数额而忽略贷款质量的实践方式使得农地抵押贷款供给效果偏离了政策预期，具体表现在以下三个方面。

（一）贷款模式与政策预期的实践反差

直接型抵押贷款是指在不附加其他担保条件下，将农地承包经营权或流转经营权作为唯一抵押物，直接向金融机构申请贷款，金融机构与借款人形成了简单明确的抵押关系。从政策初衷来看，直接抵押模式由于操作简单、交易成本低，更有利于提高普通农户和农业规模经营主体的信贷可得性。但是试点实践中开展的直接型抵押实质上是一种"信用+抵押"模式，贷款人的信用评级和授信额度是金融机构发放贷款的主要参考，农地抵押只是贷款增信的一种方式[①]。

间接型抵押贷款是指以农地经营权抵押为主，同时需要其他担保或者保证予以增信才能获取金融机构贷款。间接模式在试点实践中占据了主导地位，例如宁夏同心、重庆江津、山东枣庄和湖北武汉等地区都开展了农地经营权反担保贷款。实践中政府担保也比较普遍，包括政府建立风险保障基金和政策性担

[①] 程郁、张云华、王宾：《农村土地产权抵质押：理论争论、现实困境和改革路径》，《金融监管研究》，2014年第10期，第14页。

保公司，例如成都市的农地抵押贷款就是完全由政府主导，性质上类似于政策性贷款。江津、枣庄和武汉等地政府出资成立担保公司，通过"担保公司（或担保人）+农地抵押"的模式实施农地抵押贷款，从而提高了银行开展农地抵押贷款的意愿。由于农地经营权作为抵押品的市场属性不够完备，金融机构出于保证贷款安全的目的，会优先选择间接抵押贷款模式，这也是地方政府和金融机构出于应付行政考核压力以及规避风险的一种理性选择[①]。

（二）支持主体与政策预期的实践反差

农地抵押贷款的支持主体应该包括以承包农地经营权作抵押的传统小农户和以农地流转经营权作抵押的规模经营主体。承包经营权是在家庭联产承包责任制下农户作为村集体成员获取的一种普适性权利。显而易见，农地抵押贷款是农村普惠金融的一种表现形式，普通小农户应该是金融惠及的重点对象，符合国家提出的实现小农户与现代农业有机衔接的政策旨意。但新型农业经营主体作为推动现代农业发展的主力军，支持其开展农业产业化和规模经营，也是主要的农业发展战略任务，这符合实现现代农业的基本方向。因此通过农地经营权抵押贷款支持新型农业经营主体解决融资难问题，是我国当前农村金融改革的重要突破口，《中华人民共和国农村土地承包法》和《中华人民共和国乡村振兴促进法》等政策文件对此都进行了明确的要求。

但从现实情况看，一方面资金需求方对农地抵押贷款的需求意愿不足，普通农户由于资金需求低、农地面积小、经营风险大等因素往往被排除在农地贷款门槛之外。规模经营主体资金需求强烈，农地经营规模大、农业资产和社会资本丰富，农地抵押贷款可能不是他们解决资金问题的最优选择。另一方面，抵押贷款的供给方金融机构容易"厌贫爱富"，在贷款对象的选择上具有较强的主观性，通常抵押资产丰富、社会资源广泛的规模经营主体因其农地经营收益高、抵押物评估价值高且流动性强，更容易获取金融机构的低息大额贷款。相反，农地经营面积小、农业收益低的普通农户往往很难获得贷款，或者获取贷款的利率水平较高。如陕西省杨凌示范区农村商业银行就未开展针对普通农户的农地抵押贷款，江苏省新沂市普通农户直接抵押贷款的利率高达12.96%[②]。因此，农地经营权抵押融资在现实开展中呈现出一定的"马太效

[①] 黄惠春、徐霁月：《中国农地经营权抵押贷款实践模式与发展路径——基于抵押品功能的视角》，《农业经济问题》，2016年第12期，第97页。

[②] 汪险生、郭忠兴：《流转型土地经营权抵押贷款的运行机制及其改良研究——基于对重庆市江津区及江苏新沂市实践的分析》，《经济体制改革》，2017年第2期，第71页。

应"和规模偏好特征[①],小规模普通农户在获得抵押贷款上具有明显劣势。

（三）价值评估与政策预期的实践反差

在市场经济条件下,由于信息不对称,资产交易双方对交易所涉及的资产价值判断不一致时,通常会选择独立的第三方,依据其专业技术对交易资产价值进行科学客观的评估,从而提供一个公允的估价意见[②]。农地经营权作为一项抵押资产,其价值评估也应该由独立的第三方评估机构和专业的评估人员来完成,同时结合贷款人自评估或借贷双方协商等方式,公平、公正、客观、合理地确定农地经营权抵押价值。但是在试点实践中,评估工作通常由地方政府下设的一些职能部门完全或者部分地代替第三方评估机构来开展,或者采用农户自评、金融机构与农户协商评估等方式。专业化的评估人员是确定科学的农地经营权抵押价值的关键环节。但目前我国农村地区基本还未形成一支专业的资产评估人员队伍。一些试点地区临时成立的"专家组"可能并不是真正具有评估资质的专业人员。政府官员和金融机构信贷人员的参与使农地价值评估过程缺失了一定的独立性和专业性,因此也很难保证农地经营权评估价值的科学性和公允性。

从农地产权价值构成内容的角度分析,作为借款人的普通农户,其所拥有的农地承包经营权具有明确完整的用益物权和担保物权属性,但由于"产权身份垄断"特征和贷款人对农地存在"与生俱来"的经济依赖、保障依赖和情感依赖,其所抵押的农地承包经营权应包含经济价值、社会价值与身份价值等多维属性[③]。因此,承包经营权的评估价值应体现出后两者的非市场价值内容,这也是国家"三农"政策保护农民切身利益的初衷所在。作为借款人的规模经营主体,其抵押的农地流转经营权只是单纯的抵押资产,其价值评估中更多体现了经济价值。因此,农地产权属性的差异决定了二者评估价值的构成也应该存在一定的差异。但是实践中大部分试点地区在对农地经营权价值进行评估时,并没有考虑产权属性带来的价值构成差异,忽略了承包经营权中所包含的非市场价值。

评估标准和评估方法作为资产评估的关键要素,尚未得到标准化与统一

---

① 李少武、张衔:《三权分置改革中农村土地承包经营权抵押贷款研究》,《重庆社会科学》, 2019年第1期,第38页。

② 周娟:《资产评估独立性问题思考》,《财会月刊》,2017年第9期,第40页。

③ 朱文珏、罗必良:《农地价格幻觉:由价值评价差异引发的农地流转市场配置"失灵"——基于全国9省(区)农户的微观数据》,《中国农村观察》,2018年第5期,第71页。

化。评估标准是指资产评估业务所使用的价格标准，评估方法是估算资产评估价值的具体方略和操作技术。不同性质的资产业务需要有与之相匹配的价格标准和评估方法。农地抵押贷款按照经营权属性不同可细分为承包经营权抵押和流转经营权抵押，二者的产权性质、抵押价值构成以及面向的贷款主体都不同。因此，农地价值评估标准的设置应充分考虑农地产权性质、贷款人类型、农地价值构成等因素，在此基础上形成一套客观、公正、统一的农地价值评估体系。但是在实践中，由于农地交易市场发育相对缓慢，严重制约了农地价值评估业务的发展，很多试点地区并没有出台规范的农地经营权价值评估标准，也没有具体的评估办法。

第四节 农地抵押贷款的可持续推广困境

农地经营权抵押贷款试点效果明显，有效盘活了农地经营权抵押融资功能。但理论研究和现有实践情况均表明，仅在制度上赋以农地抵押权，并不足以完全激活农地抵押市场，农地抵押贷款仍面临着无法可持续推广的困境。

一、农地抵押内生发展动力不足

由于农地具有不可移动和严重稀缺两大自然属性和我国农地用途管制的制度属性，农地不能像劳动和资本那样实现理想状态下的自由交易流转，在实际中往往只有具有先天区位优势的农地才能形成自发交易，大部分农地不具备直接进入公开市场交易的条件，且我国人多地少的农地资源禀赋情况造成普通农户承包的农地规模细小，有限的经济效益使得农地抵押价值极为有限，因此愿意参与农地抵押的往往是规模经营主体。此外，农业具有的弱质性使农业生产相较于其他行业面临的自然风险和市场风险更高，而农产品的收益回收期较长、经济效益附加值也较低；且农地除财产属性外，所具有的社会属性乃至政治属性使得农地流转只能在从事农业的经营主体之间进行，农地农用的用途管制使得金融机构难以实现对农地抵押权的诉求，因此，金融机构出于"三性"（安全性、流动性、营利性）原则对农地抵押贷款业务开展面临的风险会尽量避而远之。从需求侧来看，随着国家社保体系的完善和农民收入来源的多元化，农地对农民的社会保障功能并不一定会弱化，而是由经济保障变为社会、情感、身份等复合型的价值体现，农地仍然是很多普通农户的重要生计资料，在半工半耕的生计模式下，普通农户对农业生产的资金需求并不大，对农地抵押贷款的需求有限；加之农户对土地的传统情结以及对抵押贷款这种金融产品的认识不足，很多农户在小额贷款需求下会优先选择信用贷款或者民间借贷。农地抵押市场的内生性限制因素在很长一段时期内都很难改变，因此《中华人民共和国农村土地承包法》虽然使农地抵押贷款有了法律基础，解除了制度上的约束，但是农地市场的先天不足仍然阻碍了农地抵押贷款的可持续发展。

二、农地抵押市场处置机制不畅

农地经营权抵押功能实现的关键是具备健全的农地流转市场。现实条件下，由于我国农地交易市场不完善，接受农地作为抵押物将使金融机构面临一定的处置困境和信贷风险。因此实践中很少有地区是将土地经营权直接作为抵押物开展贷款，而是需要提供其他形式的担保作补充，例如"农地经营权+第三方""农地经营权+其他财产"。这些间接形式的农地抵押贷款降低了农地经营权的独立抵押品地位。尤其对于普通小农户来说，补充担保物缺乏、信贷条件较差，与资产丰富的规模经营主体相比较，更容易受到金融机构的排斥。从金融机构的角度来看，抵押物能够顺利地处置变现是其降低抵押贷款风险的重要保障。但由于我国农地交易市场体系还不够发达，也未建立有效的农地抵押平台保证金融机构的利益，且农地流转还存在着一些制度性约束，地方性农村金融机构迫于行政压力才不得已开展农地抵押贷款业务。而随着国家试点实践的结束，政策的鼓励热度也逐渐下降，金融机构推广农地抵押贷款的积极性会越来越低。

当贷款人因难以维系生产经营而出现贷款违约情况时，金融机构实现农地抵押权的诉求在一定程度上与农户对农地的不可剥夺性相悖。根据《中华人民共和国民法典》第四百一十条的相关规定，抵押权实现方式主要包括折价、拍卖、变卖等[①]。但《中华人民共和国农村土地承包法》第三十八条却对土地抵押权的主体资格有特殊规定，即金融机构由于不具备农业生产经营能力和相应的资质，不能作为土地经营权的接受主体，需要再次寻找其他有资质的农业经营主体[②]。由于享受农地承包经营权的主体具有明显的身份属性，该农地在抵押权实现时也难以适用拍卖、变卖等方式，否则会使得贷款人失去相应的农地

---

① 全国人民代表大会：《中华人民共和国民法典》，https://www.gov.cn/xinwen/2020-06/01/content_5516649.htm。

② 全国人民代表大会常务委员会：《中华人民共和国农村土地承包法》，http://www.moa.gov.cn/gk/zcfg/fl/202007/t20200716_6348744.htm。

承包权利，从而引发社会风险。据了解，农业主体发生违约问题时，银行难以在众多承包户的压力下通过对土地经营权的再流转实现其抵押权，更难以通过司法拍卖程序行使抵押权，往往需要借助当地政府的财政资金，如政府风险补偿基金等方式来解决。

三、普通农户的权益保障缺乏

农地抵押贷款使得本来就受到金融市场青睐的规模经营主体优势更加明显，而真正需要农地抵押来缓解融资约束问题的普通农户则受益不多。农地抵押的政策初衷之一就是要赋予农民更多的财产权利，促进小农户与现代农业有机衔接，尽可能将普通农户手中的有限土地资产转化为土地资本。但实践中具体的执行政策缺乏对普通农户权益的保护，且很多地区并没有开展面向小农户的农地抵押贷款，或对开展此项业务的金融机构存在监督缺位，使得基层银行机构为了保障资金安全更倾向于将资金贷给资产丰富的规模经营主体，没有探索出一条有效的保护普通农户融资权益的抵押贷款机制，进一步制约了农地抵押融资效果的发挥。

农地的社会保障功能与农村社会保障体系息息相关，影响着农地融资担保功能的实现。社会养老水平的提高一定程度上可以形成对农地社会保障功能的替代，有助于农地流转市场在数量和质量的双重维度上得到充分发展，尤其对于老年农户来说，社会保障水平的提升对农地流转市场发育会起到显著的促进作用[1]，因此，社会保障对于农地保障的替代效应主要影响农地依赖性较高的普通农户[2]。当前大部分农村地区都还未形成城乡一体的社会养老保险体系，农民最低生活保障和新型农村合作医疗制度也不完善，尤其对于就业稳定性较差的农民工而言，农地是其失业后的"回流地"和"安全营"。因此，在我国农村基本保障机制还不成熟的情况下，无论是从经济理性还是社会理性的角度，农民对农地经营权抵押业务仍然十分谨慎。

四、农地价值评估机制有待完善

土地经营权价值评估是农地抵押贷款过程中的关键环节，关系到农户与金融机构双方主体的利益。依据《农用地估价规程》（GB/T28406—2012），我

---

[1] 钱文荣、洪甘霖、郑淋议：《社会养老保障水平与农地流转市场发育——基于数量和质量的双重视角》，《农业技术经济》，2022年第8期，第15页。
[2] 李琴、杨松涛、张同龙：《社会保障能够替代土地保障吗——基于新农保对土地租出意愿租金的影响研究》，《经济理论与经济管理》，2019年第7期，第72页。

国农地价值评估可以采用收益还原法、市场比较法、成本逼近法、剩余法、评分估价法和基准地价修正法六种评估方法。但当前大部分地区尚未建立完备的土地经营权价值评估体系,缺乏统一的标准。农地抵押过程中农地经营权的评估方式并不完全统一,当前评估方式有农户与金融机构双方协商、金融机构评估和第三方中介机构评估等,除直接由中介机构评估外,金融机构考虑到农地经营权处置的困难,往往对农地经营权价值评估过低,以降低其开展农地抵押贷款业务的风险,难以保证农地经营权价值评估的合理性,可能导致农户利益受损;政府在农地价值评估中的角色定位不够明确,有些试点地区的农地经营权价值评估工作由政府主导,如由政府专门成立的评估机构或组建的评估专家库来开展农地经营权的价值评估工作,或由评估主体直接按照政府确定的指导价格进行评估。此外,农地经营权的评估价值还受诸多因素的影响,如土地附属物、土壤条件、气候特征等,这些因素是否纳入、如何纳入农地经营权的价值考量范围,对此尚无相应规定。贷款农户和金融机构作为理性个体,都以实现自身利益最大化为目标进行行为决策,因此客观准确的农地价值评估体系是保证二者在农地抵押贷款过程中实现利益平衡的关键所在,如果处理不好,则容易引发矛盾冲突。

此外,农地经营权价值评估中需认识到对于不同主体的农地价值构成的差异。实践中大部分试点地区在对农地经营权价值进行评估时,没有体现出承包经营权和流转经营权产权价值构成的差异,忽略了农户承包经营权中所包含的非市场价值。普通农户与规模经营主体的农地面积、农地区位、农地质量、租金收益、剩余年限、地上附着物价值等因素存在不同,普通农户与规模经营主体的风险特征也有所差异,农地规模小且分散、流转处置比较困难,而规模经营主体通过获取流转经营权,一定程度上解决了农地细碎化带来的处置变现困难的问题。因此,需要针对不同经营主体对农地经营权的评估机制进行分类设计。

综上所述,这些问题的存在造成了农地抵押市场发展的局限,进而制约了当前农地抵押贷款业务的实施效果。这些问题产生的根源在于我国农业资源禀赋差、农地制度社会保障强、金融机构盈利动机高。无论是政府部门、金融机构还是农业经营主体都不能单独解决长久存在的农村金融资源失衡问题。此外,为了响应国家政策,地方政府通常在农地抵押贷款开展过程中起着重要的作用,如通过贴息、建立风险补偿基金、开展农业保险等方式减少农户经济负担和金融机构的风险,农地抵押贷款业务的可持续性不强,市场内生动力不足。

本章小结

本章对我国农地抵押贷款的政策演进和实践模式进行了总结和概括，在此基础上对试点实践效果进行了评价，并进一步分析了制约其可持续推广的困境。我国农地抵押融资政策经历了法律严格禁止、政策逐渐松动、法律有条件解禁和法律放开全国推广四个阶段。从总体来看国家采用了循序渐进、试点先行的原则进行了农地金融制度的改革创新活动。每个阶段的农地抵押政策都是根据当时农业发展水平和农户现实需求进行的理性选择。实践中各地区探索出了不同的农地抵押贷款模式，总体上可以分为直接型与间接型、政府主导型与市场主导型、承包型与流转型等模式，通过对典型地区基本做法的对比分析，总结了每种模式在抵押机制、价值评估、抵押物处置等方面的差异特征。整体来看，农地抵押贷款使农业经营主体的融资可得性提高、农业经营主体的收入水平得到改善、农地市场化流转进程得到了加快发展，但同时也存在内生发展动力不足、市场处置机制不畅、普通农户权益保障缺乏、农地价值评估机制有待完善等困境。因此，只有打通阻碍农地金融市场发展的各种堵点，激发其作为金融产品的内生活力，才能进一步推动农地抵押融资的可持续发展。

第四章 "三权分置"下农地经营权抵押价值及评估

农地产权价值评估是农地抵押贷款开展的关键环节，也是制约其可持续推广的主要困境。农地抵押贷款过程中，农业经营主体与金融机构都希望实现自身利益的最大化，如果没有科学客观的农地经营权价值评估体系，将难以实现二者之间利益的平衡，达到预期的政策效果。农地"三权分置"为农地抵押贷款的开展提供了新的思路，使农地经营权的抵押权能更加完备。但实践中农地经营权抵押价值评估在评估主体、评估标准、评估方法等方面都存在着一些现实困难，从农户满意度角度对农地价值评估的主要内容进行评价有利于提升农地产权价值评估水平，对推动农地抵押贷款的进一步发展具有重要意义。

第一节 "三权分置"的内容及实践意义

从2013年7月习近平总书记视察武汉综合农村产权交易所时首次提出农地"三权分置"的设想，到2019年《中华人民共和国农村土地承包法》修订，在这期间国家多次发布政策文件对"三权分置"的改革方向进行明确和部署，也进一步确定了农地"三权分置"的法律地位，在坚持农地集体所有的前提下，保证家庭承包关系长期稳定，农地经营权灵活使用，从而满足了市场经济条件下农地产权多层次、多元化的需求结构。

一、农地"三权分置"的内容

（一）坚持农地集体所有

集体所有权是"三权分置"政策的法定起点。学术界对于集体所有权虚置问题一直存在很大的争议，认为存在着集体组织指代不明、权利主体虚置、权利边界模糊等问题，但是从法律赋权的角度来看，集体享有最充分和最完整的农地所有权权能，依法对集体农地行使占有、使用、收益、处分和监督的权利。落实集体所有权，就是将"归属于农民集体所有的不动产和动产，为本集体全体成员所有"这一法律规定进行落实，对农民的集体成员权这一权利进行明确界定，并明确集体农地产权的归属，进而明晰集体产权的主体[①]。农地所有权归属于集体，一方面意味着农地对集体内全部成员负有基本保障的责任，另一方面也要实现对农地自然生态属性的功能保障。

（二）严格保护农户承包权

家庭联产承包责任制下农户获得了完整的农地承包经营权，这也成为"三权分置"的实际起点。农地承包权是指村集体成员通过家庭承包或者招标、拍卖、公开协商等方式取得的对集体农地依法占有的权利。因此，集体成员的身份属性是获得承包权的首要前提，其次需要与集体依法签订承包合同。在此前提下，农户家庭在承包期内对承包地可以占有、使用、流转以及取得相应的收入，当农地被征收或征用时，可获得相应的补偿，是一种典型的财产权。通过家庭承包方式取得承包权的主体只能是农户，而其他方式获取承包权的主体可以是农户，也可以是企业和专业合作社。

赋予农户长期而有保障的农地承包权是实现农村基本经营制度以及农村社会和谐稳定的基础，2018年中央一号文件中已明确说明将农地承包权延长至三十年[②]，后来的《乡村振兴战略规划（2018—2022年）》[③]和《中华人民共和国农村土地承包法》[④]等文件都对此进行了多次肯定。只有完善的法律法规和政策体系，才能实现对农户承包权益的有效保护。农户不论是自己经营农地，还是将经营权流转，作为集体成员始终都拥有农地的承包权和财产收益权。

[①] 刘恒科：《"三权分置"下集体土地所有权的功能转向与权能重构》，《南京农业大学学报（社会科学版）》，2017年第2期，第105页。

[②] 中共中央、国务院：《中共中央 国务院关于实施乡村振兴战略的意见》，http://www.moa.gov.cn/ztzl/yhwj2018/zyyhwj/201802/t20180205_6136410.htm。

[③] 中共中央、国务院：《中共中央 国务院印发〈乡村振兴战略规划（2018—2022年）〉》，https://www.gov.cn/zhengce/2018-09/26/content_5325534.htm。

[④] 全国人民代表大会常务委员会：《中华人民共和国农村土地承包法》，http://www.moa.gov.cn/gk/zcfg/fl/202007/t20200716_6348744.htm。

(三) 加快放活农地经营权

农地经营权持有者既可以是普通的农户家庭，也可以是转入农地的规模经营主体。两类主体都可以在相应的经营期限内占有、使用农地并取得相应的农地收益。对于规模经营主体，在原承包农户同意的前提下，还可以对转入农地进行改良、土壤肥力提升、建造农业生产设施等活动，甚至可以将农地经营权再次流转或者进行抵押担保融资。放活农地经营权，旨在鼓励规模经营，实现对农业经营者权益的有效保护。

农地所有权、农地承包经营权和农地经营权共同构成了我国现行农地产权制度的三大支柱，共存于家庭承包责任制下的承包地上[①]。其中，农地承包经营权和农地经营权以农地集体所有权为基础，具有保障、财产和流转功能。"三权分置"下农地承包经营权与农地所有权的内在联系进一步加强，同时派生出农地经营权，农地产权格局更加清晰。

二、农地"三权分置"的实践意义

"三权分置"通过将身份属性保留于农地的承包权，并由农户长期持有，有效保护了农民的权益；同时将经营权根据农民自愿原则进行有序流转，促进规模化经营，提高农地利用效率。实现农地"农民专用"转变为"全民通用"、"均田家庭承包"转变为"规模市场经营"[②]，这也是"三权分置"形成的最主要政策动因，有利于促进农地资源的合理使用，构建新的农业经营体制，发展多种适度规模经营的形式，提高农地产出率、劳动生产率和资源利用率，促进现代农业的发展。

(一) 有利于提升双层经营体制，解放农村生产力

农地"三权分置"对双层经营体制的内涵进行了丰富，既保持集体所有的"统"的地位，又从农地产权结构上实现了"分"的格局。家庭农场、农业合作社、农业企业等多种新型经营主体快速发展，家庭经营与规模经营共同发展，经营模式的创新和经营主体的多元化进一步解放了农村生产力，激发出更持久的发展活力。

[①] 祝之舟：《农村土地承包经营权的功能转向、体系定位与法律保障——以新〈农村土地承包法〉为论证基础》，《农业经济问题》，2020年第3期，第44页。

[②] 张力、郑志峰：《推进农村土地承包权与经营权再分离的法制构造研究》，《农业经济问题》，2015年第1期，第79页。

(二)有利于提升农户收入水平,优化收入结构

长期以来,我国"重工轻农""农业反哺工业""城市优先"等发展政策导致农村与城市的发展差距越来越大,最直接的表现就是城乡居民收入水平的差异。进入21世纪,提高农村居民收入水平、扩大农民收入来源成为农村改革的重要任务。农地"三权分置"能够改变过去以农为主的单一收入结构,尤其是通过流转农地经营权可以显著提高农民财产性收入在家庭总收入中的比重。

(三)有利于维护农村长治久安,保障基本稳定

"三农"问题的核心是农民问题,农民问题的关键在于农地问题,因此农地制度改革关系到全体农民的切身利益,对中国乡村社会结构和乡村治理都会产生重大影响。农地"三权分置"进一步理顺了农村社会各种经济主体之间的利益关系,得到了广大农民的普遍认同,保证了农村社会的基本稳定。

(四)有利于激活农地资本属性,促进金融创新

"三权分置"的农地产权制度改革在稳定承包经营权的基础上,进一步激活了农地经营权的资本属性,使其抵押权能更加完善和明确。农地金融在农地规模化流转的过程中逐渐产生,经营者对资金的需求意愿也越来越强烈。另外拥有农地承包经营权的普通农户,对农地经营权变资产、变租金、变股金从而获取财产性收入的需求也逐渐增强。因此,"三权分置"从需求和供给两个层面都推动了农地金融创新。

第二节 "三权分置"下农地经营权抵押价值分析

"三权分置"在坚持农地集体所有和家庭承包经营的基础上实现了对我国农村基本经营制度的新发展,也是对农村双层经营体制内涵的进一步丰富,更是对农地"两权分离"制度的纵向延伸。农地所有权归集体所有,农地承包权作为一种"成员权"仍归属于原承包农户,经营权从承包经营权中分离出来,表现为一种预期收益,可以转让和抵押。因此,将"三权分置"下的农地经营

权作为抵押标的，可避免农民失地、失业、失保障的风险[①]。

一、农地经营权属性及权利构成

为了更好地符合实践需求，《中华人民共和国农村土地承包法》对于农地经营权的性质并没有明确界定，只在原则上对其权利进行了说明。将农地经营权从承包经营权中分离出来，其主要目的是加快推进农地经营权向专业大户、家庭农场、农业合作社、农业企业等新型农业经营主体流转，开展农业规模化经营。法学界对农地经营权的权利属性有不同的看法，基于不同的划分标准主要包括"债权说"和"物权说"。以流转方式为标准，通过租赁形成的经营权具有债权性质，而通过抵押、持股形成的农地经营权具有物权属性。以流转期限为标准，五年以下的农地经营权应认定为债权，五年以上且经登记的农地经营权应认定为物权[②]。按照房绍坤（2019）的观点，根据《中华人民共和国农村土地承包法》，农地经营权有三种形式：一是通过家庭承包获取的从农地承包经营权中分离出来的农地经营权，二是用来向金融机构融资担保的农地经营权，三是以其他方式承包农地取得的农地经营权[③]。三种形式下的农地经营权都可以进一步分离为耕作权、设定地役权、收益权、征地补偿权等具体权利。农地经营权产权内容如图4-1所示。

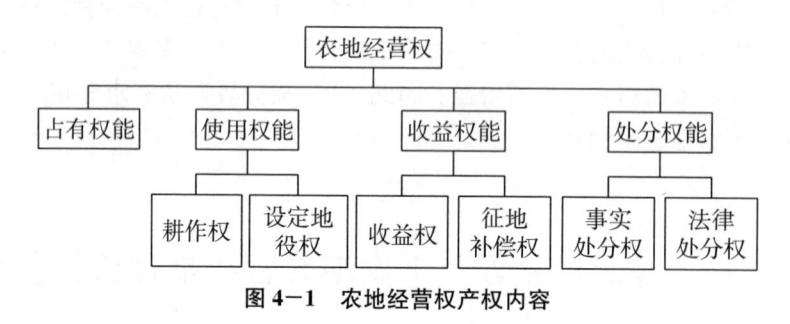

图4-1 农地经营权产权内容

（一）占有权能

农地经营权的占有权能同承包权能一样，都不包含具体的权利内容，只是

[①] 赵振宇：《基于不同经营主体的农地承包经营权抵押问题研究》，《管理世界》，2014年第6期，第174页。

[②] 房绍坤、林广会：《解释论视角下的土地经营权融资担保》，《吉林大学社会科学学报》，2020年第1期，第9页。

[③] 房绍坤、林广会：《土地经营权的权利属性探析——兼评新修订〈农村土地承包法〉的相关规定》，《中州学刊》，2019年第3期，第51页。

保证权利人能够真正行使和实现"农地经营权"的其他各项权能。当农地承包人将承包农地进行流转时，该农地的直接占有人就是农地转入方，但原农地承包户作为初始权利人仍可以间接占有该承包地。"三权分置"下农地经营主体再次将农地经营权进行流转时，则同时失去了对农地经营权间接占有的条件，而农地承包人因拥有农地的承包权仍然可以对农地实现间接占有。

（二）使用权能

农地经营权的使用权能是直接作用于用益物权标的物上的权能，主要体现为经营性使用，即权利主体以营利为目的对农地进行使用，具体包括耕作权和设定地役权两项权利。其中耕作权是指农地经营权主体自行组织农业生产的权利和建设使用农业生产附属配套设施的权利。设定地役权是指农地经营权主体有权在他人不动产上设定地役权，但必须征得村集体经济组织和农地承包人的同意，并进行必要的告知。

（三）收益权能

收益权能是农地经营权的基础权利，主要包括收益权和征地补偿权两类。利用农地经营权开展农业生产并获得一定的收入是农业经营者的主要目标，因此收益权是农地经营权经济价值的实现。征地补偿是对农地经营主体权益保护的一种体现，是指当农地经营权主体在不可抗力下对农地经营权及其产出物进行处置，导致农地使用收益丧失，从而获得的相应补偿和救济，保证农地经营主体可以继续正常地生产和生活，因此也可以看作是收益权能的内容。

（四）处分权能

处分权能作为所有权的核心内容，表现为事实上的处分和法律上的处分。事实上的处分是指对实物资产进行改造、销售、损毁等物理形态上的改变，法律上的处分则是指对按照所有权的意愿对资产进行所有权转移、限制等变动处置的权利。农地经营权的标的物为农地，在农地的用途和性质都不得改变的前提下，农地经营主体的事实处分权在实践中不具有操作性。《中华人民共和国农村土地承包法》规定农地经营权主体可以对农地使用权进行转让，也可以设定抵押担保[1]，说明农地经营权主体具有对农地经营权的法律处分权，包括转

---

[1] 全国人民代表大会常务委员会：《中华人民共和国农村土地承包法》，http://www.moa.gov.cn/gk/zcfg/fl/202007/t20200716_6348744.htm。

让权、租赁权、股权、抵押权、继承权以及赠予权。"两权分离"下农地承包经营权包含着全部的处分权,但"三权分置"下具有成员身份属性的权利被承包权继承,并没有转移给农地经营者。因此农地经营权权利人在行使相应的部分处分权时处分的只是农地的经营权,而非农地本身。

二、农地经营权的抵押权能

抵押是解决信贷配给过程中存在的道德风险和逆向选择问题的主要手段之一,抵押品能够帮助金融机构甄别风险、激励借款人还款以及保全债权。有效的抵押品应具备以下特点:第一,权属界定清晰,产权具有排他性;第二,存在可交易变现的流转市场保证交易价值易于实现;第三,合约期内可保值,保证抵押功能的实现;第四,处置和交易费用较低。一项资产或者资产权利的以上特点越明显,就越适合充当抵押品。从法律层面看,《中华人民共和国农村土地承包法》第四十七条明确提出,土地承包人和受让人都可以利用通过承包取得的土地经营权或通过流转取得的土地经营权,向金融机构融资担保。农地经营权被赋予了融资担保权能,其作为抵押品合法性的制度约束已经解除[①]。因此,农地经营权的抵押权是指普通农户或者新型农业经营主体为获得金融机构的信贷资金,将一定期限的农地经营权(包括原始承包经营权和流转经营权)作为抵押标的物向金融机构申请贷款,当抵押人无法按期归还借款时,抵押权人拥有对抵押物优先受偿的权利。以承包地的农地经营权作为抵押标的物进行融资,是以承包人对承包地的占有、使用、收益和转让等一系列权利为基础,符合用益物权可以作为抵押物的法律条件[②]。

作为担保物权的一种,抵押权的设立在融资借贷等相关经济活动的交易过程中发挥着保障资金安全的重要作用。"三权分置"改革后农地抵押权的主体是指抵押贷款的借贷双方,借款人不仅包括具有集体成员身份、通过家庭承包获得农地经营权的普通农户,还包括通过租赁、入股等方式获得农地经营权的种植大户、家庭农场、农业合作社以及农业企业等新型农业经营主体。贷款方从广义上看是指所有与金融业有关的金融中介机构,包括银行、证券公司、担保公司等,但狭义上仅指银行,因为银行具有较强的专业性和规范性,资金储备充足,抵御风险的能力较强。农地抵押的客体为农地经营权,不仅包括普通

[①] 全国人民代表大会常务委员会:《中华人民共和国农村土地承包法》,http://www.moa.gov.cn/gk/zcfg/fl/202007/t20200716_6348744.htm。

[②] 刘振伟:《关于"三权"分置的法律表达》,《中国人大》,2019年第3期,第35页。

农户通过家庭承包直接取得的初始农地经营权,还包括新型经营主体通过租赁、持股、转让等其他方式间接取得的农地经营权。农地经营权是对农地的占有、使用、收益和流转的权利,更多体现的是一种经济功能。抵押权的标的物首先是被抵押的农地经营权,但对于是否包括地上附着物,各地区的做法不一。有些地区将农地经营权和地上的农作物及建筑物等都统一作为农地贷款的抵押标的物,因为农作物与农地是天然一体的,抵押农地的经营权时理应将其也纳入抵押物的范围。还有地区并未将地上附着物作为抵押标的物,认为二者是独立存在的物权客体,计算农地经营权抵押价值时并不包括地上附着物价值。

三、农地经营权抵押价值的实现

(一)农地经营权市场价值与抵押价值

农地经营权市场价值是农地产权交易主体基于自愿原则,在评估基准日考虑农地本身状况、市场条件等因素所达成的公平交易价值,是农地市场能够合理形成的最可能价格。农地经营权市场价值会随着时间的推移而不断发生变化,具有较强的不稳定性。但作为银行抵押品的资产必须能够保持合同期间内的价值基本稳定,因此市场价值在理论上不适合作为农地抵押价值评估的基础。但是抵押物的初始市场价值一般比较容易计算和获得,因此对于银行来说都是以抵押农地的初始市场价值作为发放贷款的基础。在抵押期间内,如果抵押资产的市场价值发生上下波动,只要其市场价值高于银行发放的贷款金额,此时贷款主体发生违约的可能性就较低;但是当抵押物的市场价值小于贷款金额时,作为理性人的贷款方可能就会选择违约。因此,在用市场价值评估农地产权抵押价值时,忽略了资产的长期持续性,不利于银行信贷安全。

农地经营权抵押价值是指考虑到农地产权的长期持续性、正常的市场条件和市场发育程度,通过对抵押农地产权的未来可出售性进行谨慎的评价,从而确定出抵押资产的价值。抵押价值具有不同于市场价值的三个特性:一是安全性。安全性是金融机构发放抵押贷款和对抵押物进行价值评估考虑的首要因素。二是保守性。评估方必须以稳定性和可持续性为原则,以谨慎保守的态度对抵押物价值进行客观评估。三是持续性。抵押贷款是借贷双方约定在一定期限内的一种信贷交易行为,抵押品市场当前和未来的变化情况是抵押品价值评估时必须考虑的重要因素,并据此对未来抵押品处置权实现的可能性进行可靠的估计和判断。

(二)"三权分置"下农地经营权抵押价值实现条件

根据《中华人民共和国民法典》中关于抵押融资的法律规定,抵押物应该是债务人不履行到期债务时能够按约定实现的抵押权①,因此只有当一项资产能实现其经济价值时,才能成为合格的抵押物。但农地经营权抵押贷款业务的开展仍然面临着现实困境,最主要的原因就在于农地经营权价值得不到充分的体现。发展农地抵押权成为完整意义上的担保物权,必须具有抵押价值,本质上就是一种价值权。现阶段我国实行农地"三权分置"的制度安排,从而形成了农地集体所有、家庭承包经营、农地经营权有序流转的产权结构,这也使得农地经营权作为抵押品的有效性得到了提升。

1. 农地经营权的交易价值提高

"三权分置"改革的直接目的就是在稳定承包经营权的基础上,进一步放活经营权,在此基础上赋予经营权抵押担保权能。这种制度调整能够有效缓解农村地区信贷市场缺乏有效抵押品的难题。农地经营权的进一步放活促进了农地流转市场的规范发展,也使农地权利资本化属性得到了法律层面的认可,农地经营权流转价格和交易价值随着制度的调整和政策的支持也得以提高。

2. 农地经营权价值可保值性提高

抵押品市场的稳定性是影响抵押品保值程度的关键因素。《中华人民共和国农村土地承包法》以及"三权分置"制度改革进一步稳定了农地经营权,对农地的行政性调整和征收行为都进行了有效的法律约束,尤其是农地不得改变农业用途的规定也加强了农地流转市场的稳定性,有效提高了农地经营权的可保值性。

3. 农地经营权的产权排他性强化

由于农地抵押贷款涉及贷款农户、金融机构、担保部门、评估机构等多方主体利益,农地经营权作为抵押品的产权排他性权利显得至关重要。"三权分置"制度安排进一步明确了农地经营权的独立属性和产权内容,包括在合同期限内占有、耕作并取得相应收益的权利,并且可以在承包农户同意的前提下再流转农地经营权或依法依规设定抵押权。尤其是面向新型经营主体办理农地经营权证书,进一步强化了农地经营权的排他性权利。

---

① 全国人民代表大会:《中华人民共和国民法典》,https://www.gov.cn/xinwen/2020-06/01/content_5516649.htm。

4. 农地经营权抵押处置成本降低

贷款违约后抵押品的处置成本是金融机构评估农地经营权抵押价值、设定抵押贷款条款的重要影响因素。农地经营权由于位置固定、资产专用性强、农业生产风险高等特点，抵押权的实现必须以农地经营权容易处置为前提。随着我国农地流转市场的快速发展，国家的政策支持也逐渐加强，农地市场的规范化和长期化趋势凸显，流转信息更加公开透明，农地经营权的交易频率随之提高，大大降低了抵押品的处置成本。

发挥农地抵押融资功能是"三权分置"改革的主要目的之一。从《中华人民共和国农村土地承包法》可知，"三权分置"下农地承包经营权和流转经营权都可以作为抵押物，普通农户和规模经营主体都可以设置农地抵押权。没有进行农地转让的普通农户可以将其承包农地的经营权单独抵押。在资不抵债、无力偿还的情况下，金融机构可以通过抵押协议获得该农地经营权的处置权，并在农地交易平台上进行转让，用获得的流转收益抵偿债务。当农地承包权和经营权分离后，通常情况下转入农地的经营者优先获得农地上设定抵押的权利。但金融机构后期处置抵押物时，不得损害承包人获取流转收益的权利。

（三）"三权分置"下农地经营权抵押价值实现约束

农地经营权虽然可以通过拍卖、转让等处置方式实现其抵押权，但其价值容易受当地经济发展水平和农业产业化程度等外部因素的影响，加之农地流转市场不完善以及农地经营权主体的限定性，导致农地经营权抵押权实现的难度要大于一般的抵押物。

1. 多方权利主体的利益牵制

对于一般的财产抵押贷款，债权人可以依法对抵押物进行变现，从而实现自身的债权。但是农地经营权抵押贷款中，变现的是一种财产性权利，并不是普通的财产。这种财产性权利还承载着社会保障功能，是广大农民不能割舍农地的根本所在。即使农地经营权的抵押权实现，农地作为其权利载体依然保留着原承包农户的承包权和村集体对农地的所有权。因此，农地经营权抵押权的实现并不是传统意义上的"银货两清"。农地经营权抵押制度的设计和完善必须要注意对集体、原承包农户、新型经营主体、金融机构等相关权利主体利益的保护。

2. 市场机制调节的有限性

由于我国农地产权交易市场建设起步晚，农地经营权抵押权的实现不同于一般的抵押物交易市场，市场还不能充分发挥对农地经营权的有效配置和供需调节。因此，政府适当的介入成为保证农地抵押顺利开展的现实需求和必要条件。在抵押权实现程度、抵押主体、外部配套设施等方面都应该与一般财产抵押权实行区别考虑，政府相关部门需要做好有效调控与监督工作，实现对市场机制在农地经营权交易过程中的有效补充。

3. 抵押权实现的非农化方式限定

对于一般的财产抵押权要优先保障主债权的实现，对于债权实现后的行为，法律上并没有特别的限制。但是农地经营权抵押权需要以农地流转的方式来变现，一方面要保障主债权的实现，另一方面还要坚持不改变农地用途、不能破坏农地生产能力和生态环境等基本原则。农地经营权抵押贷款中，抵押权人只能是银行等金融机构，但同时《中华人民共和国农村土地承包法》还规定农地经营权的受让方必须具有一定的农业经营能力，因此金融机构只能通过将农地经营权再次流转实现其债权。由此看出，农地经营权抵押权的实现受到了产权受让主体和农地用途方面的限制，坚持了农地农用的原则。

4. 抵押权市场需求不足

农地经营权抵押贷款中抵押权实现的关键是要有需求方，但从当前的市场条件来看，农地经营权的需求方处于一个短缺状态。农地经营权抵押权实现意味着农地再次完成一次流转，而农地的流入方即为农地经营主体。但是目前我国的政策法规对农业经营主体的权利进行了一定的限制，比如再次流转农地时需要经过农地承包人的同意并且向集体备案。此外农业经营主体对相关政策认知水平以及对抵押权实现的预期等因素也会影响其转入农地经营权。因此，市场需求不足会影响到农地抵押权的实现，进而影响到农地经营权抵押制度的持续性发展。

第三节　农地经营权抵押价值评估

我国资产评估行业起源于 20 世纪 80 年代末 90 年代初，于 1993 年成立了专业的资产评估协会，并制定了相应的资产评估准则与规范，这也标志着我国资产评估行业由政府主管转向行业自主管理。随着我国社会主义市场经济的快速发展，资产评估的作用也越来越重要，各种复杂的经济活动和经济交易都选择第三方资产评估机构提供公开、公正、公平的服务，这也使得资产评估行业逐渐走向专业化和服务化。我国于 2016 年颁布了《中华人民共和国资产评估法》，这是第一部关于规范资产评估市场行为的法律文件，能够为大部分资产的价值评估业务提供操作规范，但对于农地经营权的抵押价值评估并没有起到较好的指导作用。长期以来，对于农地经营权价值评估存在着评估方式随意、评估价值偏低、评估主体权利义务不能充分体现、评估标准适用性差等问题，这也成为农地改革的主要制约因素。

一、农地经营权价值评估的基本原则和动力机制

（一）农地经营权价值评估的基本原则

农地经营权作为一种特殊的无形商品，本身具有价值和使用价值，且可以进行转让和交易，和一般商品一样其价值可以通过市场加以反映和体现，因此可以作为资产评估的客体。但农地价值评估是一项理论性、方法性、规范性、系统性和政策性很强的工作，需要具体问题具体分析。为了确保农地资源资产的保值和增值，确保农地产权主体都能均衡享有农地的收益和价值，农地经营权价值评估不仅要遵循真实性、法规性、科学性、可行性等原则，还要基于可持续发展视角充分体现其经济价值、社会价值、生态价值等多重价值属性。①预期收益原则。对农地价值进行评估时应该依据估价对象在正常使用条件下能够在未来取得的客观合理的预期收益。②替代原则。农地价值评估需以一定的市场空间为限，以相邻区域或类似区域内的功能、条件和交易方式都基本相同的农地价值为参考，在此基础上对待估农地价值进行比较修正。③贡献原则。农地、劳动力、资本、管理者才能等各种要素协同作用决定了农地的收益水平。而各种因素在收益形成过程中的实际贡献需要在价值评估时加以考虑。④合理有效利用原则。农地利用应该以可持续为目标，不能影响农地质量和周边农地的利用，在合理合法的前提下发挥农地的最大效用，产生最大的经济效益。⑤变动原则。农地价值受到一系列复杂因素的影响，而且这些因素会不断地发生变化。因此估价人员要能够及时把握影响农地价值的各种因素及变动因素，客观准确地评估出农地价值信息。⑥估价时点原则。农地价值评估结果是对估价对象在估价时点的客观合理价值进行确定，其结果具有实践相关性和实效性。

此外，农地经营权抵押贷款开展的主要目的是解决"三农"发展的资金短缺问题，进而支持新型农业经营主体开展规模化和产业化经营。农地价值评估

工作应该始终以维护农民利益为根本,对抵押人利用农地经营权开展农业生产取得的未来收益保持较乐观的估计,对价值量进行预测和确定时尽量就多不就少,同时充分考虑抵押农地的差异性和抵押风险,提高抵押贷款金额进而提高农业经营主体参与农地抵押的积极性。

(二)农地经营权价值评估的动力机制

1. 农业现代化发展需求是内生动力

党的十九大报告提出,以现代农业产业体系、生产体系和经营管理体系为主要标志的现代农业是我国农业发展的主要方向[①],通过农地市场化流转实现农业适度规模经营是发展现代农业的重要途径,这对于实现乡村振兴战略和共同富裕具有重要意义。党的二十大报告再次明确通过发展农业适度规模经营来进一步巩固和完善农村基本经营制度[②]。实现分散零碎的承包农地通过有序的市场化流转向规模经营主体集中,关键环节在于对农地的价值进行有效的核算和评估。农地价值的确定是开发农地金融产品的关键,进而为农地规模经营提供重要的资金支撑,这也是农业现代化发展的内在需求。因此,农业现代化发展和农村市场化改革是农地金融产品价值评估的内在动力,催生出农地抵押担保产品的需求,并为新型农业经营主体从资金层面保证其规模经营的实现。

2. 农地"三权分置"改革是外在拉力

截至2020年11月,全国农村承包地确权颁证工作基本完成,农地确权颁证率达到了96%[③],进一步确定了对农地承包经营权的物权保护,并且实现了由简单承包关系向农地权能确认的过渡,有利于健全农地承包经营权流转市场,激发农地资产属性,为农地资产价值评估提供了外在的制度保障。随着我国城镇化、工业化进程的加快,农村人口城市化的规模和速度都快速增加,为实现农地规模经营创造了一定的现实条件。但也必须以农地承包经营权的明晰化为前提,以保护普通农户的根本利益为宗旨,在此基础上提高规模经营主体

---

① 习近平:《决胜全面建成小康社会 夺取新时代中国特色社会主义伟大胜利——在中国共产党第十九次全国代表大会上的报告》,https://www.gov.cn/zhuanti/2017-10/27/content_5234876.htm。

② 习近平:《高举中国特色社会主义伟大旗帜 为全面建设社会主义现代化国家而团结奋斗——在中国共产党第二十次全国代表大会上的报告》,https://www.gov.cn/xinwen/2022-10/25/content_5721685.htm。

③ 中华人民共和国农业农村部:《农村承包地确权登记颁证工作基本完成》,https://www.gov.cn/xinwen/2020-11/03/content_5556878.htm。

的生产积极性，从而为农村规范的农地流转和产权交易打下坚实的基础。因此，农地"三权分置"改革和农地确权颁证工作的完成是推动农地金融市场发展和农地资产价值评估的外在拉力。

3. 农户经济补偿诉求是潜在推力

始终将市场作为资源配置的决定性力量，通过农地金融产品创新，引导更多的社会资本支持"三农"发展。农地资产价值评估有利于激活农地资产的潜在价值，进一步释放出农村活力。现阶段，各种基于我国国情且适合农业农村发展的政策制度不断完善，各地区也在积极对农地产权制度和农村金融制度进行实践创新，为农地价值评估的发展提供了适宜的有利空间。农地不仅是农户家庭生存和发展的基本生产资料，更具有农民的养老、就业等社会保障作用，同时还具有一定的生态价值。农民让渡相应的农地财产权利，就需要得到相应的经济补偿，因此农户作为市场主体获得经济补偿的价值诉求成为农地价值评估的潜在推力。

二、农地经营权价值评估实践方法

农地抵押贷款实践中，对农地经营权价值评估的方法主要有收益法、市场价格法（简称市价法）、成本法等。各试点地区会结合地区经济发展水平和农地市场发育情况对农地价值评估方法进行创新，总结典型地区农地价值评估的实践做法，对于评估方法的分类设计具有一定的借鉴意义。

（一）重庆市——收益法

重庆市对农地抵押价值评估出台了详细的办法，明确规定将收益法作为主要评估方法[①]。根据待估农地的历史收入状况和未来的预期盈利能力，计算出农地在流转期间的净收益（流转租金），然后采用适当的折现率计算出待估农地经营权的净现值，从而确定出农地的经营权抵押价值。

计算公式为：

$$V = \frac{A}{(r-g)}\left[1-\left(\frac{1+g}{1+r}\right)^n\right] \qquad (4-1)$$

其中，V 表示农地经营权抵押评估价值，A 表示第一年净收益金额，r 表示折现率，g 表示收益的年增长率，n 表示收益期限。公式中的具体指标含义如下：第一年的净收益金额通常将承包地的产出水平用稻谷产量来衡量，再根

[①] 重庆市物价局、重庆市金融办：《重庆市农村产权抵押价格评估暂行办法》，2014年。

据当年稻谷的市场价格进行计算；收益年增长率用稻谷近五年实际成交价的年增长率来表示；折现率即为将预期收益转换为现值时的贴现率，通常情况下不低于10%；收益期限按合同期限计算，但不得超过第二轮农地承包合同的剩余期限。

此外对于通过流转方式获得的农地经营权，重庆市对此进行了特别说明：必须充分保证原承包农户的农地流转费用，可以采用流转合同履约担保或保险等方式，农地流转经营权的抵押价值评估也可以参照收益法的基本规定来执行。

（二）中国农业银行——市价法、成本法和收益法

为了响应国家农地金融改革政策，创新性地开展农地抵押贷款，中国农业银行专门制定了管理办法，明确说明了需要根据农地承包经营权的类型、农地租金支付方式、农地流转市场等因素，选择合适的评估方法对农地经营权价值进行评估和计算[①]。

根据农地流转市场的发育成熟情况可划分为两种情况。

第一种情况：农地流转交易市场发育比较成熟，同时县级（含）以上政府每年编制农地流转（抵押）参考价格作为农地价值评估的基准价格，这些地区可以采用市价法对农地经营权价值进行评估。计算方法为：

$$V = P \times S \times (T-1) \tag{4-2}$$

其中，V表示农地承包经营权的评估价值，P表示基准参考价格，S表示农地面积，T表示农地家庭承包情况下的合同剩余年限或者是农地流转情况下的已缴清租金的剩余使用年限。

第二种情况：农地流转交易市场发育不成熟，或者没有统一的公开价格作为基准价格，这些地区的农地价值评估可以采用成本法和收益法。

（1）成本法适用于拍卖、流转和协议承包等方式获取农地经营权。

$$V = P \times \frac{T_1 - 1}{T_2} \tag{4-3}$$

其中，V表示农地承包经营权的评估价值，P表示已缴清租金金额，T_1表示已缴清租金的剩余使用年限，T_2表示已缴清租金年限。

（2）收益法适用于家庭承包方式获取农地经营权。

$$V = \frac{C}{r} \times \left[1 - \frac{1}{(1+r)^t}\right] \tag{4-4}$$

[①] 中国农业银行：《中国农业银行农村土地承包经营权抵押贷款管理办法（试行）》，2014年。

其中，V 表示农地承包经营权的评估价值，C 表示年均预期净收益，用经营年均收入减掉年均农地维护费用和年均农业生产费用的差来计算；r 为折现率；t 为经营期限，用家庭承包合同剩余年限减去 1 来表示。

对于地上附着物的问题，中国农业银行也在评估办法中做了补充说明。办法规定可以连同农地一起抵押的附着物包括一些投资价值较大、使用年限在 5 年以上的农业设施和价值高、价格不易发生波动、流转变现容易且能够得到有效监管的农作物。

（三）山东省临沂市蒙阴县——年均价值法

2018 年，山东省临沂市蒙阴县制定了农村土地承包经营权价值评估办法。根据该评估办法，普通农户或新型农业经营主体均可提出农地价值评估申请，农地承包经营权价值评估方式主要有三种：抵押权人自行评估、双方当事人协商评估、委托有资质的第三方机构评估。评估方式由抵押人和抵押权人双方协商选择，但评估人员均需按该办法规定的程序展开评估工作。

在价值评估前，评估机构首先对申请者的农地经营权进行确认，而后才能开展价值评估。在评估前期，评估人员应通过查阅资料、实地调查等方式，依据所评估农地耕作类型、土肥率等级、作物品种、产量产值、水利灌溉、气候状况及其他基本情况，形成翔实的前期调查材料。《蒙阴县农村土地经营权抵押贷款评估标准》按照农作物种类进行一级分类，如主要农作物、小杂粮、蔬菜、食用菌、果树、经济作物、中药药材、花卉林木等；在一级分类的基础上根据农作物的类别规格二次分类并拟定该作物的价格评估标准，以蔬菜为例，其类别规格有陆地蔬菜、春秋大棚蔬菜、高温大棚蔬菜三种，由陆地蔬菜至高温大棚蔬菜，评估价值可依次递增至 10 倍。在进行价值评估时，评估人员应当根据《蒙阴县农村土地经营权抵押贷款评估标准》，以近 3 年当地主要播种作物的平均产量和平均市场价格的乘积来计算土地年均价值[①]。

除了通过计算农地收益来获取农地年均价值外，也可将当地农地年平均流转租金作为农地年均价值。标准将流转的农地分类为平原、丘陵、山区，并分别制定每亩的年流转指导价和最低保护价，以此作为农地承包经营权的年均价值。

无论采取上述二者中的何种方式计算农地年均价值，蒙阴县土地经营权总价值的计算公式都可表示为：农地经营权总价值＝年均价值×经营期限×农地

---

① 蒙阴县人民政府：《蒙阴县农村土地承包经营权价值评估办法》，2022 年。

面积+农地附着物价值。

三、农地经营权价值评估的现实困难

"三权分置"下农地经营权市场化流转的规模越来越大，涉及土地估价的问题越来越多，如农地经营权转包、出租、作价入股、农地抵押金额确定等问题都需要科学准确的农地价值评估服务。但当前我国农村地区农地经营权交易流转缺少一个有效的估价标准，交易双方在定价、议价时存在局限性和盲目性，从长远角度看在一定程度上制约了农地市场的健康发展。农地价值评估有利于实现价格对农地资源的优化配置，实现土地高效率利用。农地价值无法客观评定和准确评估是影响抵押贷款额度和风险控制的关键因素，进一步抑制了金融机构开展农地抵押贷款的积极性。

（一）农地抵押贷款市场活跃性不够

不论是普通农户的农地承包经营权还是规模经营主体的流转经营权，对于金融机构来说都是抵押属性不完备的抵押品，农地抵押贷款的供给积极性不高；对于大部分普通农户来说，承包经营权面积小、抵押价值低，小额的抵押贷款无法满足大额的资金需求，因此对参与农地抵押贷款存在着一定的消极情绪。农地抵押贷款供给和需求双方都缺乏一定的积极性，使得市场活跃性不够，导致对农地抵押价值评估服务的需求严重不足。

（二）专业的评估机构和评估人员数量不足

农地价值的评估可以由不同的评估主体完成，包括农业主管部门批准认可的评估机构，由乡镇土地流转部门、金融机构、村服务站和农民代表组成的评估小组等。而当前我国农地评估市场上从事农地价值评估的机构比较混乱，具备农地价值评估资质的第三方专业机构数量较少，更缺乏专门的农地评估人员，导致一些不具备评估资质的咨询公司、不具有评估职业资格的评估师从事农地价值评估工作，影响了评估的专业性和准确性。

（三）评估程序和评估标准规范性不高

目前我国大部分地区都以《农用地定级规程》《农用地估价规程》两个国家标准作为农地价值评估的主要依据，后来又有了《农村集体土地价格评估技术指引》，也有一些试点地区因地制宜地探索出了一些简单可行的评估办法。但总体上来看都比较侧重经营项目、农地面积、地上附着物等客观因素，而对

农户个人及还款能力等主观条件缺乏考虑。同时评估中对基础设施、农作物投入、年均净收益等指标的测算缺乏一定的客观依据，大部分的评估都没有规范的操作流程和评估标准或者没有严格按照评估标准来执行。

（四）评估方法不统一导致农地价值地区差异大

根据相关的政策标准，农地估价方法需要有完善的理论基础和技术路线，例如收益还原法、市场比较法和成本法，但在农地经营权价值评估实践中，存在着一定的局限性。各地使用的方法也各不相同，这也导致计算出的评估价值具有较大差异。对于不同的承包经营权主体和不同的抵押农地，有的地区采用以历史交易为基础的成本法，有的地区采用政府指导价作为评估依据，有的地区采用收益法。不同的计算方法加剧了地区之间农地价值的异质性。

（五）农地资产评估的管理水平不高

我国农地资产价值评估还处于萌芽发展阶段，政府对这方面的管理缺乏相应的经验和有效的指导，在具体工作部署和政策制定方面还存在一些问题，如农地资产评估相关法律政策不完善，对评估过程缺乏有效监督或者过分干预，从而导致农地经营权评估价值与真实价值有偏差。价值评估过低，会导致抵押贷款额度减少，无法满足农业经营主体的融资需求；价值评估过高，会放大金融机构的融资风险。因此，一方面需要提升政府部门对农村资产价值评估的管理水平；另一方面应积极引入第三方中介开展价值评估并进行有效监督，保证农地价值评估的独立性、公正性和客观性。

（六）农地经营权价值普遍被低估

现有的评估方法在实践中普遍低估了农地经营权价值，农业经营者能够获得的金融机构贷款与自身资金需求的缺口较大，从而失去了开展农地抵押贷款的内生动力。从贷款主体来看，现有的评估方法对于规模农业经营主体和普通农户的农地价值确定不具有精准性。拥有固定资产优势、土地规模优势以及社会资源优势的新型经营主体，其抵押的农地经营权价值会普遍偏高；而普通农户则可能不得已接受不公平的评估价值。这也是现实中很多试点地区只面向规模农业经营主体开展农地抵押贷款的主要原因。如何提高普通农户农地经营权的抵押价值成为当前急需解决的现实问题。

四、农地经营权价值评估的社会效应

(一)农地经营权价值评估的重要性

农地权属是农地资产评估的客体,我国实行农地集体所有制,具有全民所有制的性质,而城镇国有土地与农村集体土地具有不同的产权特征,决定了农地资产价值评估方法与城镇土地的差异。农地用途决定农地的收益,农地收益是农地价值评估的依据。我国实行最严格的农地保护制度,这也决定了农地收益来源必须有别于城镇土地收益,因此农地价值评估方法不能完全照搬城镇土地。

1. 农地价值评估与农地资本化

农地资本化是指农地经营权的融通与流转。促进农地的资本化,充分发挥市场机制对农地资源的配置作用,是保障各种类型农业经营主体合法收益、提高农地利用效率进而实现农业现代化的重要方式。当前,农地价值评估成为农地资本化最大的技术型约束,评估人员缺乏、评估方法不科学等技术性障碍在一定程度上影响着农地资本化的进程。农地价值评估体系的完善是实现农地产权交易市场价值发现功能的重要内容。

2. 农地价值评估与城乡融合发展

城乡融合发展是乡村振兴的必由之路,也是实现农业农村现代化的根本途径。土地是城乡实现协同发展的核心要素,城乡一体化发展离不开土地资源的优化配置,其中提高农地资源利用效率是关键,实现城乡土地同价交易、缩小城乡地价差异是最终目标。科学评估农地产权价值可以在一定程度上实现城乡土地价格趋同化发展,同时也是实现农地承包经营权、宅基地使用权和新型农业经营主体流转经营权的保障。城乡融合发展的战略目标为农地价值评估提出了新的挑战。

3. 农地价值评估与市场化改革

党的十九大报告提出了发展是解决我国一切问题的基础和关键所在,在发展多种经济形式的过程中要充分发挥市场这只"无形手"的主导作用[①]。党的

[①] 习近平:《决胜全面建成小康社会 夺取新时代中国特色社会主义伟大胜利——在中国共产党第十九次全国代表大会上的报告》,https://www.gov.cn/zhuanti/2017-10/27/content_5234876.htm。

二十大报告再次明确要充分发挥市场在资源配置中的决定性作用，深化要素市场化改革[①]。但我国农地市场体系发展滞后，农地资产管理和农地价值核算与社会主义市场经济体制的发展要求不相适应。充分发挥市场机制在农地资源配置中的基础性作用，是农地资产评估和价值核算的重要任务，也是我国农村市场化改革的重要任务。

4. 农地价值评估与生态文明建设

生态振兴是乡村振兴的基础性内容，关系到乡村发展质量。党的十九大报告指出，加快生态文明体制改革，建设美丽中国，提供更多优质的生态产品，满足人们对优美生态环境日益增长的需求是现代化建设的核心[②]。党的二十大报告再次明确提出建立生态产品价值实现机制，完善生态保护补偿制度[③]。农地是乡村生态振兴的空间载体，也是重要的生态产品。深化农地等资源性产品市场化进程，有效反映市场供求状况和农村资源的稀缺程度成为农村资产价值评估发展的重要内容，也是国家生态文明建设的政策要求。因此，科学评估农地的生态价值逐渐成为生态文明制度建设的重要任务。

此外，不论是基于功能价值视角、资源经济价值视角还是可持续发展价值视角，关于农地经营权价值内涵的理论基础还未统一，也没有规范的法律条文或制度文件来予以确定，因此无法有效地开展农地价值评估实践。另外从全国来看，关于农地资源资产价值的核算工作还处于起步阶段，大部分地区还没有建立农地的基准地价体系，而农地社会价值和生态价值的评估还停留在理论研究层面，实践推广还存在一定的困难。

（二）农地经营权价值评估的特殊性

资产评估价值作为资产评估的结果，是资产评估工作的最终目标。价值评估的真实性和科学性，是衡量资产评估质量的主要标志。我国农地资源十分有限，其主要用途将在很长一段时间内以获取农业收益为目的，特殊的农地制度

[①] 习近平：《高举中国特色社会主义伟大旗帜　为全面建设社会主义现代化国家而团结奋斗——在中国共产党第二十次全国代表大会上的报告》，https://www.gov.cn/xinwen/2022-10/25/content_5721685.htm。

[②] 习近平：《决胜全面建成小康社会　夺取新时代中国特色社会主义伟大胜利——在中国共产党第十九次全国代表大会上的报告》，https://www.gov.cn/zhuanti/2017-10/27/content_5234876.htm。

[③] 习近平：《高举中国特色社会主义伟大旗帜　为全面建设社会主义现代化国家而团结奋斗——在中国共产党第二十次全国代表大会上的报告》，https://www.gov.cn/xinwen/2022-10/25/content_5721685.htm。

使农地经营权作为一种无形资产具有了等同于农地资源的价值。农地价值构成的复杂性决定了农地经营权抵押价值评估存在一定的困难，但农地价值是农地抵押贷款的关键环节，贷款的额度都必须以精确的农地价值为依据。随着农地经营权流转市场的培育与发展，农业系统外的市场和价格对农地经营权的利用和供求关系都具有重要影响，农地价值也会越来越趋近于供求关系下的市场价值。

　　对农地经营权作为抵押品的价值评估问题，要充分考虑到抵押主体和抵押农地产权属性的差异性，在精准识别的基础上对价值评估进行分类施策。农地价值评估前，为了保证农地评估工作的客观性和公正性，应根据不同农业经营主体类型对农地价值评估需求的差异性，分类建立专门的农地价值评估准则、专业机构以及评估人员的准入资格，提高农村资产价值评估工作的规范性和精准性。同时充分利用互联网技术和大数据系统，建立不同类别农业经营主体农地经营权抵押贷款信息数据库，主要包括农户及家庭基本信息、贷款经历、农地使用及农业生产情况、农产品成本收益情况等信息，作为评估价值确定的依据。农地价值评估中，首先根据各地区的实际情况和农地抵押贷款开展情况，选择合适的农地价值评估方法，并形成相应的地区性价值评估准则或规范，确保农地价值评估合理并有章可循。其次根据不同的农地抵押规模和农地产权主体，使用复杂程度不同的价值评估办法。对于家庭承包经营的小面积抵押农地，农地承包经营权价值可以使用收益还原法或成本法对其价值进行评估；而对于规模经营主体抵押的大面积农地，农地流转经营权价值的评估应该在综合考虑各种因素的基础上使用收益现值法或数学模型法等方法。农地价值评估后，要积极培育和发展不同类别的农地经营权交易市场。农地交易市场是保证农地经营抵押权价值实现的重要条件，更是实现农地权利流通和增值的关键因素。对于农地流转经营权抵押贷款，银行在处置抵押物时应利用市场机制优势，采用在市场上公开拍卖等方式进行处置。对于农地承包经营权抵押贷款，由于农地具有面积小、细碎化、价值低等特点，农户违约后银行对抵押物处置成本过高。因此可采用非市场化处置方式，发挥乡镇村组在风险处置中的积极作用，协助金融机构寻找农地的接手方。

　　总之，农地经营权价值评估工作，既不同于一般的无形资产价值评估，也不同于普通的自然资源价值核算，需要根据农地经营权属性内容和产权主体的差异性进行分类设计。评估价值的精准性和客观性，决定了农地抵押贷款供需双方的参与意愿；评估方法的科学性和可操作性，决定了农地抵押可持续发展的方向和路径。

第四节 农地经营权价值评估的农户满意度分析

农户是农地抵押融资的主要需求方，是农地价值评估业务的重要参与者，也是价值评估政策和方法使用结果的直接体验者。根据新公共管理理论，从农户满意度的角度来评价农村公共政策的实施效果是一种行之有效的评价方法。作为农地抵押贷款过程的关键环节，贷款人对价值评估科学性和准确性的满意程度是农地抵押贷款顺利开展和后续推广的重要保证。基于贷款农户满意视角对试点地区农地经营权抵押价值评估绩效及其影响因素进行研究，对进一步完善和推广农地抵押贷款具有一定的现实意义。

一、基本模型及理论假设

（一）农户满意度模型

国内外学者对顾客满意度的研究由来已久，并形成了多种满意度指数模型，其中农户满意度逐渐被应用到农村各项公共政策与公共服务实施效果的绩效评估中。《中华人民共和国农村土地承包法》的修订使农村产权抵押贷款逐步从试点走向推广，农地经营权的价值评估作为农地抵押贷款的关键环节，已成为这一公共政策的重要组成部分。该公共政策的"顾客"即为参与农地抵押贷款的农户。关注贷款农户的满意度，并以其为中心，确保价值评估"服务"能够有效达到贷款人的偏好水平，这对于提高农地抵押贷款政策实施的有效性、进一步拓展农地抵押融资市场具有重要意义。因此，通过综合整理已有文献中的公众（农户）满意度模型逻辑框架及量表设计，对此加以参考借鉴，构建了农地抵押价值评估的农户满意度指数（LVAFSI）模型，如图4-2所示。

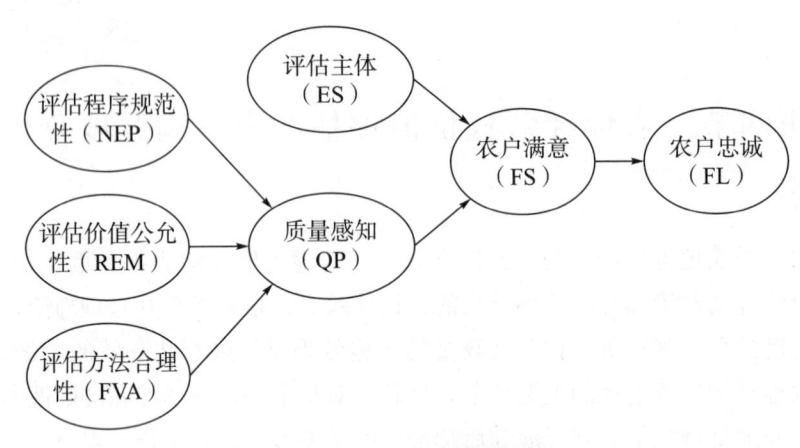

图 4−2 LVAFSI 模型框架

与试点区农地价值评估的实际情况相结合后，LVAFSI 模型对现有模型做了一些修改：第一，评估主体在农地经营权价值评估中起主导作用，评估主体的性质和专业人员的资质水平会影响整个评估过程的有效性和专业性，进而影响到贷款农户对农地经营权价值评估的满意度。因此，将评估主体作为影响变量添加到模型中。第二，农户对农地价值评估质量的感知及评判标准主要来自三个方面：评估程序的规范性、评估价值的公允性和评估方法的合理性。因此，将这三个变量作为农户质量感知的前置影响因素，属于农地价值评估的质量因子。第三，农户忠诚是农户满意的后向结果，是农户在经历农地评估后在行为与态度上的表现，同样也能反映出价值评估的实施效果。因此，将农户满意和农户忠诚两个变量归类为"绩效指示变量"，两个变量共同指示价值评估绩效。LVAFSI 模型变量的测量维度与含义如表 4−1 所示。

表 4-1 LVAFST 模型变量的测量维度与含义

变量类别	影响因素（潜变量）	测量维度（观测变量）	观测变量的含义
绩效指示变量	农户满意（FS）	总体满意（FS_1）	农户从价值评估整体情况的直观感受中产生的满意感
		期望满意（FS_2）	农户对价值评估整体情况与预期结果进行对比产生的满意感
		理想满意（FS_3）	农户对价值评估整体情况与最理想状况进行对比产生的满意感
	农户忠诚（FL）	正面评价（FL_1）	农户对自己所参与的价值评估活动持正面评价程度
		推荐他人（FL_2）	农户将此种价值评估模式推荐给其他人的可能性
		再次选择（FL_3）	农户下次有价值评估需求时会再次选择的可能性
前置因素变量	评估主体（ES）	第三方参与（ES_1）	农地价值评估过程中第三方评估机构的参与情况
		专业人员资质（ES_2）	参与评估的专业人员综合素质水平
		政府监督管理（ES_3）	政府部门在价值评估中起到的监督和服务作用
	质量感知（QP）	整体质量（QP_1）	农户对家庭获得的整体积极影响的感知情况
		价值质量（QP_2）	农户对获得合理评估价值的感知情况
		福利质量（QP_3）	农户对家庭福利变化的感知情况
评估质量因子	评估程序规范性（NEP）	评估标准（NEP_1）	价值评估标准的公开性和客观性程度
		实地考察（NEP_2）	评估过程中对农地进行实地考察的质量水平
		评估报告（NEP_3）	评估结束后出具的价值评估报告的质量水平
	评估价值公允性（REM）	信息公开性（REM_1）	评估资产价格信息的公开性程度
		标准公正性（REM_2）	评估资产价值标准的公正性程度
		价值一致性（REM_3）	评估价值与同类型资产价值的一致性程度
	评估方法合理性（FVA）	分类评估（FVA_1）	评估方法对不同评估对象的适用性程度
		因素分析（FVA_2）	对价值影响因素考虑的全面性程度
		方法一致（FVA_3）	同类型资产使用的评估方法前后一致性程度

（二）研究假设的提出

在市场经济条件下，由于信息不对称难以消除，当资产交易方对交易涉及的资产价值判断不一致程度较高时，通常会选择独立的第三方评估机构，根据其专业技术对交易资产价值进行科学客观的评估，以提供公允的评估意见。为保证评估意见的公允性，《中国资产评估法》规定，评估机构及其评估专业人员开展评估业务，应当遵循独立、客观、公正的原则。农地经营权作为一项无形资产，其价值评估也应该按照法律规定和行业要求进行。首先引入第三方评估机构，并让其充分行权，实现评估形式上的独立性；其次建立行业素质和专业水平较高的评估人员队伍，保证评估实质上的独立性；再次由于农地的特殊属性，农地经营权的价值确定还可能受到一些社会性因素影响，为了提高贷款农户对评估价值的认可程度，政府在评估过程中需要发挥一定的监督和服务作用。由此可以得出如下假设：

H1：评估主体对农地价值评估的农户满意度存在显著正向影响，即作为评估主体的第三方机构参与农地价值评估的程度越高，评估人员所具备的行业专业资质越高，政府部门的监督和服务职能行使得越充分，农地经营权的价值评估就越客观、公正，贷款农户对农地经营权价值评估服务的满意度越高。

根据美国顾客满意度指数模型（ACSI），质量感知是指顾客在购买和消费某种产品或服务后获得的、对产品或服务质量的实际心理感受和认知评价[①]。类似地，贷款农户对农地抵押价值评估质量的感知来源于他们实际经历的评估体验过程，心理质量评判具体包括评估程序是否规范、评估价值是否公平、评估方法是否合理三个方面。这三个方面即为影响农地价值评估质量的三个因子，也是影响农户感知评估质量的前置因素。质量感知是农民满意度模型的核心变量。价值评估程序越规范、评估价值越公允、评估方法越合理，农户所感知的评估质量水平就越高，对评估的满意度越高。因此，作出以下假设：

H2：农户质量感知对农地价值评估的农户满意度存在显著正向影响。

H2-1：评估程序规范程度对质量感知存在显著正向影响。

H2-2：评估价值公允程度对质量感知存在显著正向影响。

H2-3：评估方法合理程度对质量感知存在显著正向影响。

根据《中国顾客满意指数指南》结论，顾客抱怨与客户满意度之间的回归

---

① Fornell Claes, Michael D, Johnson, et al: The American Customer Satisfaction Index: Nature, Purpose and Findings, Journal of Marketing, 1996（60）：7-18.

关系不显著，即模型中是否存在客户投诉的变量对结果影响可以忽略不计①。因此，该模型只选择农户忠诚作为农民满意度的后置结果。客户忠诚度通常表现为，在感知到产品或服务的质量后从内心给予积极的评价、向他人推荐以及重复购买。由此作出以下假设：

H3：在农地价值评估中农户满意度对农户忠诚有显著的正向影响。也就是说，当农户对农地抵押价值的评估感到满意时，他们通常会给出积极的评价，并向他人推荐该融资模式，他们自己也将考虑再次选择。相反，当农户对农地抵押价值的评估结果感到不满时，他们的忠诚度也会下降。

二、研究方法设计

（一）实证模型选取

结构方程模型（SEM）是一种将因子分析和路径分析结合起来的多元线性回归的拓展模型，可以同时检验模型中潜在变量、观测变量以及误差变量之间的复杂关系，并且能够有效区分模型的前置因素、后向结果和直接因素。因此农地价值评估的农户满意度研究适宜采用结构方程模型的相关研究方法和计量软件进行分析，测量模型如下：

$$X = \Lambda_x \times \xi + \delta \quad (4-5)$$

$$Y = \Lambda_y \times \eta + \varepsilon \quad (4-6)$$

模型中 X 表示评估主体（ES）、评估程序规范性（NEP）、评估价值公允性（REM）、评估方法合理性（FVA）这 4 个外生潜在变量的 12 个观测变量（ES_1、ES_2、ES_3、NEP_1、NEP_2、NEP_3、REM_1、REM_2、REM_3、FVA_1、FVA_2、FVA_3）测量值构成的向量，ξ 表示 4 个外生潜在变量组成的向量，Λ_x 表示 X 对 ξ 的因子载荷矩阵，δ 表示 X 的测量误差所构成的向量，Y 表示质量感知（QP）、农户满意（FS）、农户忠诚（FL）这 3 个内生潜在变量的 9 个观测变量（QP_1、QP_2、QP_3、FS_1、FS_2、FS_3、FL_1、FL_2、FL_3）的测量值构成的向量。η 表示 3 个内生潜在变量组成的向量，Λ_y 表示 Y 对 η 的因子载荷矩阵，ε 表示 Y 的误差所构成的向量。农地价值评估农户满意度模型（LVAFSI）的结构方程模型为：

$$\eta = B \times \eta + \Gamma \times \xi + \zeta \quad (4-7)$$

---

① 国家质检总局质量管理司、清华大学中国企业研究中心：《中国顾客满意指数指南》，中国标准出版社，2003 年。

其中，B 表示内生潜在变量之间的结构系数矩阵，$\varGamma$ 表示外生潜在变量之间的结构系数矩阵，ζ 表示结构模型的误差向量。

（二）样本地区说明

为了深入了解试点地区农地抵押贷款的发展情况和农地经营权价值评估的主要做法，研究小组于 2018 年 8 月和 2019 年 8 月分别前往宁夏回族自治区平罗县（以下简称宁夏平罗）和陕西省西安市高陵区（以下简称陕西高陵）开展调查研究。调研对象主要包括三类：以中国人民银行地区支行为代表的主管部门、以农村商业银行和村镇银行为主的金融机构以及由普通农户和新型农业经营主体构成的贷款农户。在农地抵押价值评估方面，平罗县有针对性地制定了《农村土地承包经营权抵押贷款价值评估基准参考价的通知》《农村集体土地承包经营权评估办法》等政策文件，并形成了规范的农地产权价值评估机制。高陵区则制定了《农村产权价值评估管理办法》，对农村产权价值评估机构和人员、评估方式以及评估程序等内容进行了规定。具体情况如表 4-2 所示。

表 4-2　宁夏平罗和陕西高陵开展农地抵押价值评估基本情况

样本区	宁夏平罗	陕西高陵
贷款发放情况	累计发放贷款 2.13 万笔，贷款总额 10.38 亿元。	累计发放贷款 595 笔，贷款总额 2.12 亿元。
评估主体	根据贷款额度分类评估：20 万元及以下的，由借款当事人和信贷人员协调评估；20 万元以上的，由借款人选择县级组织的协商评估组或专业评估机构进行评估。	根据贷款主体分类评估：对于普通农户的承包土地经营权，由区农村土地流转服务中心进行评估；对于农业经营主体的流转经营权，由区农村土地流转服务中心委托专业评估公司进行评估。
评估依据	以基准参考价作为主要标准，同时结合农地位置、质量、流转价格、流转便利性、地上附着物预期收益等多种因素。	主要参考农地用途性质、地面附着物价值、当地经济水平等因素。
评估方法	收益还原法、市场比较法以及询价、测评和专家评估等其他方法。	主要使用收益还原法。

注：贷款发放情况数据平罗县截至 2018 年 8 月，高陵区截至 2018 年 12 月。

资料来源：平罗县农村产权流转交易中心、中国人民银行高陵支行。

不管是"平罗经验"还是"高陵模式"，农地经营权价值评估都有相对完善的评估机制和评估体系，有责任明确的评估主体，并建立了相应的评估管理办法。综上可得宁夏平罗和陕西高陵作为样本区具有一定的代表性，能够为农地价值评估的相关研究提供较好的数据支持。

(三) 数据来源及描述统计

为了深入了解两样本区农地抵押价值评估的现状及农户满意度情况，在对地区实际情况进行初步考察后，调研小组选择了平罗县的黄渠桥镇、陶乐镇、姚伏镇，高陵区的鹿苑街道、通远街道、张卜镇，共六个镇（街道）作为调查点。在每个镇随机选择 3~4 个村，每个村随机抽取 10 户左右有过农地抵押贷款经历的农户作为调研对象。由于两样本地区参与农地抵押贷款业务的农户居住地较为分散，加之经营主体类型多样以及农户城乡流动程度高等，样本搜寻难度较大。调研小组共计发放问卷 240 份，剔除记录不完整和非农地经营权抵押贷款户问卷，最终获得有效问卷 224 份，样本数量达到了 SEM 分析的中型样本要求。具体调查内容包括四个主要模块：农户个人及家庭基本情况、农业经营基本情况、农地产权抵押贷款基本情况、农地抵押价值评估满意度情况。本研究中所使用的农户满意度调查问卷答案设置采用 Likert 五级量表设计，对量表中的每一个题目设置 1~5 级的评价程度，代表该贷款农户对农地价值评估的满意程度由低到高的过渡。

两个样本地区中，参与农地价值评估满意度调查的农户以男性为主，年龄主要分布在 40~49 岁和 50~59 岁之间，学历程度以初中和高中为主。受访样本的经营主体类型主要集中于普通农户、种植大户和家庭农场，而农业合作社和农业企业这两种类型相对较少。参与农地抵押的产权类型绝大部分是农地承包经营权，且这部分样本主要来自宁夏平罗。此外，接近一半的样本农户进行农地抵押贷款主要用于购买种子、化肥、农业设施以及流转土地等农业用途，其次用于个体投资经营。两样本区域数据描述统计情况如表 4-3 所示。

表4-3 两样本地区被访农户基本特征及抵押贷款情况

项目	统计指标	样本（%）	项目	统计指标	样本（%）
性别	男	72.4	经营主体类型	普通农户	30.4
	女	27.6		种植大户	23.5
年龄	29岁及以下	16.2		家庭农场	21.7
	30~39岁	18.3		农业合作社	12.8
	40~49岁	24.6		农业企业	11.6
	50~59岁	26.5	农地抵押产权类型	农地承包经营权	65.7
	60岁及以上	14.4		农地流转经营权	34.3
文化程度	文盲	4.8	农地抵押贷款用途	农业生产	48.9
	小学	20.6		子女上学	10.2
	初中	38.7		盖房子	7.6
	高中	25.4		婚丧嫁娶	5.8
	大专及以上	10.5		个体投资经营	27.5

注：以上数据根据调研问卷整理获得。

（四）数据的信度与效度检验

信度检验用来衡量调研数据的可靠性程度，通常采用Cronbach's α系数不小于0.6的标准，系数越高，说明数据的稳定性越好。效度检验用来衡量观测变量真实性和准确性程度，通常分为Bartlett球体检验和因子分析两个步骤，分别以KMO值不小于0.5和因子载荷系数不小于0.5作为检验标准。由表4-4的检验结果可以得出，样本数据的α系数、KMO值与因子载荷系数，均满足相应的阈值标准，模型所使用的数据质量基本符合实证分析的研究要求。详细结果如表4-4所示。

表4-4 样本数据信度与效度检验结果

模型变量	测量题项			信度检验		效度检验		
				α系数	KMO值	因子载荷		
FS	FS_1	FS_2	FS_3	0.820	0.715	0.693	0.632	0.567
FL	FL_1	FL_2	FL_3	0.866	0.696	0.621	0.561	0.527
ES	ES_1	ES_2	ES_3	0.815	0.708	0.588	0.601	0.548

续表

模型变量	测量题项			信度检验		效度检验		
				α系数	KMO值	因子载荷		
QP	QP_1	QP_2	QP_3	0.861	0.716	0.610	0.678	0.575
NEP	NEP_1	NEP_2	NEP_3	0.890	0.734	0.717	0.846	0.869
FVA	FVA_1	FVA_2	FVA_3	0.823	0.721	0.540	0.534	0.580
REM	REM_1	REM_2	REM_3	0.877	0.742	0.700	0.634	0.682

三、实证结果分析

利用 AMOS21.0 软件对样本数据进行分析，得出 LVAFSI 模型的各项拟合指数，可以看出 SEM 模型总体拟合优度是可以接受的，具体数据如表 4-5 所示。

表 4-5 LVAFSI 模型拟合结果

统计检验指标类型	指标名称	实际值	评价标准
绝对拟合指标	卡方/自由度（χ^2/df）	1.411	<3.0
	拟合优度指数（GFI）	0.893	>0.8 可接受，>0.9 较好
	调整的拟合优度指数（AGFI）	0.861	>0.8 可接受，>0.9 较好
	近似误差均方根（RMSEA）	0.043	<0.08
增值拟合指数	比较拟合指数（CFI）	0.883	>0.8 可接受，>0.9 较好
	规范拟合指数（NFI）	0.853	>0.8 可接受，>0.9 较好
	不规范拟合指数（TLI）	0.871	>0.8 可接受，>0.9 较好
简约拟合指数	简约规范拟合指数（PNFI）	0.516	>0.5
	简约拟合优度指数（PGFI）	0.684	>0.5

根据 AMOS21.0 软件输出结果，得到 LVAFSI 模型的标准化路径系数。LVAFSI 模型标准化路径系数如图 4-3 所示。图中箭头的指向情况表示变量之间的直接影响关系，箭头上标注的数字表示标准化的路径系数，即箭头初始变量对箭头指向变量的直接影响效应，箭头上数字越大，表明该影响关系的影响效应越大。

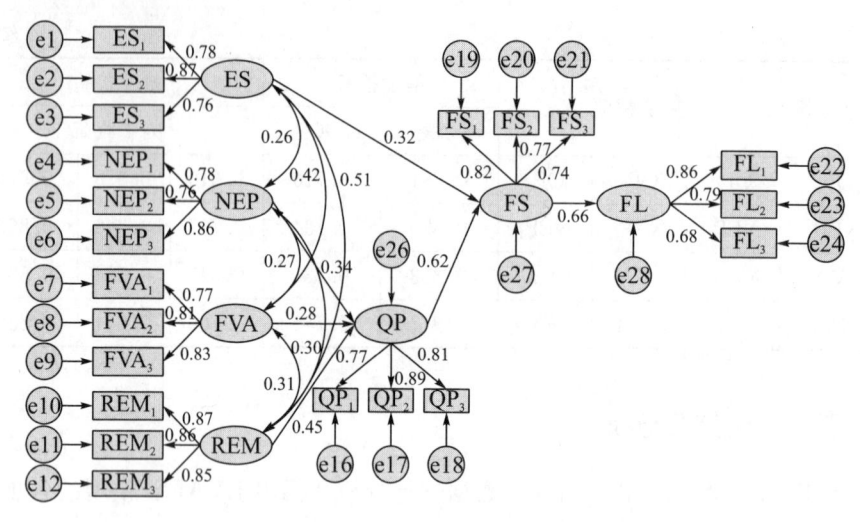

图 4-3　LVAFSI 模型标准化路径系数

由 AMOS21.0 软件对 LVAFSI 模型的运行结果可以看出各绩效影响变量对绩效指示变量的影响效应，如表 4-6 所示。

表 4-6　绩效影响变量对绩效指示变量的影响效应

变量类型	变量	效应类型	绩效指示变量	
^	^	^	农户满意（FS）	农户忠诚（FL）
绩效影响变量	前置因素变量	评估主体（ES）	直接效应	0.322***	
^	^	^	间接效应		0.213
^	^	质量感知（QP）	直接效应	0.620***	
^	^	^	间接效应		0.409
^	评估质量因子	评估程序规范性（NEP）	间接效应	0.212	0.140
^	^	评估价值公允性（REM）	间接效应	0.177	0.117
^	^	评估方法合理性（FVA）	间接效应	0.281	0.185

注：*** 表示 1% 显著水平；直接效应是模型中的标准化路径系数，间接效应通过路径系数计算得来。

结合图 4-3 与表 4-6 的分析结果可知：

（一）农户质量感知对农户满意的影响

农户质量感知（QP）对绩效指示变量农户满意（FS）的直接效应为

0.620，对农户忠诚（FL）的间接效应为0.409，影响效应最大且显著为正，说明农地经营权抵押价值评估活动中，农户对家庭获得的整体积极影响、对获得的合理评估价值以及对家庭福利变化的感知质量越高，获得的满意程度就越高，因此质量感知成为影响农地价值评估绩效的决定性因素。H2得到验证。

（二）农地价值评估质量因素对农户满意的影响

农地价值评估质量的影响因素中，评估程序规范性（NEP）、评估价值公允性（REM）以及评估方法合理性（FVA），这三个质量因子对农户满意的影响效应也都显著为正，说明评估程序越规范、评估价值公允性越强、评估方法越合理，农户对农地价值评估的满意度就越高。H2-1、H2-2、H2-3得到验证。

评估价值公允性（REM）对农户满意（FS）和农户忠诚（FL）的间接效应分别为0.281和0.185，在三个质量评估因子中影响最大，表明在评估过程中，农户最看重农地经营权价格信息的公开性、农地评估价值标准的公正性以及评估价值与同类型产权价值的一致性。评估价值的大小直接影响抵押贷款额度，价值评估过低无法满足贷款农户的融资需求，评估价值过高则会提高金融机构可能面临的信贷风险。因此农地评估值越合理，农户从金融机构获取抵押贷款的意愿越强，困难程度也越低，农户对农地评估价值的满意度就会越高。

评估程序规范性（NEP）对农户满意（FS）和农户忠诚（FL）的间接效应分别为0.212和0.140，在三个质量评估因子中影响居中，表明评估程序规范性是影响农地价值评估绩效和农户满意度的比较重要因素。在评估过程中，农户非常关注评估过程中价值评估标准（NEP_1）的公开性及客观性程度、评估人员对农地实地考察（NEP_2）的质量水平以及评估结束后出具的评估报告（NEP_3）质量水平。因此，要提高农户对农地价值评估的感知质量，需要从这三个方面进行改善。

评估方法合理性（FVA）对农户满意（FS）和农户忠诚（FL）的间接效应分别为0.177和0.117，在三个质量评估因子中对评估绩效的影响最小，表明评估方法合理性也是影响价值评估绩效和农户满意度的有效因素，但不是重要因素。因此，提高评估方法对不同评估对象的适用性、全面考虑影响评估价值的各种因素并保证评估方法在不同时期对同类型资产使用的一致性，也能提高农户的感知质量。但同时也可以看出，由于评估方法的专业性和复杂性，贷款农户对采用何种方法并不看重，而是更关心评估价值的合理性和评估流程的规范性。

（三）评估主体对农户满意的影响

评估主体（ES）对绩效指示变量农户满意（FS）的直接效应为0.322，对农户忠诚（FL）的间接效应为0.213，对评估绩效的影响效应显著为正，这表明，评估主体也是影响农地价值评估绩效的关键要素。第三方评估机构评估过程中的独立性、参与性越高，评估人员专业素质水平越高，政府监督和服务作用发挥越充分，贷款农户对农地价值评估的结果就越满意，评估绩效越高。因此，H1得到验证。

（四）农户满意对农户忠诚的影响

农地价值评估中农户满意（FS）对农户忠诚（FL）的直接效应为0.66，且影响效应显著为正，表明农户对农地价值评估的满意度越高，对该项评估服务的积极评价就越多，越愿意将该种方式推荐给他人，自己进行再次使用的可能性也比较大。H3得到验证。

四、主要结论及启示

借鉴顾客满意度指数模型的理论框架构建了农地价值评估农户满意度指数模型（LVAFSI）探讨农地价值评估绩效的影响因素，利用宁夏平罗和陕西高陵两样本地农地经营权抵押贷款农户的相关调研数据，采用结构方程模型定量分析各种因素对评估绩效的影响程度，得出主要结论有：①贷款农户质量感知是影响价值评估的决定性因素，两样本地区中贷款农户对家庭获得的整体积极影响的感知情况、对获得合理评估价值的感知情况以及对家庭福利变化的感知情况对农户的满意水平起着显著的促进作用。②农地价值评估公允性对农户质量感知的影响效应最大，从而成为影响农户满意的重要质量因素。因此，要提高农地抵押价值评估绩效，首先要提高农地价格信息的公开性和透明程度，积极参考其他同类型产权价值评估准则，制定更加客观公正的价值评价标准。③评估主体也是影响农户满意和评估绩效的关键因素。农地价值评估绩效改进的核心在于提高农村资产价值评估的行业水平和评估人员的专业化素质能力，同时应该加强地方政府的监督与服务职能。

基于以上结论，得出的启示如下：①建立科学的农地产权价值评估机制，加强对农地评估价值确定的指导和管理，保障贷款农户能够获得合理公正的资产评估结果。以提高农户质量感知水平为出发点，保证农地抵押物评估价值的公允性、评估方法的科学性、评估程序的规范性。地方政府部门可以根据当地社会经济发展状况,结合贷款农户生产性质,分类制定农地价值评估标准,如适当采用"评估指导价"或"评估保护价"等形式,规范农地经营权的评估价值。②积极引入中介评估机构和专业化评估人员,建立农地价值评估的主体资格准入制度和农村产权价值评估的行业准则。农村产权的价值评估可引入并建立资格准入制度和定期考核机制,对评估主体掌握资产价值信息、确定价值标准和开展其他类型资产评估的能力进行全面的考核和评价,以提高农村产权价值评估的行业水平。同时政府应积极鼓励农村产权价值评估企业快速发展,增强对专业评估人才的培养力度,提高农村资产评估行业的整体水平,在我国《资产评估法》和《资产评估基本准则》的框架下制定更为细化的农村资产评估细则。③加快建设地区农地经营权流转交易市场。建立包括村、乡、县、市和省的多层次农村产权流转交易平台,完善各层平台的业务职能范围,形成信息收集、信息发布、价值评估和交易鉴证等一系列市场服务体系,保证农地经营权价值信息公开透明、价值确定公允并与其他同类型资产价值具有可比性。

本章小结

农地产权价值评估是农地抵押贷款推广发展的关键制约因素。现阶段我国农地实行"三权分置"的制度安排,形成了农地集体所有、家庭承包经营、农地经营权有序流转的产权结构,这也使得农地经营权作为抵押品的有效性得到了提升,为推动农地金融创新指明了方向。本章首先对"三权分置"下农地经营权的权利属性、抵押权能和抵押价值进行了分析,"三权分置"下农地经营权的交易价值和可保值性提高、产权排他性得到强化而抵押处置成本降低。农地经营权价值评估在遵循一系列基本原则的情况下可以采用收益还原法、市价法、成本法等,以重庆市、中国农业银行以及山东省临沂市蒙阴县三个案例对具体方法进行了详细阐释。实践中农地抵押价值评估存在着农地抵押贷款市场活跃性不够、专业的评估机构和评估人员缺乏、规范的评估程序和评估标准未形成、评估方法不统一等现实问题。农户是农地抵押融资的主要需求主体,是农地价值评估的重要参与者,也是价值评估政策和评估方法的直接体验者。利用农户满意度模型对农地抵押价值评估现状做进一步的分析,得出农户对评估质量的感知是影响农地价值评估绩效的决定性因素,而评估程序规范性和评估价值公允性越强、评估方法越合理,越有利于提高农户的满意度水平。因此,如何科学合理设计农地价值评估方法，提高评估程序规范性和评估价值的公允性，进而提高农户参与农地抵押贷款和价值评估积极性是本书志在解决的重点问题。

第五章 "三权分置"下农地经营权价值分类评估的理论分析

"三权分置"下的农地经营权根据取得方式的不同,可以分为农地承包经营权和农地流转经营权。前者具有保障性和财产性的双重属性,但其分散性和细碎化的特征使其具有的可交易性程度较低。后者是依据流转合同而取得的一种期限性产权,具有较高的财产属性和市场交易性。在此基础上,农地承包经营权和流转经营权的抵押价值属性、价值构成以及影响因素等方面都形成了较大的差异,从而决定了两类产权价值评估方法的选择也不同。

第一节 "三权分置"下农地经营权产权差异表现

作为一种使用权,使用主体和使用期限是农地经营权最主要的两个特征。农地经营权作为抵押品的首要条件是权属明晰,即什么主体在哪段期限内可以使用农地使用权进行抵押。根据农地经营权获取方式不同可分为两种情况:一是通过家庭承包获得的原始农地经营权,二是通过农户的流转、入股等方式获得的农地流转经营权。从产权主体的角度,农地承包经营权由普通农户所持有;而流转经营权通过农地流转形成,由种植大户、家庭农场、农业合作社、农业企业等新型农业经营主体所持有。二者在稳定性、可交易性、价值构成、价值目标等方面存在着差异。

一、农地经营权稳定性的差异

农地经营权抵押贷款的可持续性取决于农地经营权是否具有稳定性的权属,这种稳定性通常可以使用承包期限或者流转期限来表示。《中华人民共和国农村土地承包法》对于农地承包经营权的期限进行了强调,关于"土地承包期届满后再延长三十年"的规定进一步强化了承包经营权的稳定性和长久性[①]。《中华人民共和国物权法》明确规定土地承包经营权具有用益物权属性，农户依法享有占有、使用和收益的权利[②]。因此，普通农户以具有准所有权属性的农地承包经营权开展抵押贷款的思路比较清晰和明确。

而规模经营主体只在合同期限内拥有农地使用权，租金年付制是流转经营权不稳定的主要原因。通常农地流转合同中的租赁年限在15年左右，但是由于前期投入成本巨大，加之市场风险的不确定性，规模经营主体不可能一次性支付农户15年的租金，即实质上并不拥有15年的农地经营权。从这个角度来看，流转经营权类似于处在按揭还款中的住房，使用权人并不具有完整稳定的产权，从而降低了该项资产的可抵押性。

同时流转经营权又是一种继受经营权，相比于普通农户的原始经营权，继受经营权的亩均抵押价值要更低[③]。原因在于转入户在流转农地时，租金一般是一年一付。当其将继受经营权用于抵押时，剩余期限内的农地租金往往没有被付清。因此如果借款人违约，银行仍然需要向原有的承包户支付剩余期限内的地租。此时，即使银行能够将用于抵押的农地再次流转出去，其实际可以获得的贷款偿还也只是"二次转出的继受经营权的价格"与"应付原始承包户的地租"之间的差额[④]。更何况随着中国城镇化率的不断提高，农地流转市场逐步呈现出"买方市场"的特点，农户往往不太愿意接手被二次流转的土地[⑤]。因此，银行认定的继受经营权因为附有未履行债权，其亩均抵押价值将低于完整的原始经营权。

二、农地经营权可交易性的差异

生产要素配置是否合理决定了农业经济发展速度，其中生产要素的合理流

[①] 全国人民代表大会常务委员会：《中华人民共和国农村土地承包法》，http://www.moa.gov.cn/gk/zcfg/fl/202007/t20200716_6348744.htm。

[②] 2007年3月16日，第十届全国人民代表大会第五次会议通过；2007年3月16日中华人民共和国主席令第六十二号公布，自2007年10月1日起施行。2020年5月28日，十三届全国人大三次会议表决通过了《中华人民共和国民法典》，自2021年1月1日起施行。《中华人民共和国物权法》同时废止。

[③] 彭澎、刘丹：《三权分置下农地经营权抵押融资运行机理——基于扎根理论的多案例研究》，《中国农村经济》，2019年第11期，第44页。

[④] 许峻桦：《"三权分置"法理视角下农地经营权抵押融资困境的解决路径探析》，《中国不动产法研究》，2017年第2期，第219页。

[⑤] 李菁、邱青青：《买方市场条件下农地信用租赁定价机制探讨》，《中国农村经济》，2011年第4期，第47页。

动是关键。产权交易是实现要素流动的重要保障，农地经营权自由进入和退出资本市场，是农地经营权资本贴现能力和贴现程度的表现。农地经营权因其与生俱来的地域差异性和空间固定性，决定了其要素流动性优势先天不足。但具体来看，农地承包经营权和流转经营权的流动性和可交易性存在着一定的差异。虽然《中华人民共和国农村土地承包法》第十七条对土地的原始承包农户在流转土地经营权方面赋予了一定的自由度和灵活度①，但由于土地面积小、位置分散以及财产属性不明确等特征，农地承包经营权作为抵押品后流转处置比较困难，因此农地产权交易功能相对较差。《中华人民共和国农村土地承包法》第四十六条对于受让人通过流转等方式取得的土地经营权也做出了规定，即经承包人书面同意后也可以再次将土地经营权进行流转②。在此情况下，规模经营主体所持有的农地经营权使农地资产的专用性功能有所降低，并且具有了"集中规模化"的特质，且不再承担养老、就业等社会保障功能，因此比细碎的承包经营权具有更好的交易性和变现能力。

三、农地经营权价值构成的差异

农地对于普通农户而言，是最基本的生产资料，既可以满足农业生产需要，获取基本的生活所需，又可以保障基本的生存、保有集体的成员身份。因此，从农地产权价值构成来看，农地承包经营权首先包括经济价值，即普通农户通过农地获取一定的经济收入，这种收入或直接体现为农产品的销售收入或间接体现为农地经营权转出后的租金收入。其次还包括失业、医疗、养老等社会保障价值，即普通农户在城镇就业的不确定性和不稳定性加深了其对农地的就业依赖性，农村社会养老体系及医疗保障的城乡差异加深了农户对农地的养老依赖，"家庭养老＋农地保障"对大部分普通农户而言依然是最稳妥的风险规避模式。此外，中国农民与生俱来的"恋地""惜地"情怀使农地具有了一种集体成员的身份和情感价值，体现了普通农户情感上的依赖和乡愁的寄托。因此，农地承包经营权对于普通农户而言包含着经济、社会与身份价值等多维属性。

规模经营主体通过转入农地拥有的农地流转经营权在流转期限内通常只包含了经济价值，其具有的生产资料属性更加明确。规模经营主体利用农地流转

---

① 全国人民代表大会常务委员会：《中华人民共和国农村土地承包法》，http://www.moa.gov.cn/gk/zcfg/fl/202007/t20200716_6348744.htm。
② 全国人民代表大会常务委员会：《中华人民共和国农村土地承包法》，http://www.moa.gov.cn/gk/zcfg/fl/202007/t20200716_6348744.htm。

经营权开展农业生产最直接的目的是实现农地资源利用效率的最大化以及农业利润最大化。总之，农地承包经营权和流转经营权在价值构成上的差异决定了流转经营权作为抵押品的资本属性更强，市场价值核算更加明确，抵押品处置和变现也更加容易。

四、农地经营权价值目标的差异

普通农户和规模经营主体作为农地流转的转出方和转入方，在农地经营权使用的价值目标选择上也具有一定的差异性。普通农户作为农地承包经营权的所有者和使用者，基于"理性经济人"的思维逻辑，在农地使用决策时会对经营与流转两种用途的收益情况做出比较，从而做出选择。但由于承包契约关系下所获得的农地经营权是数量有限、用途广泛的稀缺资源，又能保障大多数农民家庭的生产和生活，因此，农户在利用农地经营权时通常会做出两种比较判断：一是"经营净收益"和"流转收益"的比较，二是"经营净收益"与"非农经营收益"的比较。只有当"经营净收益"大于"流转收益"与"非农经营收益"之和的情况下，农户才会选择自己使用农地经营权，否则就会将农地经营权转出。新型农业经营主体作为农地流转经营权的产权主体，基于投资成本-经营收益的价值目标进行农地经营权的使用决策。只有当农业规模经营综合收益（包含国家对农业生产的各种补贴收入）大于农业生产的总投资（包含土地转入费用）时，新型经营主体才会持有农地流转经营权。两类主体基于自身价值目标的差异，表现为农地经营权保护和投资收益之间的一种权衡，从而也促进了农地流转机制创新和流转市场建设。

综上所述，农地承包经营权和农地流转经营权在价值构成、产权稳定性、可交易性及价值目标这四个方面都具有不同的属性特征，进而决定了两种产权在作为抵押物时的收益能力、还款能力以及处置变现方面的差异性和特殊性。根据产权理论，产权最重要的不是归谁所有，而是由谁使用。产权的初始界定可能是低效率的，但是通过转让和交易会提高产权利用效率。农地流转，既是作为实物形态的土地资本实现充分利用的需要，也是作为价值形态的资本获得价值增值的要求。从该层面上看，农地流转经营权的产权利用效率高于承包经营权。

此外，从可持续发展角度来看，规模经营主体基于农地流转而取得的经营权与普通农户基于集体成员身份取得的经营权在行为逻辑上也存在着一定的差异。农地承包经营权对于普通农户来说类似于一种准所有权和准私有财产，农户可以长期拥有并使用，因此他们会更注重对农地可持续发展能力的保护，不会有过度开发等短期行为。但是农地流转经营权对于规模经营主体来说只是一种有期限的使用权，从性质上来看是一种需要付费使用的农业生产要素，经营者在充分对比成本与收益后，必然以实现经营期内利润最大化为目标。因此，规模经营者一般不重视水土和肥力保持以及生态保护等行为，容易产生土地过度开发和利用的情况。

第二节　农地承包经营权产权属性及抵押价值分析

一、农地承包经营权产权属性界定

《中华人民共和国农村土地承包法》进一步明确了"三权分置"下农地承包经营权的权利属性，即农户通过家庭承包取得的农地承包经营权，在"三权分置"的制度安排下可以细分为承包权和经营权。一方面为了保证农地承包关系稳定并有效维护农户的合法权益，另一方面为了提高农户的财产性收入，农户可以在保留承包权的情况下将农地经营权进行流转。因此，农地承包权可以看成一种身份化的收益权，类似于股份有限公司的股东权。

（一）农地承包经营权内涵及特征

经营自家承包耕地的普通农户在相当长时期内仍然占我国农村人口的大多数，这部分农户中的少数因自然条件限制，即便其从事的生产活动只是为了解决自身温饱问题，但对于国家而言也是做出了很大的贡献[①]。我国人多地少、可耕地资源人均占有量低等基本国情以及正处于新时代全面推进城乡融合发展的历史阶段，决定了农业现代化发展进程中，多元并存的农业经营模式将长期存在。因此，农户家庭经营在我国农业现代化发展过程中具有不可替代的基础性作用，稳定和保护农户承包经营权的一系列权利具有很强的现实意义。农户享有稳定和长久的农地承包权是农村基本经营制度的基础，这在近些年一系列的政策文件中显而易见，也表现出了政府对保持农地承包关系长久稳定的政策预期。

[①] 中共中央党史和文献研究院：《习近平关于"三农"工作论述摘编》，中央文献出版社，2019年，第52页。

家庭联产承包责任制下，普通农户获得了完整的农地承包经营权，这也是农地实现"三权分置"制度安排的实际出发点。农地承包经营权是指农户通过家庭承包方式取得的集身份属性和财产属性于一体的土地权利，具体包括农户对农地的占有、使用、收益和部分处分权。关于农地的承包权，学术界普遍认为，承包权并不是一项独立的权利，而是集体经济组织成员在承包土地时产生的一种特定的权利类型[①]；是法律赋予农村集体组织成员享有的一种成员权，且是一种保持长久不变的农地承包关系[②]。对于农地承包权的权利性质，部分学者认为农地承包权是农户以集体经济组织成员为基础取得的一种综合性权利[③]；还有学者认为农地承包权是从具有物权性质的所有权中分离出来的一种特殊的用益物权[④]，是农村集体成员权在农地权益上的体现。

有学者认为农地承包经营权是我国经济体制改革下特定历史阶段的产权，从性质上来看是一种过渡性的权利。"三权分置"下，成员权性质的承包权和用益物权性质的经营权逐渐消失，逐渐取代了农地承包经营权。因此，农地承包经营权的存在就失去了法律指向和制度价值[⑤]。然而《中华人民共和国农村土地承包法》依然使用之前关于土地承包经营权的法律表述方式，但又额外增加了"土地经营权"的相应内容，在此逻辑下农地"三权分置"的产权生成模式就变成集体土地所有权—土地承包经营权—土地经营权。

(二) 农地承包经营权内容及功能

制度经济学认为，明晰的产权分配对权利主体能产生有效的激励机制，同时还能提高资源的利用效率。农地产权归属清晰、权责分明、权利内容稳定是农地顺利实现流转和抵押的前提条件。

1. 农地承包经营权是农户的基本权利

双层经营体制下，集体与农户通过形成"留足国家的、交够集体的、剩余是自己的"的承包合同，对集体及其成员的权利和义务进行了约定。党的十八届三中全会以来，国家通过各种政策法规对农户的土地承包关系由原来的30

---

① 朱广新：《土地承包权与经营权分离的政策意蕴与法制完善》，《法学》，2015年第11期，第91页。
② 陈锡文：《关于农村土地制度改革的两点思考》，《经济研究》，2014年第1期，第5页。
③ 丁文：《论"三权分置"中的土地承包权》，《法商研究》，2017年第3期，第24页。
④ 张守夫、张少停：《"三权分置"下农村土地承包权制度改革的战略思考》，《农业经济问题》，2017年第2期，第14页。
⑤ 马俊驹、丁晓强：《农村集体土地所有权的分解与保留——论农地"三权分置"的法律构造》，《法律科学（西北政法大学学报）》，2017年第3期，第143页。

年不变调整为长久不变,并颁发土地承包经营权证书来明确和强化农户对承包地的使用权。《中华人民共和国农村土地承包法》基于"三权分置"的思想对农地承包经营权的权能体系进行了重构,并且家庭承包成为农地承包经营权设立的唯一机制①。集体农户通过家庭承包获得农地承包经营权后,其所享有的基本权利包括对承包地自主使用和获取经营收益的经营权、在集体内部进行农地互换和转让、为他人或者自己设立农地经营权的处分权、获取征收补偿的权利以及承包期满后的延包权。特别说明,融资担保属于农地经营权的权能,而不是农地承包经营权的直接权能。

2. 农地承包权是农民集体成员身份权的外在表现

农地承包权产生的根本原因在于农户获得了集体成员的身份资格并且与集体签订了正式的承包合同。当农户家庭成员同时放弃承包地和集体成员身份时,意味着农户放弃了农地承包权,承包地将重新回到集体并进行再次分配。《中华人民共和国农村土地承包法》第二十七条第二款规定"国家保护进城农户的土地承包经营权,不得以退出土地承包经营权作为农户进城落户的条件"②,这也进一步落实了对农户集体成员身份属性的保护,固化了农地承包关系,铸就了农地承包经营权的成员保障功能或社会保障功能③。

3. 农地承包权代表着财产权利

《中华人民共和国农村土地承包法》明确提出,农户家庭作为农地承包方在集体成员内部享有自主经营与处置产品、互换和转让承包地的权利等。在集体成员外部,则可以通过出租或入股等方式实现权利。除了按照承包合同约定履行对农地的保护和合理利用的义务外,农户可在保留农地承包权的基础上自愿设立、流转和收回农地经营权。这也表明了农户在签订承包合同后自然享有农地承包经营权,在条件允许的情况下可以将经营权进行流转获取一定的财产收入。

农地"三权分置"在稳定农户承包权方面可以达到三种预期效果:第一,对于本土的普通农户而言,通过家庭承包方式获取的农地承包经营权,本质上是对其土地预期收益的一种保障,有利于引导普通农户积极将家庭的内部资本

---

① 祝之舟:《农村土地承包经营权的功能转向、体系定位与法律保障——以新〈农村土地承包法〉为论证基础》,《农业经济问题》,2020年第3期,第41页。
② 全国人民代表大会常务委员会:《中华人民共和国农村土地承包法》,http://www.moa.gov.cn/gk/zcfg/fl/202007/t20200716_6348744.htm。
③ 祝之舟:《论农村土地承包经营权的身份属性——从农村户口迁移引发的土地承包经营权流转困境谈起》,《农村经济》,2011年第6期,第81页。

与外部资源有机融合，进而向新型职业农民转变；第二，对于"离乡不离土"的农户而言，保留其农地承包权能够成为其城市就业失败的最后保障，实现其在农业产业和非农产业之间进行自由切换和流动；第三，对于"离乡又离土"的农民而言，农地承包经营权的退出可以保障其在城市获得更好的生活和居住条件，有利于实现农地资源的高效利用①。

二、农地承包经营权价值本质及特征

价值功能理论类似于效用价值论，是一种常见的自然资源价值衡量方法，该方法从人的主观感受出发，以人的感官来衡量自然资源的功能效用，进而反映资源价值。一般来说，自然资源的功能越多，人们从中获取的效用就越高，价值也就越大。农地是普通农户赖以生存的基本生活资料，是规模农业经营主体获取收入的基本生产资料，其价值的高低由农地对不同农户的效用价值决定。

农地的功能是指农地系统提供满足人类生存与发展所需产出的能力。农地具有多功能性的特征，即农地能够满足人类生存与发展的多种需求，包括基本温饱、精神文化生活、良好的生态环境等方面，这是由农地系统构成要素的多元性本质决定的。农地是生产系统和自然生态系统的综合体。首先，农业生产者可以利用其从事农业生产活动，收获农产品，获取一定的农业收益，因此农业生产是农地的第一大功能。其次，农地与林地、草地等自然资源共同维持着生态系统的平衡，具有净化空气、涵养水源、保持土壤等生态服务功能。最后，农地还承担着社会保障和文化传承的功能，为普通农户提供养老、医疗、就业等基本保障，同时农户在农地的利用过程中也创造出了具有本地特色的农业文化，满足人类对精神文化生活的需求。农地的多功能性决定了农地具有如下多种价值特征。

（一）价值内涵层次性

农地的多种价值功能是一个相互联系的有机整体，并且具有一定的层次关系。农地的生产功能是最早被人类发现和利用的功能，是最基本的功能，具有核心地位；同时农地调整气候、涵养水源等生态价值功能也是客观存在的，虽然人类对其认知较晚，但是生态价值也是农地基本功能的体现。农地生产功能

---

① 李怀：《农地"三权分置"助推乡村振兴：理论逻辑与机制构建》，《当代经济研究》，2021年第8期，第80页。

和生态功能的存在，不以人类的认知而变化。随着经济社会的发展和农村居民对农地价值需求的变化，农地在其基本功能的基础上衍生出了社会保障、财产功能、粮食安全、精神文化、情感寄托等附加价值，这些功能不能脱离农地的基本功能而独立存在，是在农地生产价值和生态价值基础上产生的衍生价值。

（二）时间动态性

农地多功能属性的存在具有客观性，但也会随着人类对其功能利用的需求以及认知情况而发生变化，在不同的社会发展阶段，人类价值需求和认知差异性决定了对农地采取不同的利用方式，进而决定农地功能的构成比例，从时间上呈现出一种动态的变化。早期的农业文明社会，人类在利用农地时以解决基本温饱问题为主要目的，农地的生产功能居于首位，而生态服务功能和精神文化功能还未出现。随着社会经济发展水平的提高，人类进入了工业时代，人民生活水平大大提高，收入来源多样化，对农地的生存依赖和保障依赖逐渐降低。与此同时，生态安全和农地保护问题开始得到重视，农地的生态服务功能逐渐凸显。

（三）空间异质性

中国经济发展水平在空间上表现出很大的异质性，这种影响在农村社会也很突出，导致不同地区农户对农地价值需求和认知的差异性。通常情况下，经济发展水平和农地资源禀赋优势突出的地区，农业产业化和市场化水平较高，开展规模化生产的农业收益较高，因此农地的生产价值功能比较强。同时经济水平高的地区农村社会保障体系也比较完善，使得农地的社会保障价值功能被弱化。相反，在一些经济发展较慢的地区，农地耕作和水土条件差，农地分散不利于规模化生产，导致农地的生产价值较低。

（四）主体差异性

对于不同的农业经营主体，农地发挥的功能价值也不同。对于普通的农户来说，家庭联产承包责任制使农地具有了生产价值、社会保障价值、财产价值等多元化的价值体系；对于新型农业经营主体来说，农地流转制度使农地剥离了社会保障价值属性，更多表现为生产价值和财产价值；从城市居民角度来看，农地具有生态保护、景观服务、旅游观光等服务功能；对于国家来说，农地具有粮食安全、社会稳定等宏观的价值功能。因此，农地的价值构成和含义在不同经营主体之间产生了差异，进一步影响了经营主体的农地价值认知和利用行为。

三、农地承包经营权抵押价值分析

（一）农地承包经营权抵押属性完善过程

2003年的《中华人民共和国农村土地承包法》突出强调了对农地承包经营权物权属性保护的重要性；2007年的《中华人民共和国物权法》进一步明确农地承包经营权是一种具有排他性的用益物权，而用益物权的有效实现需要以稳定的农地承包关系为前提；因此2019年修订的《中华人民共和国农村土地承包法》中"长久不变"的表述是对农地承包经营权物权属性的再次肯定。从《中华人民共和国担保法》和《中华人民共和国物权法》中关于抵押物要求的规定可以看出，具有用益物权属性的农地承包经营权从法律意义上来看符合作为抵押标的物的本质特征。但是农户家庭凭借自身的集体成员身份通过承包从集体处获得的农地承包经营权是一组权利束，具有可拆分性[1]。当农户以农地承包权作抵押获取贷款时，一旦出现违约，银行则有权利对抵押物进行合法处置，这样"失地农民"的出现可能会引发一系列社会风险[2]。因此，国家出于农地的社会保障功能，严格禁止农地承包权进行抵押，独立的农地承包权无法实现其抵押权能。经营权是从承包经营权中分离出来的一种对农地进行经营使用的权利，具有权属清晰、期限明确等特点，农户在承包期内对其拥有完全支配权。因此，农地承包经营权可以作为完整的抵押物向银行申请抵押贷款。即使农户出现违约行为，金融机构也可以对一定期限内的农地经营权进行处置，但不影响农户的承包权权利。因此，对于普通农户来说，使用农地承包经营权进行抵押贷款既可以避免失地风险，又能满足银行对抵押物的属性要求，提高金融机构信贷支持的可获得性。《中华人民共和国农村土地承包法》第四十七条规定，承包人可以在不征得发包人同意而只需备案的情况下用农地经营权向金融机构申请融资担保，即承包人和发包方不存在债权债务的关系约束[3]，因此原始承包户用以融资担保的农地经营权并不具有债权属性的风险。

农户承包土地的经营权权属完备、抵押属性完整，农户凭借集体成员身份

---

[1] 阮建青：《中国农村土地制度的困境、实践与改革思路——"土地制度与发展"国际研讨会综述》，《中国农村经济》，2011年第7期，第95页。

[2] 陈锡文：《农村土地制度改革的重点与路径》，《国土资源》，2014年第8期，第4页。

[3] 全国人民代表大会常务委员会：《中华人民共和国农村土地承包法》，http://www.moa.gov.cn/gk/zcfg/fl/202007/t20200716_6348744.htm。

通过家庭承包自然获得农地经营权,当农地承包权和经营权一体时,农户在承包期内享有的各项权利都比较明确,对农地的控制权也比较完整。如果农户在开展农地承包经营权抵押融资过程中发生贷款违约的情况,金融机构只能有权处置农地的经营使用权,而不能影响农户的承包权权益。但是普通农户使用承包农地的经营权抵押存在着价值低、交易成本高等问题,农地面积是抵押价值低的首要原因。其次,农地小而散的特点导致价值评估难度较大,且后期交易处置的成本较高,进一步降低了农地承包经营权作为抵押品的实际价值。农地抵押价值低、贷款无法满足融资需求,同时还要承担失去农地影响基本生存的风险,这也导致普通农户在农地抵押贷款选择上出现自我排斥现象。

农地承包经营权具有价值可衡量、产权可流转的基本属性,因此可以通过市场化的流转交易实现其价值利益。但是农地承包经营权的多功能性又决定了其背后复杂的利益关系,不能完全以市场机制来调节。有效评估农地承包经营权的价值,是保护农民合法权益、增加农民财产性收入的关键,更是实现农地可持续利用的基础,应在充分考虑农地社会价值和生态价值的基础上采用抵押价值属性进行评估,从而确定发放的贷款数额。但是在大部分试点实践中普通农户承包经营权抵押贷款的业务量占比较低,无法满足农户的资金需求,农地抵押价值的计算普遍忽略了社会价值和生态价值因素。同时由于农地抵押担保并没有使面向农户的商业贷款利率显著降低,间接抑制了农户对农地抵押贷款的需求动机。另外农户承包地固有的分散性、面积小、价值低等特征决定了价值评估行为存在规模不经济现象,导致银行接受其作为抵押物后的处置成本较高,变现困难,间接抑制了银行等金融机构对农地抵押贷款意愿的供给动机。从抵押品功能角度来看,农地对普通农户而言既是一种生产资本,更是一种生存资本,农地承包经营权作为抵押品对借款人能够产生一定的道德约束和还款激励作用[①],因此发生贷款违约而导致失去农地的代价会很高。

(二)农地承包经营权抵押权实现条件

农地经营权抵押权是农地权利体系中一项重要的内容,是打通农地资源和金融资源有效转换的关键因素。但农地承包经营权抵押权实现受到一系列因素的影响,包括农地自身因素和政策环境等外部因素。充分考虑这些因素,有利于增强农地的抵押属性,进一步完善农村资产抵押的整体条件。

---

① 黄惠春、徐霁月:《中国农地经营权抵押贷款实践模式与发展路径——基于抵押品功能的视角》,《农业经济问题》,2016年第12期,第101页。

1. 农地自身因素

农地产权清晰程度、农地规模、农地资源状况等因素是影响农地经营权抵押权实现的关键内因。农地产权界定越清晰、越完整、越充分，产权价值就越高。农地面积、土壤质量、地理位置和基础设施条件等对农地经营权的预期收益都存在正向影响，进而有利于农地抵押权的实现。其中农地面积是最重要的影响因素。农地经营面积越大，越有利于发挥规模经营效应，进而增加农地的预期收益；农地土壤质量越好，越有利于增加产量、减少生产投入和管理时间；农地的区位条件对其生产条件、使用目的以及可交易性也有着重要影响。农地距离城镇远，运输成本高，市场信息传递速率慢，也会影响农产品的销售状况，从而降低农地收益。农业基础设施条件越完善，越有利于促进农业专业化和产业化发展，提高农地收益。

2. 农业外部因素

（1）国家关于农地经营权抵押的法律规定和政策引导。法律上确保抵押合同的合法性和合规性，降低了道德风险和逆向选择发生的可能性。"两权分离"下，我国农地承载着养老、就业等社会保障功能，为了避免引发社会风险，政府对其市场化流转和抵押最初在法律上是严格限制的，后来在改革过程中通过局部试点的方式逐渐放开管制，而地方政策成为农地抵押贷款试点的主要依据。直到2019年1月修订后的《中华人民共和国农村土地承包法》开始实施，农地经营权抵押正式获得了法律上的支持，进一步提高了农地经营权的可抵押性。

（2）农地确权颁证工作。农地权属清晰是作为抵押品的先决条件，由于长久以来的历史性因素，我国农地地块分散、边界不清，严重阻碍了农地市场化流转的整体效率。2013年的中央一号文件开始对此问题进行说明和部署，并全面开展农地确权颁证工作[①]，巩固和完善了农村基本经营制度，确定了对农地承包经营权的物权保护，进一步提高了农地的抵押属性。

（3）农地流转市场完善情况。交易性和变现性是抵押品的基本属性。完善的农地流转市场能够提高农地承包经营权的流动性和可交易性，进而降低金融机构处置抵押品的难度，保证农地抵押功能的实现。一直以来我国农地流转市场活跃度都较低，只有不断完善市场条件，才能为农地抵押权能的实现提供充

---

① 中共中央、国务院：《中共中央 国务院关于加快发展现代农业进一步增强农村发展活力的若干意见》，https://www.gov.cn/jrzg/2013-01/31/content_2324293.htm。

分的保障。处置变现的难易程度是金融机构评估农地承包经营权抵押价值，并制定具体抵押条款的重要参考内容。与一般抵押物不同，由于农地上附属的农作物生长的季节性限制，客观上要求对农地经营权的处置必须及时有效，才能保证抵押物价值的实现。完善健全的农地流转市场是抵押权实现的关键，伴随着农地流转市场的发育以及政府的有效监督管理，农地非正式流转和短期流转等现象将不断较少，农地承包经营权流转成本也将进一步降低①。

（4）农村社会保障体系。长久以来我国城乡养老服务体系都存在着巨大的差距，农地和家庭替代了公共财政成为农村社会保障的主要形式。农地的社会保障功能与市场抵押功能呈反向变化，农地保障会显著降低农地承包经营权抵押的农户参与意愿。因此只有提高农村社会保障体系和农户养老金力度，逐渐剥离农地的保障功能，才能有效提高农地承包经营权的抵押属性。随着农村社会保障覆盖面的不断扩大和完善，农业经营收入的占比相对下降，农民就业渠道的多样化也将削弱农地的就业保障功能，农地的资本属性会逐渐增强。

（5）当地农业经济发展水平。地区经济发展程度和农业发展水平决定了农地的产出价值，进而对农地价格起到影响。地区经济越发达，城镇化对农地的需求越大，越有利于抬高农地的市场价值。农业发展水平主要体现为机械化、产业化、规模化程度等指标。产业化和机械化有利于提升农地产出效率，规模化可降低农地作为抵押品的交易成本，提高自身的抵押性。

（6）农地价值评估机制。农地价值评估是农地抵押开展和抵押权实现的重要环节，且评估价值的公允性和准确性会直接影响抵押双方的供需意愿。但是，由于我国农村地区缺乏完备的土地价值评估体系，试点实践中各地区普遍缺乏专业的评估机构，通常由金融机构和贷款农户协商评估，导致评估价值缺乏客观性。此外，大多数地区的评价标准只考虑当地农产品的亩产量收益情况和市场价格，忽视了土地所处区位、农地市场发育等外部性因素，有可能使农地价值被低估，很大程度上降低了农户参与的积极性。

四、农地承包经营权产权主体

农地承包经营权的产权主体以普通小农户为主，他们都具有集体组织成员身份，以家庭成员作为主要劳动力，在承包的农地上开展小规模的农业生产，并以此作为家庭收入的主要来源。第三次全国农业普查公报表明，当前以家庭

---

① 包宗顺、伊藤顺一、倪镜：《土地股份合作制能否降低农地流转交易成本？——来自江苏 300 个村的样本调查》，《中国农村观察》，2015 年第 1 期，第 60 页。

为主的小农户仍然是我国农业经营主体的主力，数量占到了98%以上；经营的耕地面积占全部耕地面积的70%；小农户主要分布在种植业领域，从事种植业的小农户比例达到了95.6%，是承载中国粮食安全的主要生产者[①]。普通小农户普遍具有以下特征。

（一）兼业化程度高且逐渐分化

一方面，粮食种植成本逐年上升，而粮食种植收益不断下降；另一方面，城镇化进程下非农就业机会增多，收入结构越来越多元化。双重因素导致中国小农户非农化和兼业化成为普遍现象，农户分化趋势明显。

（二）农地经营面积小且劳动生产率低

20世纪80年的家庭联产承包责任制形成了当前中国农地细碎化的制度特征。近年来随着农地流转市场的快速发展，农业生产规模有了一定提高，但是小规模分散经营的状况依然普遍，单个地块小、布局高度分散等特征，使得机械技术等资本要素在小规模农业生产中难以发挥作用，这也意味着小规模农户的劳动生产率低下。

（三）市场联结能力弱

家庭分散经营下，一方面普通农户家庭无法及时获取有效的市场信息，同时也面临着较高的市场信息搜寻成本，导致小农户对市场变化的敏感度低；另一方面，普通农户由于无法承担农产品流通环节高昂的运销成本，通常以田间地头交易为主，无法全面了解市场的价格行情。因此，不管是生产环节还是销售环节，其与市场的联结能力都较弱。

（四）与现代农业相容性提高

随着农业生产力的快速发展，专业化分工、商品化经营等现代生产要素不断渗入小农户生产经营中；先进机械、环保农药、优良品种等先进技术条件也逐渐进入农业领域，从而极大地增强了小农户发展现代农业的能力，并且和现代农业发展具有一定的相容性。

随着农地"三权分置"制度的深入推进，部分普通小农户也会采用正式或

---

① 国务院第三次全国农业普查领导小组办公室、中华人民共和国国家统计局：《第三次全国农业普查主要数据公报（第一号）》，https://www.gov.cn/xinwen/2017-12/14/content_5246817.htm。

非正式的流转形式小规模地转入一部分农地经营权,从而提高农业收入和生产经营效率。但由于小农户的经营能力受到家庭劳动力、资产规模和生产条件的限制,农业生产资金也存在不足,又没有稳定的融资渠道,因此小农户的家庭经营规模很难有较大的突破。基于这样的基本国情,将普通小农户培养成新时代爱农业、懂技术、善经营的新型职业农民是当务之急,也是实现小农户与现代农业有效衔接的关键途径。不管是小农户的家庭经营,还是新型职业农民的适度规模经营,都需要为其提供充足的资金支持。

第三节 农地流转经营权产权属性及抵押价值分析

从 2013 年习近平总书记在中央农村工作会议上的讲话到 2017 年党的十九大报告,再到 2019 年修订的《中华人民共和国农村土地承包法》以及 2022 年党的二十大报告,一系列的政策法律文件都表明深化农地制度改革,赋予农民更加充分的财产权益是我国推进乡村振兴的关键。把普通农户的农地承包经营权分为承包权和经营权,形成所有权、承包权、经营权"三权分置"并行的新型农地制度是继家庭联产承包责任制后的又一大创新,也是巩固和完善我国农村基本经营制度的重要途径。"三权分置"下的农地经营权被进一步放活,既可以由原承包农户使用,保持承包经营权的统一;也可以流转给其他经营主体,促成承包权与经营权的分离。在此制度安排下,农地流转经营权作为一项独立的权利应运而生。

一、农地流转经营权产权属性界定

(一)农地流转经营权内涵及特征

对于农地流转经营权的内涵,学术界主要存在三种观点,即经营权的物权性观点、债权性观点以及折中观点。

物权性观点认为农地流转经营权是一种享有使用权、收益权和有限处分权的用益物权,可以交易,具有使用价值和交换价值[1]。《中华人民共和国物权

---

[1] 李磊、张毅:《农村承包土地经营权抵押实践分析及理论构建》,《财经问题研究》,2018 年第 11 期,第 133 页。

法》对农地承包经营权的用益物权属性表述得更加明确，即农地的原承包农户可以将农地承包经营权进行抵押融资[1]。当农地经营权转给新的经营主体后，如果农地经营权表现为"债权"，则会影响受让人的合法权益，也会与承包权的物权属性存在矛盾，用债权属性的农地经营权开展抵押融资不具有法律上的有效性。"三权分置"下农地经营权的生成是为了剥离农地的保障功能，将其塑造成具有物权属性和抵押担保功能的独立产权，持续稳定的经营收益是产权权益的核心[2]。因此，农地流转经营权应该看成是一种设定在农地承包经营权用益物权属性之上的同样具有物权属性的权利，从而保证农地受让人和原承包农户之间稳定的农地使用关系。

债权性观点认为农地经营权是独立于农地承包权的一项独立权利，其应该属于债权属性。根据《中华人民共和国物权法》"一权一物"法则，农地流转经营权是基于流转合同而产生的一种债权，农地承包人和受让人通过合同的方式进行权利和义务的约定，其对抗性、可转让性和存续期限等特征符合债权属性[3]。因此，农地使用权人不具有完整的产权，农地作为资产的可抵押性被降低。同时由于我国的特殊国情和家庭联产承包责任制的制度价值，农地经营权作为债权流转有一定的必要性。一方面中国农情的区位差异使得大规模租赁经营并不一定适合所有地区，"互换并地""按户连片"等方式仍然是小农生产中常见的农耕形式；另一方面以农地经营权取代农地承包经营权，有可能会引起农户对农地权利的焦虑，不利于改革的稳定性。

折中观点认为，农地经营权的属性应根据不同的情况进行分类考虑。第一种观点认为农地流转经营权是物权属性还是债权属性不能绝对化，期限长可视为物权，期限短则可视为债权。第二种观点认为如果承租人将流转合同期限内的租金一次性付清，农地经营权权属则得到明确界定，具备了相对完整的担保权能，近似等于用益物权；但是如果流转租金是年付制，农地经营权则是债权属性。但不论是哪一种情形，只有在农地出让、承包权和经营权相独立的情况下，经营权才能发挥独立的作用。新修订的《中华人民共和国农村土地承包法》以满足实践需要为出发点，仅在原则上界定了农地经营权权利，而对于农地经营权的性质进行了淡化。从法学视角，农地经营权是指农地转入方以支付

---

[1] 李停：《"三权分置"视域下中国农地金融创新研究》，《现代经济探讨》，2021年第5期，第129页。

[2] 焦富民：《"三权分置"视域下承包土地的经营权抵押制度之构建》，《政法论坛》，2016年第5期，第29页。

[3] 姜红利：《放活土地经营权的法制选择与裁判路径》，《法学杂志》，2016第3期，第137页。

对价的方式取得转出方一定期限内的农地占有、使用和收益的权利。双方通过签订农地流转合同，确立了一种债权债务关系，但是物权和债权在经济学上并没有严格的区分界限。一种权利属于债权还是物权，由该项权利获取持续收入流的期限来决定。因此，如果签订了长期的租赁合约（15年以上）且同时一次性支付了租金，则满足了农地经营权物权化属性的实现条件。

图5-1反映了两种理论观点下的农地经营权权利属性，债权性观点下农地所有权是承包经营权的母权，承包经营权是从所有权中分离出去的用益物权，农地经营权是由承包经营权中再次分离出来的债权。物权性观点下，集体拥有农地的终极所有权，承包经营权是一种"类所有权"，因此再次分离出的经营权成为一种特殊的用益物权。

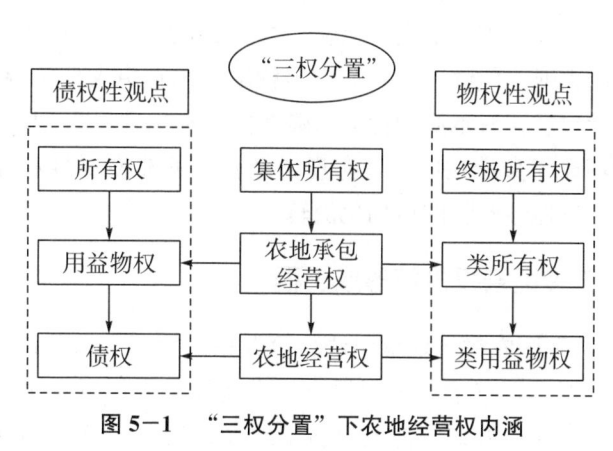

图5-1 "三权分置"下农地经营权内涵

（二）农地流转经营权内容及功能

集体内部成员或者外部新型经营主体获取农地经营权后，相应地取得了农地占有和利用权、生产收益权、基本生产设施建设权以及在经营期内获得征地补偿和部分土地增值收益的权利。

（1）"三权分置"下的土地经营权是从土地承包经营权中分离出来的一项独立产权。虽然从属于承包经营权，但是为第三方主体而设定，农户可以自愿决定农地承包经营权的分离，或者由村集体以其他承包方式直接设立；流转主体既可以是本集体经济组织或其他成员，也可以是外部规模经营主体。相应地，农地经营权人享有按照合同自主经营并获取收益以及进行抵押融资的权利；同时承担着妥善利用农地、保证农地农业用途等义务。

（2）农地经营权从法律效力上继受于承包权。农地未发生流转时，农户享有农地承包权和自主经营权，二者从权利上是并行关系；农地发生流转后，虽第三方农地经营权主体依法取得了农户转让出来的占有、使用和收益权能,但其权利性质与权利期限都在承包合同范围内,并且以承包农户的意愿为前提,从法律效力上继受于农地承包权。

(3) 农地经营权处置受到严格限制。《中华人民共和国农村土地承包法》规定了经农户书面同意并于集体备案后农地经营权可以再次流转。尤其在农地用途管制方面,《农村土地经营权流转管理办法》做出了相应的规定:一方面要严格防止耕地"非粮化",明确农地经营权流转要确保农地农用,优先用于粮食生产;另一方面,坚决制止耕地"非农化",禁止改变农地的农业用途[①]。这说明农地经营权虽可以转移但不具有完全的处分权。

(4) 农地经营权与承包权分离后,成为一种既有使用价值又有交换价值的产权形式,因此可以在市场上进行交易。"三权分置"的农地经营权流转不受集体成员身份的束缚,能够实现农地作为稀缺资源在更大范围内的优化配置,有效地将农地承包经营权承载的社会保障功能分离出去。"三权分置"下的农地流转经营权剥离了身份性属性,实现了经营权的非专属性和独立财产权属性,充分保证了农地经营权的市场化流转。

二、农地流转经营权价值形成过程

《中华人民共和国农村土地承包法》第九条、第三十六条以及《中华人民共和国民法典》第三百三十九条都提出,土地承包人可以自主决定采用出租(转包)、入股或者其他方式向他人流转土地经营权[②][③]。可以看出,流转经营权是农地"三权分置"制度安排下形成的一种财产权利,其形成逻辑是:所有权—承包经营权—土地经营权—流转经营权。《农村土地承包法》第四十七条对抵押融资这种流转方式做出了特殊的说明,即农地承包人可以使用承包地的土地经营权向金融服务供给方提供融资担保;受让人通过流转方式取得的土地经营权,经承包人书面同意后,也可向金融机构提供融资担保,两种情形都需要向发包人备案[④]。这也明确表明了农地流转经营权抵押属性的形成依据。

---

① 农业农村部:《农村土地经营权流转管理办法》,https://www.gov.cn/zhengce/zhengceku/2021-02/04/content_5584785.htm。

② 全国人民代表大会常务委员会:《中华人民共和国农村土地承包法》,http://www.moa.gov.cn/gk/zcfg/fl/202007/t20200716_6348544.htm。

③ 全国人民代表大会:《中华人民共和国民法典》,https://www.gov.cn/xinwen/2020-06/01/content_5516649.htm。

④ 全国人民代表大会常务委员会:《中华人民共和国农村土地承包法》,http://www.moa.gov.cn/gk/zcfg/fl/202007/t20200716_6348544.htm。

"三权分置"是通过农地权利分离来实现农地大规模流转,在此基础上利用分置出新的、独立的农地经营权实现农地抵押担保权能。由此可以看出,权利分置是农地抵押权能实现的先决条件,服务于农地流转,农地分置型流转是农地经营权形成的客观事实。

租赁是目前最为普遍的农地流转方式,流转后可取得的农地流转收益是农地经营权具有财产价值进而充当抵押品的基础。实践中,对于农地规模较大、农业基础设施完善且市场发展前景较好的经营项目,农地经营权的预期收益就会高,也相应具有了较高的抵押价值。因此农地经营权的抵押价值会伴随着农业经营规模化、产业化和市场化程度不断提升而逐渐显现。本书中的农地流转经营权是指农地受让人基于"三权分置"的制度安排通过农地流转所取得的农地经营权利。此种情况下的农地经营权已经从承包经营权中分离出来,与未实施"三权分置"时原承包农户所拥有的农地经营权不同。综上所述,农地经营权的价值形成逻辑需要在权利分置与农地流转的辩证关系中进行分析。

通过农地市场化流转促成农业规模经营,从而构建现代农业经营体系是我国农业发展的基本方向。农地经营权抵押贷款是解决农业规模化和产业化经营资金短缺问题的有效途径,也是促进现代农业发展的重要推力。实行规模经营的新型农业经营主体,农业生产效益远高于普通农户,对资金的需求更急切,因此开展抵押贷款的意愿也更强烈。从金融机构来看,规模经营主体由于农地经营面积大、经营能力和还贷能力强,是比较理想的放贷对象;而从规模经营主体角度来看,通过流转获得了一定规模的农地,更利于提高农业生产机械化和科技化程度,资金需求也较大。因此,面向新型经营主体开展农地经营权抵押贷款成为借贷双方比较理想的金融产品和服务。

三、农地流转经营权抵押价值分析

赋予通过流转农地开展规模经营的农业主体更为充分的权利保障,强化制度预期,提高经营者的投资信心,是实现农地抵押权的关键。从经济学效率角度来看,这是一种高效的制度安排。承包方式和流转方式下取得的农地经营权,在权属的明晰度和完整性方面存在着差别,导致两种农地产权的抵押价值和处置难度也不尽相同,从而会产生不同的抵押融资效果。规模经营主体租入的农地如果是在租金一次性支付的情况下,则流转期限内农地经营权的抵押权属完备,也是市场青睐的理想抵押标的物;以入股方式取得的农地经营权虽然物权属性完整,但实践中存在的"保租和分红"的年度支付合同也在一定程度上降低了农地经营权的抵押属性。在不影响农地所有制形式和社会价值的基础上，农地流转经营权抵押最大化地实现了农地财产属性，提高了农地本身的资产功能和市场属性。农地流转经营权抵押属性的形成前提是"三权分置"，必备条件是农地的市场化流转。

（一）规模经营主体通过租赁取得的农地经营权抵押

根据《农村土地经营权流转管理办法》第十四条，承包方可以采用出租（转包）、入股或法律政策认可的其他方式流转土地经营权[①]。出租（转包）指承包人将部分或全部土地经营权租赁给其他农业主体。承租方实质上获取了一种债权，在合同约定的期限内对农地享有占有、使用和收益的权利；出租方获取的农地经营权收益为债权收益，主要表现形式是年租金。

对于专业大户、家庭农场、农民专业合作社、农业企业等规模经营主体以租赁方式取得的农地经营权进行抵押贷款时，需要考虑农地流转年限和租金支付方式的问题。当租金实际支付年限小于农地流转合同年限时，农地经营权具有债权属性，原因在于农地受让方仅支付了部分租金，在合同期限内不具备完全的农地使用权，因此对借款人起不到有效的还款激励效应，同时还可能存在权属纠纷，增加了金融机构处置抵押物的难度。只有当租金在流转合同期限内一次性付清时，流转合同内的农地经营权权属清晰、期限确定，更接近于用益物权，才能具有比较完整的担保权能，在实践操作上具有可行性。

对于农地经营权的出租价格主要通过市场比较法来确定，当前农地经营权价格评估的技术办法尚未出台，农地流转市场不成熟以及评估办法中参数确定的不规范导致农地经营权价值评估发展缓慢。

（二）规模经营主体通过入股取得的农地经营权抵押

入股是指承包农户将部分或者全部农地经营权作价出资，成为公司的股东或者合作经济组织的成员，并用于农业生产经营[②]。入股实质上仍然属于用益物权，对农地享有占有、使用和收益的权利，其价值内涵应该是农地经营权流转合法年限下的入股价值，与现有农地承包经营权基准地价的价值形式基本一致。入股价值主要通过收益还原法来评估相应股份的价值，该方法中重点参数的确定也是农地经营权价值评估的难点。

---

① 农业农村部：《农村土地经营权流转管理办法》，https://www.gov.cn/zhengce/zhengceku/2021-02/04/content_5584785.htm。

② 农业农村部：《农村土地经营权流转管理办法》，https://www.gov.cn/zhengce/zhengceku/2021-02/04/content_5584785.htm。

对于农地股份合作社、农业企业通过与农户签订农地入股合同获取了一定期限内的农地经营权时，农地经营权发生了所有权性质的转变，由农户个人资产变成了法人资产，农民也相应地变成了股东，此时完整的农地经营权则相应地转移到合作社或农业企业。经全体成员同意，农地受让方就可以利用所有成员入股时形成的农地经营权向金融机构申请抵押贷款。当无法偿还贷款时，金融机构有权处置入股合同期限内的农地经营权。因此，农地股份合作社或农业企业通过将普通农户分散的农地经营权股份化，使其具有了用益物权属性，从而满足了一般抵押物的基本要求，在本质上与普通农户开展的农地承包经营权抵押贷款一样，实现了农地经营权的"去债权化"。从理论上看，股份合作制中普通农户拥有合作社的所有权，不仅要承担项目经营风险，还要承担丧失农地的风险，使得农地抵押对贷款人产生了更大的约束效应。但由于股份制本身的生成成本较高，执行之前需要对农地资产价值进行评估，然后再量化成具体的股份，同时需要设立董事会、监事会等机构，一系列的程序大大降低了基层政府政策推进的积极性。此外，股份制模式在运行过程中也会产生较高的运行成本，导致建立在农地股份制基础上的农地抵押贷款在实践中同样存在推进的困难[1]。

四、农地流转经营权产权抵押主体

农地流转经营权的产权主体是在家庭联产承包责任制下、经营规模和集约强度达到一定标准且与现代农业和现代市场经济相匹配的农业经营主体[2]，包括专业大户、家庭农场、农业合作社和农业企业等类型。追求利润最大化是理性经济人的本质特征，规模经营主体以市场为导向将从事农业生产作为一项经济活动，其收入的大部分来源于农业规模生产，用企业经营的理念来管理生产经营过程，从而成了自主经营、自负盈亏的现代农业经济组织。由于规模经营主体的管理者市场意识、风险防范能力和现代经营管理能力更强，对新技术等现代生产要素的需求更加强烈。通过规模化生产可以降低农业生产成本，提高土地的产出率。因此，规模经营主体开展农地抵押贷款主要用于满足农业生产的产前、产中和产后环节的资金需求，其最终目标就是实现利润最大化。

规模农业经营户不仅在规模上要达到相应的标准，还需要以商品化经营为

---

[1] 汪险生、郭忠兴：《流转型土地经营权抵押贷款的运行机制及其改良研究——基于对重庆市江津区及江苏新沂市实践的分析》，《经济体制改革》，2017年第2期，第73页。

[2] 郭庆海：《新型农业经营主体功能定位及成长的制度供给》，《中国农村经济》，2013年第4期，第4页。

主要运作模式。根据第三次全国农业普查主要数据公报，种植业的规模化标准是：一年一熟地区的露地种植面积为 100 亩及以上；一年二熟及以上地区的露地种植面积为 50 亩及以上，设施农业设施面积为 25 亩及以上[①]。本书采用顾庆康和林乐芬（2019）的观点，将农业经营主体划分为普通小农户与规模型农户[②]。其中，普通小农户是指只经营自己承包的农地、没有发生农地流入的农民，规模农户是指通过农地流转开展规模经营的种植大户、家庭农场、农业合作社和农业企业。与普通农户相比，规模经营主体在人力资本、自然资本、物质资本、金融资本和社会资本等方面都具有显著的比较优势[③]。

（一）经营者综合素质较高，群体竞争力强

规模经营主体以中青年劳动力为主，其受教育程度普遍较高，具有比较丰富的科学文化知识和专业技能，且管理能力、市场意识、金融素养、信用状况等主观能力水平也普遍高于普通农户，对农业生产有着科学而长远的规划，因此是我国新型职业农民的主力军，更是国家重点扶持和培养的农业从业者。综合素养高、群体竞争力强决定了规模经营主体利用农地流转经营权开展农业经营的生产效率更高，市场效益前景更好。

（二）经营规模化效应明显，产业化水平高

新型经营主体经营的农地大部分来自农地流转，因此经营面积远大于普通农户，通过分析实地调查数据可以发现，样本区域内的家庭农场、专业大户经营的农地面积平均达到 150 亩和 120 亩，分别是普通农户经营面积的 20 倍和 12 倍[④]。因此规模农户开展农业生产更利于采用机械化和集约化的生产方式，农业生产效率会更高，也有利于提高农业产业化水平。

（三）物质资本较为丰厚，机械化程度更高

出于满足规模化生产条件和提高生产效率的需要，农业机械设施普及率较高，规模经营主体在购买、维护和保养机械设施方面的投资较大。此外，规模

---

① 国务院第三次全国农业普查领导小组办公室、中华人民共和国国家统计局：《第三次全国农业普查主要数据公报（第一号）》，https://www.gov.cn/xinwen/2017-12/14/content_5246817.htm。
② 顾庆康、林乐芬：《农地经营权抵押贷款能缓解异质性农户信贷配给难题吗？》，《经济评论》，2019 年第 5 期，第 66 页。
③ 李艳、杨慧莲、杨舒然：《"规模农户"与普通农户的主体特征和生产经营状况考察》，《改革》，2021 年第 8 期，第 128 页。
④ 数据来源于 2020 年课题组在陕西省开展的关于农业经营主体农地价值认知情况的社会调研。

农户信息化设施也比较完备，电脑、网络、手机的使用率都高于普通农户。规模农户平均每户拥有电脑数量是1.2台，且85.8%的规模农户接入了互联网，手机普及率达到了98%[①]，物质资本丰富成为规模经营主体的主要特征。

（四）投融资规模较大，金融活动更活跃

新型农业经营主体的现金资本较为充裕，投融资规模都大于普通农户。且购买股票、债券等经营外的投资活动也比较活跃，参与金融机构正规贷款的比例较高。两类农业经营主体都面临着生产资金短缺的问题，但普通农户更倾向于通过民间借贷和小额信用贷款来解决，规模经营主体则倾向于采用抵押、担保等融资方式来获取大额资金支持。

（五）社会资本丰富，经营活动更顺畅

规模经营主体的社会资本比较丰富，尤其是负责人是党员或者村干部的比例更高。经营者的社会身份在一定程度上能反映经营者吸纳社会资本的能力，社会资本通过社会网络能提高农户的信息获取效率和信息反馈效果，也有助于提高农户对现代农业发展前景的预期，进而在农业生产中表现出较高的积极性。社会资本也有利于提高农户的社会信誉，更容易与其他经济组织开展合作和获得信任，从而使经营活动更加顺畅。

农地"三权分置"后，家庭农场、种植大户及农业合作社等新型农业经营主体通过与普通农户之间正式的农地流转获得了农地经营权，实现了规模化经营，除了支付一定数量的地租，还需要投入较多的资金购买农业生产设施和农业资料，进行土壤改良，农业生产的前期、中期和后期都需要足够的资本支持，因此解决这些主体发展的资金短缺问题是我国"三农"领域当前面临的重要任务。

第四节 "三权分置"下农地经营权价值影响因素分析

农地价值评估涉及资产评估、农地资本价值的实现、农民社会保障等诸多社会经济问题。2020年4月，中国土地估价师协会和土地登记代理人协会发

[①] 数据来源于2020年课题组在陕西省开展的关于农业经营主体农地价值认知情况的社会调研。

布了《农村集体土地价格评估技术指引》，为农地经营权的价值评估提供了参考。该指引强调在评估农地价值时，不仅要参考已有的农地估价的相关规定，还要充分考虑市场发展的成熟度、相关配套政策的完善程度以及市场交易主体的风险意识和偏好等[①]。农地价值评估可以为农地要素流转和农地资本抵押功能的实现提供可靠的价格依据。科学合理设计农地经营权的价值评估体系需要全面考虑多种影响因素。

一、理论分析及基本假设

（一）影响农地价值的基本因素

农地价值由农地收益决定，在农地经营权抵押贷款中，抵押物本质上是经营农地的预期收入。同时，借款人的还款能力和抵押品处置的风险也是影响金融机构是否发放信贷的重要因素。因此，对农地价值的评估应着眼于农地未来获得收益的能力，同时也应考虑借款人的还款能力以及抵押品处置和变现环境。一般而言，经营者对农地的预期收益越高，信贷需求方的还款能力越强，处置抵押物的环境越好，对该农地的评估价值就越高。

经典地租理论和农业区位理论强调农地本身和生产特征对农地潜在价值存在影响，包括农地面积、质量、所处地理位置、基础设施条件等。其中，面积是影响农地价值的最重要因素。增加农地经营面积可以在实现规模经济方面发挥作用，进而增加农民对农业的预期收益。土壤质量好的农地可以提高产量，减少农业的生产投入和管理时间，从而提高农业收入和农地价值。不可移动性是农地的自然属性之一。农地的位置对其生产条件、种植利用和可交易性具有决定性影响。农地离城镇远，农产品运输成本高，市场信息传递速率慢，也会影响农产品的销售，进而使得农业收益低。农业基础设施包括水利灌溉设施、农产品销售网点建设状况、农业技术服务机构等。基础设施条件越完备，越能促进农业专业化和集约化发展，从而提高农地经营效益。据此提出假设1。

假设1：农地本身和生产特征变量对农地经营权抵押评估价值具有正向影响。农地面积越大、农地质量越高、地理位置越好、基础设施越完备，农地的评估价值就越高。

成本效益理论和风险控制理论均强调农业经营项目和农业资产特性对农地收益和农业经营风险的影响，包括项目前景、项目成本、地上附着物价值、是

---

① 中国土地估价师与土地登记代理人协会：《农村集体土地价格评估技术指引》，2020年。

否购买农业保险等。经营项目的前景和成本是影响经营主体对该生产经营活动预期收益的重要因素。地上附着物和农业保险是降低农业经营风险的有效手段。地上附着物价值是农地价值的重要组成部分，主要包括温室、灌溉等农业设施，以及地上种植和养殖物，这共同构成对农地抵押贷款的担保。地上附着物价值越高，农地评估的价值越高。农业保险是农业经营活动的安全保障。当项目经营不善时，也可以成为偿还贷款的资金来源，因此，农地经营权在获得农业保险后，评估价值会更高。据此提出假设2。

假设2：经营项目和资产特征变量影响农地经营权的抵押评估价值。经营项目前景、地上附着物价值、购买农业保险对农地评估价值有正面影响，项目成本对农地评估价值有负面影响。

根据信息经济学理论，农户的个人和家庭特征可以传递其还款能力的状况，这也是金融机构决定是否发放贷款的主要参考，具体来说，农户个人及家庭特征包括农户年龄、受教育程度、家庭农业收入比例、家庭城镇职工人数。农户年龄越大，传统观念越强，市场经营意识越低，盈利能力和偿债能力越差，农地的评估价值就越低。农户受教育程度越高，农业生产经营能力和偿债能力越强，农地的评估价值就越高。农业收入的比重反映了农户家庭对农业的依赖性和重视性。该比例越高，家庭对农业的投资越大，盈利的可能性越大，农地的评估价值越高。在城镇有稳定工作的家庭成员人数代表了家庭承受风险的能力。该比例越高，家庭收入来源越稳定，偿债能力越强，农地的评估价值越高。据此提出假设3。

假设3：农户个人和家庭特征变量会影响农地经营权的抵押评估价值。受教育程度、家庭城镇职工人数、农业收入比例对农地的评估价值具有正向影响，农户年龄对农地的评估价值有负向影响。

根据外部性理论和抵押风险理论，抵押品处置的顺利程度与抵押品的流动性和银行信用风险的大小有关。区域经济和政策环境是影响抵押品处置和变现的最重要的外部条件，包括区域经济发展水平、交通条件的便捷性、农地流转市场的建设和风险保障机制的完善性。区域经济发展对农业的生产有挤出效应，主要通过提高地租来体现。交通条件的便利性直接影响着农业生产的耕种成本和运输成本。交通越便利，越有利于提高农地价值。农村资产抵押能否实现，关键在于是否存在交易市场。建立和完善农村资产流转市场对农地价值评估具有重要意义。农地流转市场越完善，农地作为抵押物的处置越容易，抵押物的评估价值就越高。风险担保机制通常是政府风险补偿、银行和担保（保险）公司相结合，共同形成"银政担"的风险分担机制，能一定程度上降低金融机构开展农地抵押贷款业务的信用风险。据此提出假设4。

假设4：区域经济和政策环境特征变量对农地经营权的抵押评估价值具有正向影响。区域经济发展水平越高，交通越便利，农地流转市场和政府风险保障机制越完善，农地评估价值越高。

（二）产权属性对农地评估价值的影响

"三权分置"下的农地经营权抵押贷款可分为两类，分别是"分而不离"的承包农地经营权抵押贷款和"既分又离"的流转农地经营权抵押贷款[①]。根据贷款对象的不同，前者主要针对具有集体成员资格的普通农户，后者主要针对具有较大经营规模的新型农业经营主体。首先，从产权的价值构成来看，普通农户作为借款人，农地承包经营抵押权包含多种属性，如经济、社会和身份价值等；作为借款人，规模经营主体的产权价值构成仅包含抵押农地转让权转让期限内的经济价值。二者价值构成的差异决定了作为抵押品的流转经营权具有越强的资本属性，规模化生产的预期收益越大。其次，从产权稳定性的角度来看，农地经营权的承包（流转）期限长度代表了抵押产权的稳定性。普通农户拥有长期的农地"准"所有权，规模经营主体仅在合同期内拥有稳定的农地使用权。当规模经营户为抵押主体时，通过市场合同直接抵押可以降低借款成本，提高还款能力。最后，从产权可交易性来看，由于产权的分散化和社会保障职能的承担，农地承包经营权在农地市场上流转和实现的交易成本较高，而大规模的流转经营权与分散的承包经营权相比，具有更好的可交易性和流动性。据此提出假设5。

假设5：农地承包经营权和流转经营权在产权的价值构成、产权稳定性和产权可交易性三方面的不同属性决定了二者作为抵押物在收益、偿还和处置流动性方面的差异。这种差异导致假设1~4中的四类因素对不同产权抵押评估的价值具有异质性影响。综上所述，不同因素对农地经营权的抵押评估价值的影响机制如图5-2所示。

[①] 汪险生、郭忠兴：《流转型土地经营权抵押贷款的运行机制及其改良研究——基于对重庆市江津区及江苏新沂市实践的分析》，《经济体制改革》，2017年第2期，第69页。

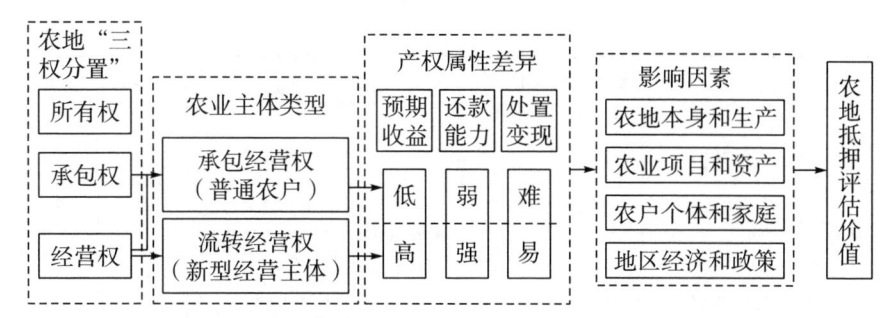

图 5-2　不同因素对农地经营权的抵押评估价值的影响机制

二、研究设计与结果分析

（一）数据来源与样本描述

本节使用的数据同样来自 2018 年 8 月和 2019 年 8 月分别对宁夏平罗和陕西高陵农民的入户调查。调查内容包括农户个人及其家庭的基本信息、农地生产经营项目的基本信息、农地产权抵押贷款和价值评估等信息。样本的基本特征如表 5-1 所示。

表 5-1　样本农户及家庭基本特征

指标及分类		样本数（个）	比例（%）	指标及分类		样本数（个）	比例（%）
产权主体型	普通农户	134	56.3	家庭城镇职工人数	0 人	76	31.9
	新型经营主体	104	43.7		1 人	93	39.2
样本区域分布	平罗县	136	57.2		2 人	57	23.9
	高陵区	102	42.8		3 人及以上	12	5.0
户主年龄	29 岁及以下	19	7.9	农业收入占比	20%以下	17	7.1
	30~39 岁	42	17.6		20%~40%	51	21.4
	40~49 岁	89	37.5		40%~60%	89	37.5
	50~59 岁	70	29.4		60%~80%	66	27.7
	60 岁及以上	18	7.6		80%以上	15	6.3

125

续表

指标及分类		样本数（个）	比例（%）	指标及分类		样本数（个）	比例（%）
受教育程度	小学及以下	20	8.5	抵押评估价值	5万元以下	26	10.9
	初中	91	38.1		5万~10万元	48	20.2
	高中	95	40.0		10万~30万元	97	40.8
	大专及以上	32	13.4		30万~50万元	45	18.9
					50万元以上	22	9.2

注：对于部分对抵押物评估价值不确定的农户，本书采用农户获得的抵押金额和相应银行的抵押率来计算，即农地评估价值=抵押贷款金额/抵押率。

（二）变量说明

被解释变量：农地评估值，即由金融机构、政府相关部门或评估中介机构对贷款农户抵押的农地经营权的价值进行评估所确定的价值。

解释变量：农地本身和生产特征变量、经营项目和资产特征变量、农户个体和家庭特征变量、区域经济和政策环境变量。

变量的含义和描述性统计结果如表5-2所示。

表5-2 变量的含义及描述性统计结果

变量类别	变量名称	变量定义	均值	标准差
被解释变量				
	农地评估值（Va）	抵押农地的评估价值（万元）	34.24	55.82
解释变量				
农地本身和生产特征（L）	农地面积	您抵押的农地面积（亩）：20以下=1；20~50=2；50~100=3；100~200=4；200以上=5	2.99	1.14
	农地质量	您所抵押农地的土壤质量：非常贫瘠=1；比较贫瘠=2；一般=3；比较肥沃=4；非常肥沃=5	2.77	0.96
	地理位置	您家农地距离县城的远近程度：比较远=1；一般=2；比较近=3	2.09	0.72
	基础设施状况	您家农地所在区域的基础设施状况：非常差=1；比较差=2；一般=3；比较好=4；非常好=5	2.68	1.03

续表

变量类别	变量名称	变量定义	均值	标准差
经营项目和资产特征（P）	经营项目前景	当前从事的农业经营项目前景：非常差＝1；比较差＝2；一般＝3；比较好＝4；非常好＝5	2.75	0.96
	经营项目成本	当前从事的农业经营项目成本：非常低＝1；比较低＝2；一般＝3；比较高＝4；非常高＝5	1.84	1.65
	地上附着物价值	您抵押农地上的附着物价值：1万元以下＝1；1万～5万元＝2；5万～10万元＝3；10万～20万元＝4；20万元以上＝5	2.34	1.17
	农业保险购买	您是否为农业生产购买保险：否＝0；是＝1	0.55	0.50
农户个体和家庭特征（F）	年龄	29岁及以下＝1；30～39岁＝2；40～49岁＝3；50～59岁＝4；60岁及以上＝5	3.18	1.03
	受教育程度	小学及以下＝1；初中＝2；高中＝3；大专及以上＝4	2.58	0.83
	农业收入占比	您家农业收入占家庭总收入的比重：20%以下＝1；20%～40%＝2；40%～60%＝3；60%～80%＝4；80%以上＝5	3.05	1.02
	城镇工作人数	家庭成员在城镇有稳定工作的人数（人）	1.01	0.87
区域经济和政策环境（Z）	经济发展水平	您认为当地的经济发展水平：低＝1；中等＝2；高＝3	2.35	0.71
	交通条件便利性	您认为当地的交通便利条件：不方便＝1；一般＝2；方便＝3	2.23	0.72
	农地流转市场	您所在的乡镇是否有农地流转交易服务中心：无＝0；有＝1	0.72	0.45
	风险保障机制	您所在的地区是否设有风险担保基金或者担保公司：无＝0；有＝1	0.56	0.49

（三）模型检验与结果

为了避免变量间的多重共线性引起的估计误差，解释变量采用方差膨胀因子（VIF）进行检验。结果中方差膨胀因子的最大值为 2.73，远低于 10，表明解释变量之间的相关性很弱，不存在多重共线性。

1. 基准回归估计

为了更好地反映各种因素对农地价值的影响，以单对数的形式建立了农用地抵押价值影响因素的多元回归模型：

$$\ln Va = \beta_0 + \sum \beta_l L + \sum \beta_p P + \sum \beta_f F + \sum \beta_z Z + \varepsilon_i \quad (5-1)$$

式（5-1）中，Va 为抵押农地的评估值，L 为农地本身和生产特征变量，P 为经营项目和资产特征变量，F 是农户个体和家庭特征变量，Z 表示区域经济和政策环境变量，β_0 为常数项，β_l、β_p、β_f、β_z 代表解释变量对评估值的影响，ε_i 是随机干扰项。样本数据运用 Stata14.0 软件处理，农地抵押评估价值影响因素模型估算结果如表 5-3 所示。

总体来看，农地面积、农地质量和基础设施状况与农地评估值都显著正相关，相应系数为 0.652、0.030、0.091。三个变量影响效应与假设一致。然而，地理位置对农地评估价值的影响并不显著。在经营项目和资产特征变量中，经营项目前景和地上附着物价值对农地评估价值有显著的正向影响，效应的系数为 0.215 和 0.414。两个变量的影响效应与假设一致，然而，经营项目成本和购买农业保险这两个变量的回归结果不显著。在农户个体和家庭特征变量中，农民年龄在 10% 的水平上显著对农地价值有负向影响，相关系数为 −0.058；城镇职工人数对农地评估值有正向影响，在 5% 的水平上显著，系数为 0.061。两个变量的影响效应与假设一致，农户受教育程度和家庭农业收入比例对农地价值的影响并不显著。在区域经济和政策环境变量中，经济发展水平对农地评估价值有显著的正向影响，系数为 0.035，符合研究假设；然而，交通条件便利性、农地流转市场和风险保障机制这三个变量影响不显著。

2. 抵押产权属性异质性估计分析

为了进一步分析不同抵押农地产权属性对农地评估价值的影响，将样本按照产权主体分为普通农户和新型经营主体两类，分别进行回归分析，进而得出不同产权主体之间各种影响因素对农地评估值影响效果的异质性。具体分析结果如表 5-3 所示。

表 5-3 实证回归分析结果

变量类型	解释变量	全样本回归	分产权主体回归 普通农户	分产权主体回归 新型经营主体
农地本身和生产特征	农地面积	0.652*** (5.06)	0.216*** (3.78)	0.221*** (7.27)
	农地质量	0.030* (1.85)	0.041 (1.14)	0.046* (1.72)
	地理位置	0.007 (0.19)	0.057 (1.56)	0.078** (2.46)
	基础设施状况	0.091*** (2.75)	0.021 (0.63)	0.102** (2.59)
经营项目和资产特征	经营项目前景	0.215** (2.17)	0.006 (0.16)	0.306*** (2.79)
	经营项目成本	−0.013 (−0.64)	−0.135 (−1.05)	−0.145** (−2.26)
	地上附着物价值	0.414** (2.01)	0.080*** (5.88)	0.098** (2.39)
	购买农业保险	0.013 (0.64)	0.038 (0.18)	0.099** (2.02)
农户个体和家庭特征	年龄	−0.058* (−1.83)	−0.028** (−2.34)	−0.016 (−1.18)
	受教育程度	0.057 (1.58)	0.129*** (3.43)	0.069 (1.57)
	农业收入占比	0.004 (1.10)	0.009 (0.54)	0.003* (1.93)
	城镇工作人数	0.061** (2.33)	0.240*** (4.91)	0.076 (1.35)

续表

变量类型	解释变量	全样本回归	分产权主体回归	
			普通农户	新型经营主体
区域经济和政策环境	经济发展水平	0.035** (1.97)	0.085** (2.62)	0.086*** (3.17)
	交通条件便利性	0.021 (0.50)	0.081** (2.18)	0.078* (1.98)
	农地流转市场	0.029 (0.85)	0.057* (1.95)	0.051 (1.35)
	风险保障机制	0.003 (0.08)	0.056 (1.39)	0.059** (2.12)
常数项		−0.329 (−1.54)	−0.277 (−1.19)	0.222 (0.77)
R^2		0.8934	0.9258	0.9507

注：括号内是 T 检验值，***、**、*分别表示1％、5％和10％显著性水平。

农地本身及其生产特征对新型经营主体农地抵押评估价值有很大影响。具体而言，农地面积、质量、所处地理位置和基础设施建设状况四个变量对新型经营主体的农地评估价值有显著的正向影响，其中农地面积的影响效应最强。然而，对于普通农户来说，由于不存在规模经济，农地质量、地理位置、基础设施等因素对农地评估值的影响并不显著。由此可见，无论何种形式的农地产权，农地面积都是农地抵押评估价值的关键影响变量。农地抵押贷款政策更适合解决经营规模较大的新型经营主体的融资需求。

经营项目和资产特征对新型经营主体的农地抵押评估价值影响较大。具体而言，经营项目前景、成本、地上附着物价值和农业保险购买四个变量对新型经营主体的农地评估价值有显著的正向影响。由于大多数普通农户主要种植传统作物，经营项目的前景和成本支出相对稳定、农业保险购买率较低，仅地上附着物的价值对普通农户农地的评估价值存在显著影响。因此，科学合理地选择农业经营项目是提高农地评估价值的关键。同时，要提高农业保险意识，以有效防范农业风险。

农户个人和家庭特征对普通农户的农地抵押评估价值有很大影响。具体而言，年龄、受教育程度和城镇职工人数三个变量对普通农户农地的抵押评估值有显著影响；但对于新型经营主体，农业收入变量只在10％的水平上对评估价值有显著的正向影响。因此，普通农户应注意改善自身素质状况和家庭收入来源，从而提高农业生产活动的盈利能力和偿债能力。

区域经济和政策环境特征对普通农户和新型经营主体的农地抵押评估价值的影响效果大致相同。具体而言，经济发展水平和交通条件的便利性会显著影响农地的评估价值；农地流转市场的完善情况对普通农户的影响更为显著，因为农地流转市场的建设越完善，小规模农地承包经营权的转让和交易越易于开展；风险担保机制对新型经营主体的大规模流转经营权贷款有更强的安全保障，对评估价值的影响更为显著。因此，良好的经济基础和稳定的政策环境能够提高农地抵押产权的资本价值和流动性。

3. 稳健性检验

考虑到农地抵押评估值样本数据的尖峰或厚尾分布和异方差性，为了探讨各种影响因素对不同层次评估价值影响的异质性，运用分位数回归进行稳健性检验。本研究选择了 5 个分位点，分别为 0.1、0.25、0.5、0.75 和 0.9。分位数回归结果如表 5-4 所示。

表 5-4 分位数回归结果

解释变量	分位数回归				
	0.1	0.25	0.5	0.75	0.9
农地本身和生产特征					
农地面积	0.378*** (3.25)	0.517*** (4.77)	0.705*** (11.19)	0.711*** (20.40)	0.731*** (10.00)
农地质量	0.020 (0.74)	0.021 (1.43)	0.043 (1.12)	0.088** (2.05)	0.097* (1.94)
地理位置	0.011 (0.29)	0.015 (0.30)	0.013 (0.43)	0.016* (1.83)	0.018** (2.03)
基础设施状况	0.015** (2.19)	0.035* (1.69)	0.038* (1.94)	0.042** (2.15)	0.058** (2.16)
经营项目和资产特征					
经营项目前景	0.058* (1.84)	0.060* (1.94)	0.070** (2.18)	0.075** (2.31)	0.078*** (2.63)
经营项目成本	−0.020 (−0.61)	−0.007 (−0.20)	−0.009 (−0.27)	−0.015* (−1.74)	−0.041** (−2.23)
地上附着物价值	0.003* (1.71)	0.014** (2.86)	0.021* (1.95)	0.067** (2.02)	0.207*** (3.53)

续表

解释变量	分位数回归				
	0.1	0.25	0.5	0.75	0.9
农业保险购买	0.001 (0.02)	0.007 (0.08)	0.059 (1.27)	0.023 (0.37)	0.149* (1.73)
农户个体和家庭特征					
年龄	−0.080** (−2.43)	−0.071* (−1.78)	−0.055 (−1.45)	−0.042 (−0.73)	−0.024 (−1.62)
文化程度	0.087*** (3.79)	0.082*** (3.70)	0.078 (1.26)	0.045 (0.91)	0.040 (0.61)
农业收入占比	0.007 (0.94)	0.006 (1.25)	0.003 (1.41)	0.004* (1.82)	0.003* (1.69)
城镇工作人数	0.195** (2.44)	0.116* (1.79)	0.108* (1.74)	0.020 (1.53)	0.009 (0.12)
区域经济和政策环境					
经济发展水平	0.025** (2.39)	0.037* (1.89)	0.030* (1.67)	0.024** (2.54)	0.041*** (2.59)
交通便利条件	0.055 (0.77)	0.005** (2.10)	0.004** (2.07)	0.034* (1.80)	0.042 (0.65)
农地流转市场	0.045* (1.79)	0.025** (2.14)	0.038 (1.31)	0.015 (0.39)	0.027 (0.60)
风险保证机制	0.072 (0.78)	0.031 (0.57)	0.007 (1.18)	0.026** (2.55)	0.062** (2.71)
常数项	−0.460 (−1.40)	−0.491** (−2.03)	−0.124 (−0.39)	0.206 (0.81)	0.245 (1.05)
R^2	0.6777	0.7142	0.6859	0.7052	0.7178

注：括号内是 T 检验值，***、**、*分别表示1%、5%和10%显著性水平。

从分位数回归的具体结果可以看出，农地本身和生产特征、经营项目和资产特征这两类变量对农地评估价值在高分位点上的影响高于低分位点。究其原因，在样本中农地评估价值在30万元以上的贷款农户中，新型农业经营主体占74.5%，即高分位点的样本主要是新型经营主体；农户个体和家庭特征对农地评估值的影响在低分位点大于高分位点，主要是因为在农地评估值低于30万元的贷款农户中，普通农户占71.7%，即普通农户是低分位点的主要样本来源。在区域经济和政策环境变量中，只有经济发展水平变量在五个分位数上都通过了显著性检验,其他三个变量在不同分位数上对农地评估值的影响不同。分位数回归结果与基准回归结果一致。

三、研究结论与政策启示

本书以宁夏平罗和陕西高陵两个农地抵押贷款试点区的调查数据为基础,探讨了农地经营权抵押评估价值的影响机制,并检验了不同产权条件下各因素对农地评估价值影响的异质性。结论如下:一是农地本身及其生产特征、经营项目和资产特征这两类变量对新型经营主体农地评估价值的影响大于普通农户,因此开展适度规模经营,加大农业基础设施投资,科学合理地选择经营项目,购买农业保险等措施,可以有效提高农地抵押评估价值。第二,农户个体和家庭特征变量对普通农户农地评估值的影响大于新型经营主体的影响。为了提高农地抵押贷款对普通农户的金融支持效应,在价值评估中应充分考虑抵押农地、经营项目等因素,并适当降低贷款人个人及家庭因素的权重。第三,区域经济和政策环境变量对两类主体农地评估价值的影响基本相同。地方政府应以改善区域经济为首要任务,通过改善交通条件、搭建农地流转交易平台、构建风险保障机制等措施,创造农地价值提升的良好支撑条件。

基于以上结论,得出如下启示:一是在农地抵押价值评估开展前,一方面积极引进独立、规范的第三方评估机构,采取资格准入制度和定期考核机制,保证价值评估工作的公开、公平和公允;另一方面加大对评估人才的培养,地方政府可以开设农村资产评估业务培训,全面培养农村领域高水平的资产评估队伍。二是在农地抵押价值评估中,应根据产权属性差异对农地承包经营权和流转经营权进行分类评估。充分考虑农地抵押贷款主体的差异性,在精准识别的基础上分类施策。对于普通农户抵押的农地承包经营权,价值评估时应重点考察贷款人个体和家庭以及农地的特点,构建基于产权价值的评估模型,主要反映承包经营权的社会价值属性;对于规模经营主体抵押的流转经营权,价值评估时应重点考察农地本身和生产以及经营项目和资产的特征,构建以公允价值为基础的评估模型,关注供需关系下流转经营权的市场价值。三是农地抵押价值评估完成后,建立完善的抵押品处置交易体系和风险防控机制,一方面建立由县、乡(镇)、村农地流转平台组成的农地市场交易体系,将登记、抵押、评估、交易等功能合理纳入流转平台的服务范围。另一方面加强政策支持,构建多元化的风险防控机制,发挥政府兜底抵押贷款风险补偿的作用,解决商业银行创新金融产品支持"三农"发展的后顾之忧;同时整合农业保险、机构担保、巨灾防范、惠农补贴等多种措施,形成多元化的风险防范体系。此外,农地经营权抵押贷款后续开展中应重点支持新型经营主体开展农业优势产业和特色产业的规模化经营,提高农业经营主体的内生动力和"造血"功能,提高经营管理水平和农业预期收益,进而提高农地经营权抵押评估价值,充分发挥金融支农效应。

第五节 农地经营权价值分类评估方法选择

一、产权价值分析法

(一)马克思土地产权价值

社会经济发展的实践表明,土地的内涵和外延是随着人地关系的发展而不断变化的。从最初的自然资源到产权明晰的稀缺资产再到可以增值的交易资本,土地的价值也从单一趋向多元。古典经济时期,人们对土地价值的认识主要体现为生产价值;到了20世纪五六十年代,保护生态环境、实现可持续发展成为农业面临的主要问题,学者们对土地价值的认知也从经济领域拓展到社会和生态领域。马克思土地产权价值理论是形成农地价值认知的基础理论。

马克思认为,土地产权是由终极所有权和所有权衍生的占有、使用、处分、收益、租赁、转让和抵押权组成的一束权利。如果土地的全部权能可以由一个产权主体统一行使,则意味着该主体拥有的土地所有权是完全的;但如果土地各项权能被分离开来,并且分别由不同的经济主体来行使,则此种情况下这些经济主体由于使用了土地权能需要向终极所有者支付一定的租金,从而保证土地所有者的经济权能[1]。农地产权是针对农地的有价属性而行使的专有权利,有价是农地产权排他性的基础和前提,也是农地产权界定的重要影响因素[2]。从产权经济学视角分析,农地产品价值功能是逐渐演化和发展起来的,不同时期不同维度的农地产品价值会根据其定义和计量成本的不同而有所差异。在早期,生产功能是农地的主要功能,由于不存在稀缺性,其他功能的重要性还未显现。这种情况下,清晰界定和科学度量农地其他功能的成本大于所

---

[1] 中共中央马克思恩格斯列宁斯大林著作编译局:《资本论(第三卷)》,人民出版社,2004年,第907页。

[2] 洪名勇:《论马克思的土地产权理论》,《经济学家》,1988年第1期,第29页。

能获得的预期收益，导致其他的功能还未进入个人价值领域。随着经济发展、社会变革以及资源环境恶化，人们开始意识到生产并不是农地唯一的功能，尤其是农地还承载着一定的社会功能和生态功能，而且这些功能的稀缺程度在不断增加，衡量这些功能成本和收益的技术水平也在提高，因而农地非生产功能的价值也逐渐被重视。

一项资产要充当抵押品，需要具备两大基本属性：一是法律属性，即该抵押品权属明确且在法律上允许其流转和抵押；二是经济属性，即该抵押品具有保值性、可评估性、易变现性、有流转市场且交易成本合适。以上属性越完备的资产，充当抵押物的条件就越充分。《中华人民共和国农村土地承包法》修订后，"三权分置"下的农地经营权作为抵押品的法律属性已明确；随着农地市场的不断完善，农地评估、流转和变现等环节实现的难度越来越低，农地经营权的经济属性也越来越突出。由于抵押权在本质上是一种价值权，抵押权人支配的也必须是特定财产的价值。因此，农地抵押权能够成为意义完整的担保物权，必须具备明确的抵押价值。

（二）现代产权理论下的农地价值

现代产权理论认为，产权的实现程度是决定个人财产获利水平的主要因素。一般来说，产权的界定越明晰，越不可能被无偿占有，产权的价值就越大；也就是说，产权的界定越完整、越充分，产权价值越高[①]。由此可得，对农地产权清晰界定是实现农地价值属性的重要影响变量。农地兼有资源与资产的双重功能，既可作为生产资料用于农业产业发展，又可以基于实物或权利形态实现经济价值，同时还要考虑社会保障、粮食安全、生态服务等价值。"三权分置"下的农地所有权、承包权和经营权是具有财产权利属性的多重地权，体现了社会价值、财产价值与使用价值的统一与整合，其产权主体包括村集体对农地的管控、农民家庭对农地的占有以及农业经营主体将农地作为生产资料在农业经营中的用益与流转。经营权独立分置后，规模经营主体以支付地租为条件，在合同期内依法享有对流转土地的占有、耕种并取得收益的权利。因此，农地承包权所包含的直接占有权将弱化，而流转收益为承包权人带来了更多的财产性收入。随着"四化"建设的深入推进，农地资源的有限性与人口和社会经济持续增长之间的矛盾日益凸显，农地产权功能的重要性会逐渐超过其

[①] 杨劲：《农村土地资本化：基于资本、产权和制度视角的研究》，广东人民出版社，2011年，第39页。

生产要素功能。对于农村全面发展和乡村振兴来说，只有产权明晰才能合理利用与发挥农地资源优势，提高其抵押价值，为乡村振兴提供高质量的资金支持。

二、公允价值分析法

（一）资产评估中的公允价值分析

公允价值分析法是从资产价值的会计计量角度，对资产的市场价值进行确认，但是又不完全与会计中的公允价值相同。资产评估中公允价值的概念更加宽泛，包括正常市场条件和非正常市场条件下资产的合理价值，是评估人员根据资产自身状况及所处的市场条件，对其价值作出的合理性和公允性估计。我国公允价值尚未在资产评估领域得到应用，主要是因为其与市场价值之间的关系较为模糊，很多人认为资产评估中的市场价值就是会计中的公允价值，实际上二者还是有一定区别的。具体体现在以下方面：理想的市场条件是会计领域以公允价值为计量属性的关键假设，而资产评估中公允价值计量在市场和非市场条件下都能实现。从基本性质来看，会计中的公允价值是一种计量属性和计量方法；资产评估中的公允价值反映了评估师出具的评估报告是客观公正的，对评估对象经营收益能力的评价也是合理公允的。会计计量以经营活动的持续性为基本假设，而资产评估通常只是一项一次性或阶段性的计量活动，因此在合理选择方面具有更大的灵活性[1]。基于公允价值属性的资产评估能够更加公平合理、客观公正，也更符合会计准则的基本要求，这也是应用该方法的主要原因。

（二）农地资产价值是一种市场价值

农地作为一种自然资源，其经济价值是人类社会发展到一定阶段的产物，即在投入人类劳动后先转化为农地资产，经过市场化运作后转化为农地资本，在市场机制的催化下实现其经济价值，农地价值的实现过程恰恰符合了"绿水青山"向"金山银山"的转化逻辑[2]。随着人类对农地的开发和利用，农地基于自然属性特征的稀缺性越来越明显，对农地资源的多功能需求也越来越强烈，对农地资源的价值认识也越来越深刻和全面。当人类劳动投入具有明确产权的农地生产中时，就形成了为人类社会经济发展提供粮食产品的农地资源资

---

[1] 段晓芳：《会计公允价值与资产评估公允价值》，《金融会计》，2021年第2期，第13页。

[2] 陈水光、兰子杰、苏时鹏：《自然资源资产价值可持续实现路径分析》，《林业经济问题》，2022年第1期，第22页。

产，其同时具备了经济属性和社会属性，此时农地资源就转化为农地资产。权属清晰的自然资产进入市场后，在价值规律的作用下就转变为可以交易的资本。而价值评估是农地资产资本化的前提，农地资产转变为农地资本的过程中，通过产权交易实现产权主体的变更，此时农地资源作为生产要素经过交换形成农地资源资本，农地的产权价值就可以通过公允的市场价值来实现。农地"三权分置"的主要目标就是借助市场化的机制对农地权利逐渐放开，进而通过全面实现农地产权价值来提升农业生产效率[①]。通过农地流转将农地经营权从承包经营权中分离出来，并使之脱离身份属性成为一种市场化权利，承载了农民更多的财产价值诉求。公允价值的根本概念在于"真实性"和"公允性"，其应用离不开市场机制的建立。我国农地交易是以农地作为商品在开放公平的环境下进行的租赁、抵押、入股等流转活动。农地流转市场日益完善，农地资源的市场活力进一步被激活。

本章小结

农地承包经营权是一种由集体赋予承包农户占有、使用、收益和有限处置的特殊经营权，是由我国特殊的农地产权结构、特有的农地承包经营模式和特别的农地流转机制共同决定的一种"成员权"和"用益物权"的综合体。因此农地承包经营权承担着保障性权利和财产性权利的双重使命，当二者同时集中在农户手中时，则没有必要讨论各自的性质。但是农地"三权分置"后，随着农地流转规模的快速增长，农地承包经营权和流转经营权的权利属性差异的辨析显得十分必要。二者在产权性质、价值形成、抵押价值、产权主体特征等方面都具有不同的表现形式，进一步决定了两种农地产权作为抵押品时的预期收益、还款能力和处置变现能力也有所不同。农地本身和生产特征、经营项目和资产特征、农户个体和家庭特征、地区经济和政策环境是影响农地价值评估的关键变量。结合农地承包经营权和流转经营权两类产权的综合差异特征和价值影响因素，分别使用产权价值评估法和公允价值评估法对两类经营权的产权价值进行评估具有一定的理论依据。

[①] 李怀：《农地"三权分置"助推乡村振兴：理论逻辑与机制构建》，《当代经济研究》，2021年第8期，第84页。

第六章 基于产权价值模型的农地承包经营权价值评估方法

农地承包经营权是在家庭联产承包责任制下赋予农户家庭的一项基本权利,是农民生产和生活的基础,能够为农民提供就业、养老和生存等基本保障。随着我国经济发展水平不断提高,农村改革深入推进,农地不再仅是农民生存和生活的依托,而开始承载起农民的财产性诉求。与此同时,人们对生态环境和生活舒适性要求越来越高,农地资源的生态功能价值也逐渐被重视。因此,对农地经营权价值进行科学合理的评估成为农地流转和农地抵押的关键环节。

第一节 农地承包经营权价值构成

农地作为一种重要的自然资源,受到自然资源的多功能性和多用途性影响,具有多元的价值功能。功能价值论从农地功能作用角度出发,认为农地承包经营权价值由使用价值和非使用价值构成。其中,使用价值是指在当前技术条件下可供农业经营主体开发利用的农地资源价值,可进一步细分为直接使用价值和间接使用价值;而现有条件下不能利用但又客观存在的价值称为非使用价值,例如农地的存在价值和遗赠价值等。资源经济价值论认为农地资源资产价值可划分为市场价值和非市场价值。市场价值一般指农地资源作为商品在公开市场中的交易价值,可以通过现有的国民经济核算体系予以体现;而非市场价值是农地资源具有的不能通过市场反映出来的隐性价值。科学评估农地的非市场价值,是解决农地资源保护问题的重要途径之一,不仅能提升农地在当前社会经济生活中的功能定位,也能加大工业化和城市化进程中反哺"三农"的力度,助力乡村振兴。可持续发展价值论将农地承包经营权价值分为经济价值、社会价值和生态价值。经济价值一般是指农地作为生产要素投入生产的经济产出价值和作为商品进行公开市场交易的价值；社会价值是指农地资源在保障国家粮食安全和保障农民基本生活中发挥的间接功能价值；生态价值指人类从农地生态系统中获得的有利于生存和发展的一切福利，包括气候调节、水源涵养、大气净化、土壤保持和生物多样性维护等方面。本章基于可持续发展视角，从经济价值、社会价值和生态价值三个方面对农地承包经营权的价值构成进行详细阐释，具体如图6-1所示。

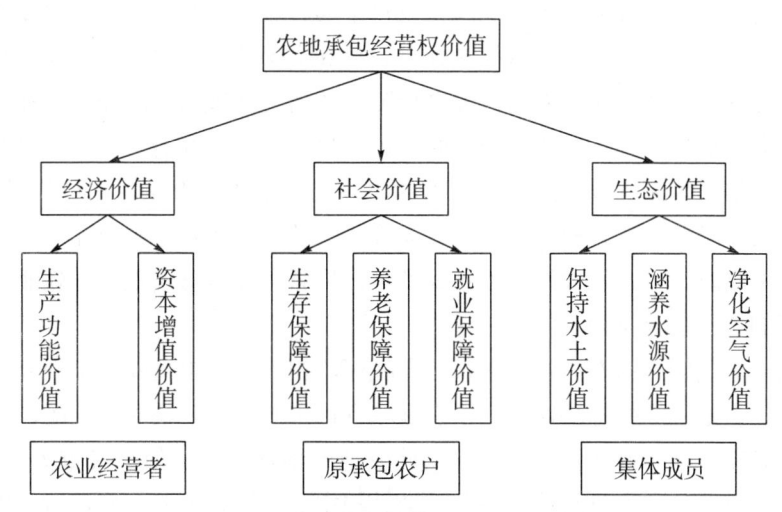

图6-1 农地承包经营权价值构成体系

一、农地承包经营权经济价值

这是农地资源资产价值的核心和重点，农地投入的劳动和资金、产出的产品数量和质量是确定新时代农地资源经济价值需要考虑的重要因素。作为基本的生产资料，农地资源具有生产功能价值，能够为人类提供各种食物；同时作为一种不可再生的自然资源，可以为人类提供产品和活动场所，还可以作为经济资产或生产性资本为农户带来增值收益，因此具有资产增值功能。农地的经济价值在承包农户的家庭收入中具有基础性作用，为农户的衣食住行提供基础保障。其表现形式主要有两种：一是直接收益，即将农地作为农业生产要素投入生产，从而获得的各类农产品收益；二是间接收益，主要包括农户将承包农地使用权转让给其他经营主体所获得的租金收入、农户以农地承包经营权入股企业或合作社所获得的股权收益或红利。其中租金收入是农地资本价值的最低级形式，也是我国当前农民财产性收入的主要来源。近年来，随着国家法律政策对农地承包经营权物权保护的强化，原始承包农户所持有的农地权利类似于一种准所有权，当农地承包权与经营权相分离后赋予农地经营权抵押担保权能，使农地的财产属性和财产功能都日益彰显。

二、农地承包经营权社会价值

农地固有的自然和社会经济特性，使其成为广大农民的"衣食之源和生存之本"，并具有了重要的社会保障功能，主要表现为生存保障、养老保障和就业保障。生存保障价值是指农地承担农户个人、家庭及后代延续所需要的基本食物的价值量。农地承包经营权是补足农村社会保障体系缺失的重要工具，主要体现在养老和就业两个方面。养老保障价值通常体现为家庭养老，即有劳动能力的老人通过耕种土地获得养老收入，如果丧失了耕种能力，则可以通过将农地转移给其他家庭成员或者家庭外的农业经营主体，由家庭成员为其养老，或者从农业经营主体处获得一定的养老收入。就业保障是指农户在从事非农就业遭遇下岗时，可以将农地作为务农的生产资料，使自己实现再次就业，从而有效抵御非农就业风险。

从社会整体层面看，农地承包经营权还承担着保障粮食安全实现社会稳定的职能。农地资源的稀缺性决定了农地粮食产出和供给是缺乏弹性的，中国人的饭碗必须牢牢掌握在自己手中，因此农地的粮食安全价值意义重大。此外，农地承包经营权在农村政治秩序和社会结构中还发挥着重要的稳定器作用。但是随着城镇化和农业现代化进程深入推进，农地承包经营权拥有的社会保障作用越来越有限，农地承包经营权市场化流转成为必然趋势。农地的社会价值开始转变为情感寄托、身份归属以及休闲娱乐等方面。随着城镇就业机会的增多，农业已经不是农民唯一的就业渠道，但农民还是对农地有很强的情感依赖和心理寄托，甚至农地可以作为城市打工劳累时休闲放松的场所。当前农地产权制度安排下，普通农户持有的农地承包经营权类似于"准所有权"，对于部分非农户和兼业户来说，土地流转收入可能并不重要，但是拥有农地承包经营权却成为其应对进城务工、落户失败时预先设置的一种安全保障，或者是从城市退回农村的一种最后选择，而此时农地的社会保障功能优先于其经济功能。此外，农地向公众提供了以粮食为代表的公共产品或公共服务，为国家战略发展提供后备资源，同时农地承包制度在农村社会政治秩序和社会结构中发挥着稳定器的作用。因此，从广义角度看，社会价值中还包括社会稳定功能。但本书只讨论狭义层面上农地给农户个体层面带来的社会保障价值。

三、农地承包经营权生态价值

土地是自然界为人类提供的最基本的自然生态环境要素。我国耕地面积19.18亿亩,耕地资源生态系统能为社会带来诸如土壤保持、大气净化、水源涵养等方面的价值[1]。随着人类社会发展和人民生活水平的提高,人们对生态环境和生活舒适性要求越来越高,农地资源的生态功能价值得以不断显现。农地生态安全是保证人类生存与可持续发展的关键,其价值属性主要表现为防止土壤侵蚀、涵养水源、改善气候、净化空气和水质等。这些功能保证了农地给人类带来的直接效益和间接效益,包括资源供给、环境调节、文化娱乐和生产支持等方面。按照MA(2005)的分类方法,生态系统为人类提供的服务功能包括供给、调节、文化和支持四类服务,具体包括食物生产、原材料生产、水资源供应、气体调节、气候调节、环境净化、水文调节、土壤维持、养分循环维护、生物多样性维持和审美景观等11项二级生态系统服务内容[2]。产品供给是农地生态系统对人类福利的最主要贡献,主要包括粮食、饲料、纤维、水服务、生物多样性以及碳储存。农地具有水源涵养功能,尤其是稻田及相邻的沟渠和山塘能够发挥临时水库的功能,在夏季的暴雨期间能够实现抗洪蓄水功能。谢高地等(2005)利用当量因子法估算出我国农田为人类每年提供19509.1亿元的生态服务和经济产品总价值,其中41.9%是由农田生态系统自然过程提供和产生的,58.1%是由人类种植活动产生的[3]。

由于生态效益具有明显的外部性,其权利主体应该是国家,价值量则应该是因生态环境破坏而遭受的损失或者是为了保护生态环境而需要付出的成本。由于对于大部分公众来说,不需要支付额外的费用即可享受农地带来的正外部效应,也正是如此,农地资源的正外部性使得其生态价值被忽视而导致农地资源被破坏和滥用。因此,将农地带来的正外部效应通过市场的手段反映到农地的价值中去,将会有效地保护农地资源。

新时代下,农地资源资产所具有的三种价值是不可分割的一个整体,各项价值功能相互牵制,互为存在的前提和条件。其中经济价值是比较稳定和具体

---

[1] 国务院第三次全国国土调查领导小组办公室、自然资源部、国家统计局:《第三次全国国土调查主要数据公报》,https://www.gov.cn/xinwen/2021-08/26/content_5633490.htm。

[2] MA(Millennium Ecosystem Assessment):Ecosystems and Human Well-being, Island Press, 2005.

[3] 谢高地、肖玉、甄霖等:《我国粮食生产的生态服务价值研究》,《中国生态农业学报》,2005年第3期,第13页。

的价值形式,能有效反映农地资源的市场供求关系。影响农地资源价值的因素很多,经济功能是决定性因素,农地资源的供求关系和供求平衡对农地资产价值具有显著影响。从农户类型来看,对于非农户和以工为主的兼业农户而言,非农就业成为其收入的主要来源,农地的生产功能被弱化,财产功能被增强。但对于纯农户和以农为主的兼业户来说,农业生产仍然是家庭劳动配置的重心,也是家庭收入的主要来源,因此农地的生产经济价值会大于财产功能价值。

农地与一般的抵押物不同,具有区位固定、产权结构复杂、从事产业风险大等特征,但同时又具备了经济价值、社会价值、生态价值,三大价值的存在与农地的自身功能紧密联系,分别面向农业经营者、原承包农户和集体成员三个产权主体。这三种功能价值的强弱和结构将随着社会经济的发展而变化,尤其是农地承包经营权的社会功能已无法满足农民对追求美好生活的需求。农民外出务工和农地流转等现象改变了农村家庭收入结构,一方面弱化了农民对农地的社会保障依赖,另一面强化了对农地的情感归属和身份认同。新时期,为了更好地解决农村社会的基本矛盾,农地承包经营权三项价值功能在促进农村经济的发展过程中的关系应该是相互协调、同时兼顾、联动发展。

第二节　农地承包经营权价值评估方法

为了更加科学地评估农地产权价值,将农地承包经营权价值分为经济价值、社会价值和生态价值,对于反映经济价值的部分以马克思主义价值论为指导,采用地租理论方法进行评估;对于主要反映社会价值和生态价值的部分以效用价值论和资源环境价值论为理论基础进行评估。

一、农地经济价值评估方法

将农地承包经营权作为一种无形资产,进行价值评估是农地抵押融资的重要内容。农地承包经营权抵押的经济实质就是抵押农地的生产力,其抵押值是农地地租的价格体现,是对未来获取的预期收益的一种抵押。中国土地估价师协会和土地登记代理人协会发布的《农村集体土地价格评估技术指引》第九条规定,运用各主要估价方法评估农地承包经营权(使用权)的价格,应该遵循《农用地估价规程》的相关规定,鼓励将农地的收益和经营特点与流转市场建设和发展情况相结合，对评估方法进行探索和创新[①]。农地承包经营权经济价值评估的主要方法为收益还原法；如果能在市场上找到比较案例，可以选用市场比较法；对于已制定并公布农地公示地价的地区，采用基准地价法比较合适；对于待开发改造的土地，可采用剩余法；已完成农地分级的区域，可选择评分估价法[②]。

（一）收益还原法

该方法将抵押农地未来各个时期正常的年净收益，通过适当的土地还原率，还原为评估时点下的收入水平，作为抵押农地的评估价值。该方法要求农地在抵押期限内能够获得连续可观的收益，且净收益的计算相对容易。具体程序如下：第一，搜集抵押农地有关的收益和成本等资料；第二，测算年总收益和年总成本，从而计算出年净收益；第三，确定土地还原率；第四，利用公式计算出抵押农地承包经营权的价值。

1. 年总收益分析

年总收益是指抵押人将农地承包经营权按照农地农用的原则，结合农地生产经营方式，合理有效地利用农地所取得的持续稳定的农业收益。如果抵押农地被抵押人直接用于农业生产，则每年平均的农业生产产品收入即可作为年总收益，用产量乘以估价日的正常市场价格计算得到；如果有农业补贴政策的，相关的补贴也要纳入年总收益中。

2. 年总成本分析

年总成本是指农地经营者在开展农业生产活动中所支付的各项费用之和。直接用于农业生产的农地，以农地维护费和农副产品的生产费用之和作为总成本。农地维护费一般是指农地基本配套设施的年平均维护成本；农副产品生产经营费一般为在农副产品生产过程中支付的直接费用和间接费用，包括种苗、肥料、人工、机械、畜工、农药、材料、水电、农舍、农具等费用以及相关税费、利息等。如果有投入的固定资产，还应包括按使用年限摊销的费用。

3. 年净收益分析

年净收益等于年总收益减去年总成本。当计算出来的年净收益为负值时，评估人员可根据农地实际的生产经营状况考虑农地的客观收益情况。

---

① 中国土地估价师与土地登记代理人协会：《农村集体土地价格评估技术指引》，2020年。
② 国家质量监督检验检疫总局、中国国家标准化管理委员会：《农用地估价规程》，2012年。

4. 土地还原率的确定

土地还原率一般可用安全利率与风险调整值之和来进行测算。通常使用中国人民银行公布的一年期定期存款利率作为安全利率；风险调整值的计算除了要考虑自然灾害对农业生产的风险外，还需要考虑农业生产周期、市场供需变化等情况。一般情况下，普通的农业种植项目风险低于特种项目，养殖项目风险高于种植项目，工厂化农业的风险低于非工厂化农业项目。一般种植作物的风险调整值在2%~5%之间，如果是多年生的经济作物，由于周期长导致的市场不确定影响，风险调整值可以在5%以上。评估时应该结合实际情况，根据农地的自然条件、农产品的供需现状、经营水平等因素综合分析农地经营权的风险调整值。

5. 农地抵押价值计算

当农地净收益和土地还原率每年不变，且土地还原率大于0，农地抵押年限为 n 时：

$$V = \frac{a}{r}\left[1 - \frac{1}{(1+r)^n}\right] \qquad (6-1)$$

其中，V 表示农地承包经营权的抵押价值，a 表示年净收益，r 表示土地还原率，n 表示承包经营权抵押年限。

收益还原法能够比较真实和准确地反映农地承包经营权价值，评估结果比较客观。但预测未来收益的难度较大，容易受到主观判断和不确定因素的影响。

(二) 市场比较法

市场比较法是基于替代思想，用市场上与待估农地具有相同或相似抵押交易性质的农地交易价格作为参考，然后进行一定的修正后作为待估农地价值的一种方法。该方法要求农地市场的交易活动要比较活跃。

使用市场比较法评估农地承包经营权价值时，比较案例的选择是关键，因此要特别注意流转模式、种植类型和经营方式对农地评估价值的影响。优先选择评估目的相同或相近的交易实例，在此基础上对评估价值进行适当修正；同时还要注意区分普通大田种植、大棚等设施种植和工厂化种植等经营方式的差异以及水田、旱地等种植类型之间的区别，原则上做到在同类型的农地之间开展价值比较。市场比较法能够真实准确地反映农地承包经营权价值，评估结果能充分反映市场交易情况，评估结果容易得到双方的认可和接受。但是由于我国农地承包经营权流转市场建设比较落后,参照物的选择和确定也比较困难。

(三) 基准地价法

基准地价法是以基准地价和基准地价修正系数表为估价依据,按照替代原则首先对待估农地的所在区域环境和农地地块条件进行调查判断,然后根据基准地价修正系数表来选择相应的修正系数,最后根据修正系数对基准地价进行修正,计算得出待估农地的价值。

农地基准地价的制定通常按照先定级再估价的思路开展,即首先将农地进行定级,在此基础上利用投入产出数据和市场交易数据计算出样本点的农地价格,最后对样本点地价进行平均化处理从而计算得出基准地价。测试样本点农地价值的方法仍然是收益还原法。

(四) 其他方法

剩余法又被称为假设开发法,主要适合于待开发且具有开发潜力的农地价值评估,而抵押的农地通常都是已开发的具有一定使用价值的农地。

成本法,即成本核算法,或称为成本逼近法,将新开发农地所耗费的各种成本加上一定的利润、利息、应缴纳的税金和农地增值收益,再采用一定的方法进行修正从而得出农地价格的方法。此方法通常适用于新开发土地的价值评估。

评分估价法适用于所有农地价值评估,尤其是成片的大面积农地。首先需要构建影响农地价值的指标体系和相应的评分标准,根据此标准对待估农地的相应情况进行评价打分,并将得分乘以农地的单位分值价值,从而获得待估农地总价值。对于农地价值影响因素评分标准主要由县(市、区)级土地行政主管部门依据农地价格影响因素体系制定,其中对农地价值影响越大的因素,评分值就越高。该方法对评分人员的专业能力要求较高,但也容易受到主观判断的影响,因此缺乏一定的客观性。

目前实践中大部分农村地区农地经营权交易市场不完善,且交易的案例数量较少,农地的公示地价也尚未公布,市场比较法和基准地价法在实践中难以运用,而剩余法、成本法只适用于待开发和新开发的农地,因此农地经营权经济价值评估能选用的评估方法只有收益还原法较合适,这就导致农地价值评估方法单一,估价结果不能得到有效的验证,当某个重要参数选取不适当时,就会导致评估结果出现较大的偏差。因此,在收益还原法的基础上对农地价值评估方法进行创新具有很大的必要性。

二、农地社会价值评估方法

现有关于农地承包经营权社会价值的评估方法可分为直接法和间接法。直接法是通过内涵界定、逻辑推断的方式直接构建农地价值的测算模型，但这种方法的评估难度较大，本书不作介绍；间接法一般有替代市场法、条件价值法（CVM）等，涉及某一项价值计算时可能会用到更加具体的方法，如商业保险缴费法等。

（一）替代市场法

当前理论界认为农地社会价值可分为两大类：一类是农地在保障国家粮食安全战略实施和维护农村社会稳定发展中发挥的作用，被称为社会稳定价值，可以用国家收取的耕地占用费和支付的耕地保护费的总和来代替。另一类是为农户家庭提供的包括基本生活保障、养老保障和就业保障等在内的社会保障价值。基本生活保障可以通过最低生活保障法进行测算，可将征地价格中的安置补助费作为农地的基本生活保障价值。由于我国农村社会养老保险体系不完善，基于城乡一致法可以通过对城镇社会养老保险金进行修正后来替代农地的养老保障价值。就业保障价值可以使用城镇居民失业保险金来代替。替代市场法能够较好地反映农地社会保障价值，计算也相对简便，但却无法体现不同农地承包经营权之间等级与区位条件等方面的差异。

（二）条件价值法

条件价值法是一种意愿调查法，用来核算和评估自然资源不能通过市场来反映的隐性价值。通过问卷调查构建一个假设市场，然后询问受访者对某种公共产品或服务质量变化情况的最低受偿意愿和最高支付意愿，来评估农地社会服务的价值。该方法的基本思想是人们的支付意愿可以表示所有商品的价值，是一种基于调查的评估资源非市场价值的方法。在具体评估农地社会价值时，先要设计一个假想的市场，即村集体将对农户承包的农地进行统一收回，集体以现金形式支付给农户，这时农户因承包经营权丧失而失去了农地的社会保障功能。该方法适用于缺乏实际市场和替代市场交换商品的价值评估，但受样本量、被调查者文化程度以及专家水平等因素影响，主观性较强，评估结果难以得到科学验证。

（三）商业保险缴费法

随着我国保险行业的逐步完善，居民养老保险和医疗保障基本实现了商业化运作模式，在此背景下可以用商业保险的方式来计算农地的社会保障价值，即用一次性购买商业保险所需要的资金来表示。该方法存在一个基本假设条件，即农民在失去农地后，完全依赖于保险公司发放的保费来维持基本的生活。

三、农地生态价值评估方法

近年来，农地的生态价值得到了国内外学者的广泛关注，生态价值评估和核算也成为研究热点之一。农地生态价值核算方法主要有条件价值法、能值分析法、当量因子法和功能价值法。

（一）条件价值法

条件价值法也可以用来评估农地的生态服务价值。

（二）能值分析法

能值分析法是将生态系统中不同的能量转化为统一的太阳能焦耳来衡量和分析，从而评价生态系统的功能价值和生态效益。该方法的最大优点就是充分考虑了自然资源生态服务对人类社会提供的非市场化功能价值，以及提供的不同类型能量的等级和质量方面的差异，同时还能避免人为因素的干扰，具有量纲统一的特点。但是已有研究表明太阳能值转换率对于较小区域或个体能值分析的适用性还不明确，能值指标的选择和确定需要具体问题具体分析，与被研究对象的经济投入和产出相联系。

（三）当量因子法

当量因子法是指根据不同类型的生态服务功能，以一定的量化标准，构建不同类型生态系统中各种服务功能的价值当量。1标准的单位生态系统产品价值当量是指1公顷（hm²）农田（按全国平均产量水平）每年生产的粮食产量的经济价值[1]。该方法的体系核算更具有规范性，从核算步骤上看更简便且具

---

[1] 谢高地、张彩霞、张雷鸣等：《基于单位面积价值当量因子的生态系统服务价值化方法改进》，《自然资源学报》，2015年第8期，第1244页。

有横向的可比性，对数据的需求量也较少。但是该方法可能存在对土地生态价值高估的情况，精准性不高。

（四）功能价值法

功能价值法以自然资源生态价值的功能分类为基础，根据各种监测统计数据，将生态系统提供的产品实物量和服务量分别乘以价格，加总后即为生态价值总量。根据联合国的千年生态系统评估报告（2005），将自然资源生态价值评估类别首先分为供给、调节、支持、文化四大功能的评价项目，在此基础上再细分为若干个服务单元指标。该方法更注重于经济价值的供给服务功能，核算结果相对真实。但是该方法由于模型中涉及的参数较多，数据信息计算量较大。

生态系统服务价值评估是对生态系统服务和自然资本用经济法则进行货币化估算，不同生态类型具有不同特点的生态系统服务功能。耕地资源作为农田生态系统类型中的重要组成部分，其生态系统服务价值主要体现在生态调节功能方面，一般包括气候调节、土壤保持、固碳释氧、水源涵养、防风固沙和生物多样性保护等功能。

第三节　农地产权价值评估模型的构建

农地产权是农地价值的基础，农地价值是农地产权的体现，因此农地产权分析是评估农地价值的基础。农地产权本质上是一组关于农地财产的权利，主要包括农地所有权、占有权、使用权、收益权和处分权。"三权分置"下村集体拥有农地的所有权，承担着粮食安全和生态保护等价值功能；农户家庭拥有承包经营权，即在承包期内拥有对农地的实际控制权以及由此派生出的剩余控制权和剩余索取权、生产收益权、使用权和处分权。这些产权建立在农地有价属性的基础上，有相应的价值内容与之对应。基于产权价值的农地价值评估模型是基于张效军等（2008）、陈志刚等（2008）、高艳梅等（2012）学者的研究成果，以农地产权价值理论为基础，将农地生产收益权、生存保障、农地发展权、粮食保障权和生态安全权的价值纳入农地价值评估体系中。这些模型对农地价值各组成部分测算较为具体和准确，有利于估算农地承包经营权的抵押价值。

一、农地承包经营权经济价值估算

农地生产收益权,或称为农地投资价值,是指将农地作为基本要素投入农业生产中,从而获得的生产投资性收益。古典经济学和现代经济学中土地、资本和劳动都是不可缺少的生产要素,地租就是农地作为农业生产要素的报酬。"三权分置"下农地经营权是实现生产收益权价值的权利主体,价值产生源于农地未来可产生的预期收益。对于农户来说,承包的农地可以直接经营,对农地进行投资,开展农业生产活动,通过种植各种农作物获取农地直接收益,同时还可以享受国家的各种补贴收益;农户也可以通过将农地流转给其他经营主体,获取农地的租金收益,这些都是农地生产收益价值的来源。

在考虑机会成本的情况下,作为农户利用自有农地开展农业生产活动,也要支付相应的农地使用费用,这部分费用即为假设农地经营权流转出去所获得的收益。因此农地生产净收益应该等于农地生产收益扣除生产成本再加上农地承包经营权流转的租金收益以及国家的农业补贴。在此基础上,采用收益还原法对农地承包经营权的经济价值进行估算,其公式为:

$$V_p = \frac{a}{r}\left[1 - \frac{1}{(1+r)^n}\right] \qquad (6-2)$$

其中,V_p 为单位面积农地承包经营权的经济价值,a 为单位面积农地承包经营权的年净收益,r 为土地还原率,n 为农地承包年限。按照《中华人民共和国农村土地承包法》,农户对农地的承包关系长久不变,因此 n 趋近于无穷大,这种情况下单位面积农地承包经营权的经济价值变化为:

$$V_p = \frac{a}{r} \qquad (6-3)$$

另一种情况是农户将农地流转出去,每年收取一定的租金,则公式中的 a 表示单位面积农地的租金收益,n 为农地流转年限。

两种情况下土地还原率的确定都是影响价值估算的关键指标,通常采用安全利率加风险调整的方法来确定土地还原率。其中安全利率用同期的一年期银行定期存款利率来表示;风险调整值在确定时要考虑灾害性天气、地区社会经济发展水平以及农地市场等因素对农业生产活动的影响。一般而言,普通种植项目风险低于经济作物种植项目,养殖业风险高于种植业。

二、农地承包经营权社会保障价值估算

借鉴已有研究成果,使用替代市场方法来计算农地的社会价值。农地对农

户的保障性功能主要体现在三个方面：一是基本生活保障，即维持农户基本生活所必需的衣食住行等费用，该部分价值的估算可以使用当地城镇居民最低生活保障水平与农村居民最低生活保障水平的差额来计算。二是就业保障。由于城镇化进程和农村劳动力转移，农户的非农收入来源变得多元化，但非农就业岗位对农村劳动力也提出了越来越高的人力资本要求，导致整体上非农就业的稳定性还较差，因此农地成为农户失业后再次就业的可靠选择，承担了为农户提供类似城镇职工失业保险金的功能。由于目前农村地区还没有失业保险金，该部分价值的估算可以直接用城镇居民失业保险金来计算。三是养老保障。虽然大部分农村地区已有养老保障体系，但社会保障程度较低，与城镇居民存在较大的差距，农地对农户来说仍然具有明显的养老保障价值。该部分价值的估算可以用城镇居民社会养老金与农村居民养老金的差额来计算。将三部分估算值加总起来，再用城乡收入比值进行修正，在此基础上进行贴现，求得农地承包经营权的社会价值，计算公式为：

$$V_S = \frac{(V_l + V_e + V_o)}{r} \times \frac{M_r}{M_c} \times \left[1 - \frac{1}{(1+r)^n}\right] \quad (6-4)$$

$$V_l = V_{l城镇} - V_{l农村}, \quad V_e = V_{e城镇}, \quad V_o = V_{o城镇} - V_{o农村}$$

其中，V_S 是农地承包经营权的社会价值，V_l 是基本生活保障价值，V_e 是就业保障价值，V_o 是养老保障价值，r 为土地还原率，M_r 为城镇居民年平均可支配收入，M_c 为农村居民年平均可支配收入，n 为农地使用年限。

三、农地承包经营权生态价值估算

当量因子法基于不同类型生态系统的服务功能的差异性，通过将评估标准进行量化从而构建出不同类型自然资源生态系统中的各项服务功能的价值当量，然后结合生态系统的分布面积对生态价值进行评价和测算。当量因子表的构建是该方法的重要前提。谢高地等（2008）在对 Costanza（1997）的全球生态系统服务价值评估方法进一步完善后提出了基于专家知识的生态系统服务价值评估方法[①]。该方法的具体步骤如下：

首先，确定一个标准单位生态系统服务价值当量因子的值，该值用全国每公顷平均产量的农田每年自然粮食产量的经济价值来衡量。在实际应用中，外在因素的影响导致各地区粮食生产的经济价值难以科学准确地计量，谢高地等

---

① 谢高地、甄霖、鲁春霞等：《一个基于专家知识的生态系统服务价值化方法》，《自然资源学报》，2008 年第 5 期，第 911~919 页。

(2003)又进行了进一步处理,以单位面积内的农田生态系统粮食生产净利润作为生态系统服务价值当量的标准当量因子,其中粮食产量价值主要以稻谷、小麦和玉米三种作物为主[①]。在此基础上,本研究结合当前农地使用现状,进一步将单位面积三大粮食作物和主要经济作物生产的净利润作为该地区一个标准单位生态系统服务价值当量因子的值。计算公式为:

$$V_a = \sum_{i=1}^{n} \frac{m_i p_i}{M} \quad (6-5)$$

其中,V_a 为一个标准单位生态系统服务价值当量因子的值,m_i 为第 i 种粮食作物(经济作物)的种植面积,p_i 为第 i 种粮食作物(经济作物)的单位面积平均净利润,M 为农作物的种植总面积。

其次,将生态服务系统概括为供给服务、调节服务、支持服务和文化服务四个方面,利用谢高地等(2015)的研究成果,将其细分为11个具体领域,包括食物生产、原材料生产、水资源供应、气体调节、气候调节、环境净化、水文调节、土壤保持、养分循环维持、生物多样性和美学景观[②]。在此基础上确定出不同类型单位面积农地上生态系统各种服务功能的年平均价值当量,从而形成农地生态系统服务功能价值当量表,如表6-1所示。

表6-1 农地生态系统服务功能价值当量表

生态系统服务功能		价值当量因子	
		旱地	水田
供给服务	食物生产	0.85	1.36
	原材料生产	0.40	0.09
	水资源供应	0.02	-2.63
调节服务	气体调节	0.67	1.11
	气候调节	0.36	0.57
	环境净化	0.10	0.17
	水文调节	0.27	2.72

[①] 谢高地、鲁春霞、冷允法等:《青藏高原生态资产的价值评估》,《自然资源学报》,2003年第2期,第190页。

[②] 谢高地、张彩霞、张雷明等:《基于单位面积价值当量因子的生态系统服务价值化方法改进》,《自然资源学报》,2015年第8期,第1247页。

续表

生态系统服务功能		价值当量因子	
		旱地	水田
支持服务	土壤保持	1.01	0.01
	养分循环维持	0.12	0.19
	生物多样性	0.13	0.21
文化服务	美学景观	0.06	0.09
合计		3.99	3.89

最后，计算农地的生态服务总价值。由前两步分别得到一个标准单位生态系统服务价值当量因子的值 V_a 和农地生态系统服务功能价值当量因子，将当量因子根据不同类型农地面积进行加权平均，得到单位面积农地第 t 种生态服务功能价值当量因子 e_t，二者进行相乘即可得到单位面积农地生态服务总价值。在此基础上进行折现，得到单位面积农地生态系统服务总价值的折现值，作为农地承包经营权的生态价值。

$$V_c = \frac{\sum_{t=1}^{n}(e_t \times V_a)}{r} \times \left[1 - \frac{1}{(1+r)^n}\right] \qquad (6-6)$$

其中，V_c 为单位面积农地生态系统服务总价值的折现值，即农地承包经营权的生态价值；e_t 为单位面积农地第 t 种生态服务功能价值当量因子；V_a 为一个标准单位生态服务价值当量因子的值；r 为贴现率。

当量因子法将相关数据和专家知识相结合，能够比较科学全面地进行生态价值评估，计算过程相对简单，但是评估的精确性有待进一步检验。

第四节 宁夏平罗农地承包经营权价值评估与实践检验

以宁夏回族自治区平罗县（以下简称平罗县）作为样本区，在农地抵押价值评估实践中，普通农户的农地承包经营权抵押价值由借款当事人和信贷人员根据农地所在区域对应的基准价格协商评估。

一、平罗县农地承包经营权经济价值的估算

(一)单位面积农地年净收益 a

单位面积农地年净收益应该等于单位面积总收益和总成本之差。平罗县普通农户的农业生产主要以种植水稻和玉米为主,农作物产量比较稳定。由于各项农作物总收益和生产成本的数据收集比较困难,故本书使用统计年鉴中生产收入、生产成本、耕地面积、乡村人口等数据来估算每亩农地的人均净收益,计算过程如表 6-2 所示。

表 6-2 平罗县 2018—2020 年农业生产收益成本数据

年份	生产收入(元)①	农地租金收入(元/人)②	惠农补贴(元/人)③	生产成本(元/人)④	耕地面积(公顷)⑤	乡村人口(人)⑥	人均净收益(元)
2018	9354.7	258.9	18.1	4087.0	63679	135344	5544.7
2019	8506.4	168.3	220.6	3937.0	63679	134917	4958.3
2020	9651.9	211.3	320.8	3638.6	63679	110584	6545.4

数据来源:2019—2021 年《宁夏统计年鉴》,1 公顷=15 亩。

由表 6-2 数据,根据人均净收益=生产收入-生产成本+农地租金收入+惠农补贴,计算出平罗县 2018—2020 年三年的农业生产人均净收益分别为 5544.7 元、4958.3 元、6545.4 元,人均耕地面积分别为 7.06 亩、7.08 亩、8.64 亩,进一步可得每亩农地的人均净收益分别为 785.36 元、700.32 元、757.57 元,因此三年的平均人均净收益为 747.75 元。

(二)土地还原率 r

2018—2020 年中国人民银行公布的一年期定期存款利率为 1.5%,据此假定平罗县农业生产的安全利率水平为 1.5%。对于风险调整利率,通过咨询相关专家,结合当地的自然灾害风险情况、社会经济发展水平以及农地交易市场等因素将风险调整利率定为 2.5%,因此最终的土地还原率为 4%(安全利率+风险调整利率)。

(三)抵押期限

从实地调研情况来看,农地价值计算中的承包经营权年限一般为贷款日到

第二轮承包期，本章将抵押年限从 2017 年平罗县开展农地抵押贷款试点实践开始算起至 2027 年底，统一设定为 10 年。

综上所述，将 2018—2020 年三年的平均人均净收益作为单位面积农地年净收益值，利用公式（6-1）计算农地承包经营权经济价值为：

$$V_p = \frac{747.75}{4\%} \times \left[1 - \frac{1}{(1+4\%)^{10}}\right] = 6064.25(元)$$

二、平罗县农地承包经营权社会价值的估算

（一）基本生活保障价值

根据理论分析，农地承包经营权的基本生活保障价值用当地城镇居民和农村居民最低生活保障水平的差额来表示。根据宁夏回族自治区人力资源和社会保障厅公布的数据，2018 年城镇最低生活保障是每人每年 6720 元，农村最低生活保障是每人每年 3800 元，二者的差为 2920 元。2018 年平罗县人均耕地面积为 7.06 亩，据此可以计算出每亩农地为农户提供的基本生活保障价值为 413.60 元/亩，同理计算出 2019 年和 2020 年的农地基本生活保障价值分别为 412.43 元/亩和 305.56 元/亩，如表 6-3 所示。

表 6-3　平罗县农地基本生活保障价值计算

年份	城镇最低生活保障（元）	农村最低生活保障（元）	城乡最低保障差（元）	人均耕地面积（亩）	农地基本生活保障价值（元/亩）
2018	6720	3800	2920	7.06	413.60
2019	6720	3800	2920	7.08	412.43
2020	7200	4560	2640	8.64	305.56

（二）就业保障价值

根据理论分析，农地的就业保障价值可以用当地城镇居民与农村居民失业保险金的差额来表示。宁夏回族自治区于 2018 年将城镇居民失业保险金标准由全区最低工资标准的 65% 提高到 75%，其中省内一、二、三类地区分别调整至 1245 元、1170 元和 1110 元，平罗县被列为二类区域，失业保险金水平

为 1170 元[①]。而当前我国农村地区还未建立失业保险制度，因此可以认为农村地区的失业保险金为 0，由此可得城乡居民失业保险金差额为 1170 元。按照 2018 年平罗县人均耕地面积 7.06 亩可以计算出 2018 年农地提供的就业保障价值是 165.72 元/亩，按 2019 年人均耕地 7.08 亩计算出 2019 年农地提供的就业保障价值是 165.25 元/亩。2020 年，宁夏一、二、三类地区失业保险金分别调整为 1494 元、1404 元、1132 元，平罗县同样作为二类区域，失业保障金水平为 1404 元，再次按 2020 年人均耕地 8.64 亩计算出 2020 年每亩农地提供的就业保障价值是 162.50 元/亩，如表 6-4 所示。

表 6-4 平罗县农地就业保障价值计算

年份	城镇失业保险金标准（元）	农村失业保险金标准（元）	城乡失业保险金之差（元）	人均耕地面积（亩）	农地就业保障价值（元/亩）
2018	1170	0	1170	7.06	165.72
2019	1170	0	1170	7.08	165.25
2020	1404	0	1404	8.64	162.50

（三）养老保障价值

以 2018 年为例，平罗县城镇人均养老金为 5404.4 元，农村人均养老金为 2042.1 元，由此可得城乡居民社会养老保险金水平的差额为 3362.3 元/人。按照平罗县人均耕地面积 7.06 亩计算，可以得出农地为农户提供的养老保障价值为 476.25 元/亩。同理可以计算出 2019 年和 2020 年农地养老保障价值为 563.42 元/亩和 513.56 元/亩，如表 6-5 所示。

表 6-5 平罗县农地养老保障价值计算

年份	城镇人均养老金（元）	农村人均养老金（元）	城乡差额（元）	人均耕地面积（亩）	农地养老保障价值（元/亩）
2018	5404.4	2042.1	3362.3	7.06	476.25
2019	6179.7	2190.7	3989.0	7.08	563.42
2020	6870.3	2433.1	4437.2	8.64	513.56

数据来源：2018—2020 年《宁夏统计年鉴》。

---

① 宁夏回族自治区人力资源和社会保障厅、财政厅：《自治区人力资源和社会保障厅 财政厅关于调整失业保险金标准的通知》，http://hrss.nx.gov.cn/xxgk/zcj/zcfg/shbz/201807/t20180727_941229.html.

2018—2020年平罗县人均城乡可支配收入水平如表6-6所示。

表6-6 平罗县人均城乡可支配收入水平

年份	城镇居民收入（元）	农村居民收入（元）	农村－城镇居民收入比值
2018	26647	14491	0.544
2019	28684	15665	0.546
2020	29683	16890	0.569

综上所述，利用式（6-4），首先计算出2018—2020年平罗县农地承包经营权社会价值总值分别为573.90元/亩、885.31元/亩、558.54元/亩，三年的平均值为672.58元/亩，然后将此平均值进行贴现，得到农地承包经营权的社会价值为5454.65元/亩。

三、平罗县农地生态价值的估算

（一）一个标准单位生态系统服务价值当量因子的值

近些年平罗县种植粮食作物主要有稻谷、小麦和玉米三类，经济作物主要有油料、蔬菜、瓜果三类。以此六类农作物的净利润为依据，采用加权平均的方法计算一个标准单位生态系统服务价值当量因子的值。计算公式为：

$$V_a = \sum_{i=1}^{6} \frac{m_i p_i}{M} \tag{6-7}$$

其中，V_a为一个标准单位生态系统服务价值当量因子的值，m_i依次为稻谷、小麦、玉米、油料、蔬菜、瓜果的种植面积，p_i依次为六种农作物单位面积的净利润，M为六种农作物的种植总面积。

通过《宁夏统计年鉴》《全国农产品成本资料收益汇编》等资料获取平罗县稻谷、小麦、玉米、油料、蔬菜、瓜果六种农作物2018—2020年的播种面积和单位面积净利润的数值。具体数据见表6-7。

表 6-7 平罗县六种农作物 2018—2020 年的播种面积和单位面积净利润的数值

农作物	指标	2018	2019	2020
稻谷	净利润（元/亩）	65.89	20.44	48.99
	播种面积（公顷）	17090	16963	16803
小麦	净利润（元/亩）	−159.41	15.08	−16.63
	播种面积（公顷）	14644	12318	8517
玉米	净利润（元/亩）	−163.34	−126.77	107.84
	播种面积（公顷）	24513	23570	27663
油料	净利润（元/亩）	−79.99	92.55	158.55
	播种面积（公顷）	3702	3725	3639
蔬菜	净利润（元/亩）	2688.71	3125.16	4131.17
	播种面积（公顷）	7798	7901	8593
瓜果	净利润（元/亩）	2614.02	1413.07	1953.78
	播种面积（公顷）	689	702	1085
一个标准单位生态系统服务价值当量因子的值（元/亩）		252.19	361.67	631.38

（二）平罗县农地生态系统服务总价值

根据《平罗县土地利用总体规划（2006—2020 年）》，平罗县划定后的永久基本农田保护面积为 47924.00 公顷，其中水田 12883.69 公顷，即水田占比约为 26.88%，旱地占比约为 73.12%[1]。按照此比例并结合前面理论分析部分的价值当量表，对两种类型农地的价值当量因子进行加权平均，得到平罗县农地各种生态服务功能价值当量因子的加权值。最后计算得出平罗县农地生态系统服务总价值。具体结果见表 6-8。

---

[1] 平罗县人民政府：《平罗县土地利用总体规划（2006—2020 年）》，http://pingluo.gov.cn/xxgk/zfxxgkml/ghjh/202107/t20210705_2911368.html。

表 6-8 平罗县农地生态系统服务总价值计算

生态功能	当量因子 旱地	当量因子 水田	当量因子 加权	生态系统服务总价值（元/亩） 2018	生态系统服务总价值（元/亩） 2019	生态系统服务总价值（元/亩） 2020
食物生产	0.85	1.36	0.99	249.67	358.05	625.07
原材料生产	0.40	0.09	0.32	80.70	115.73	202.04
水资源供应	0.02	−2.63	−0.69	−174.01	−249.55	−435.65
气体调节	0.67	1.11	0.79	199.23	285.72	498.79
气候调节	0.36	0.57	0.42	105.92	151.90	265.18
环境净化	0.1	0.17	0.12	30.26	43.40	75.77
水文调节	0.27	2.72	0.93	234.54	336.35	587.18
土壤保持	1.01	0.01	0.74	186.62	267.64	467.22
养分循环维持	0.12	0.19	0.14	35.31	50.63	88.39
生物多样性	0.13	0.21	0.15	37.83	54.25	94.71
美学景观	0.06	0.09	0.07	17.65	25.32	44.20
合计	3.99	3.89	3.96	998.67	1432.21	2500.26

由此可得 2018—2020 年平罗县农地生态系统服务总价值的平均水平为每年 1643.71 元/亩，在此基础上以 4% 的土地还原率进行贴现，得到农地承包经营权的生态价值为 14481.11 元/亩。

基于以上分析结果，汇总前文计算出的农地承包经营权经济价值、社会价值和生态价值金额，可以得出平罗县农地承包经营权的总价值，如表 6-9 所示。

表 6-9 平罗县农地承包经营权总价值测算

农地承包经营权价值	金额（元/亩）
经济价值	6064.25
社会价值	5454.65
生态价值	14481.11
总价值	26000.01

基于产权价值模型计算出来的平罗县农地承包经营权总价值大约为 26000.01 元/亩，其中生态价值占比最大，其次是经济价值，社会价值占比相

对较小。因此，在制定地区承包地价值评估标准时，应当全面考虑承包地经济价值、社会价值和生态价值，充分保障农民土地财产价值的合理体现。

四、农地价值评估实践差异检验与评价

平罗县在开展农地承包经营权抵押贷款实践中，首先根据农地所在区域制定基准参考价，并作为确定农地承包经营权评估价值的主要依据。具体做法是根据地理位置将农地划分为两大耕作区和三类区域，具体类别如表6-10所示。

表6-10 平罗县农地区域划分标准

耕作区	区域	所在位置
旱作区	一类区域	109线以东至五排以西、县城以南、京藏高速公路以东、五排以西
	二类区域	京藏高速公路以西至109线，五排以东至滨河大道
	三类区域	京藏高速公路以西及滨河大道以东
稻作区	一类区域	滨河大道以西至京藏高速公路以东
	二类区域	京藏高速公路以西
	三类区域	滨河大道以东

此外，平罗县为了解决第二轮承包地实际面积与合同面积不一致、二轮承包前后农民开垦荒地不均衡等遗留问题，将农民开垦种植的集体荒地按照增加20%的比例确权给农民，其余荒地按集体荒地承包确权给农民。其中，二轮承包地以及增加的20%作为A类地，其他开垦的荒地为B类地。用农地承包经营权证抵押贷款的，抵押人年龄男60周岁、女55周岁以下的，A类地抵押价值评估年限按30年计算，亩贷款额度原则上不超过农民退出承包地经营权价值；B类地（含50亩以上连片荒地）按二轮承包期的剩余年限计算抵押价值。在评估时应根据农地质量、区位、用途及等级、粮食产量、农业基础设施、土地盈利水平及近三年农作物平均租金收入等因素来综合确定农地承包经营权的基准价格。其中，一类区域750元/亩，二类区域650元/亩，三类区域550元/亩。在此基础上农地承包经营权评估价值的计算公式为：

$$V = P \times S \times (T_1 - T_2) \qquad (6-8)$$

其中，V表示农地承包经营权评估价值，P表示每亩农地的基准参考价格，S表示抵押的农地面积，T_1表示剩余承包期限，T_2表示贷款期限。

实践中评估小组可以参考基准价格，根据实际情况对亩均评估价值进行修

正，但原则上每亩农地的评估值不得低于基准参考价的80%。通过实地调研，收集相关资料，整理出如表6-11所示的农地价值评估的具体案例。

表6-11 平罗县农地承包经营权抵押价值评估具体案例

序号	土地面积（亩）	评估依据					评估价格（元/亩）	评估净值（万元）	亩均价值（元）
		地块类别	种植作物	购买保险	评估期限（2017—）	贷款年限			
1	A类8.59 B类5.88	三类区域二等地	玉米	否	A类2047年 B类2027年	3	500	A类11.5 B类2.05	A类13388 B类3485
2	84.85	一类区域二等地B类	水稻	否	2027年	1	550	46	5421
3	87.72	一类区域二等地B类	水稻	否	2027年	1	550	48	5472
4	83.38	一类区域二等地B类	水稻	否	2027年	1	550	41	4917
5	192.28	三类区域二等地B类	水稻	否	2027年	1	500	86	4473
6	109.45	二类区域二等地B类	水稻	是	2027年	1	550	54	4934
7	158.7	三类区域三等地B类	油葵水稻	否	2027年	2	330	42	2647

数据来源：通过整理调研资料而得。

通过与产权价值模型计算出来的理论评估值进行对比，可以发现实践中平罗县采用基准价格法计算的农地承包权抵押价值被低估，从价值数额上看大部分评估案例的亩均评估值低于理论模型中的经济价值（6064.25元），普遍忽略了农地承包经营权对普通农户的社会保障功能和生态功能，与农地产权价值构成的理论假说不一致，造成承包地实际价值无法得到真实体现。

具体看贷款人7的价值评估案例，该贷款人使用家庭承包的158.7亩农地向银行申请抵押贷款，该农地承包期限为2016年11月28日至2027年12月31日。农地属于三类区域三等地B类，其中80亩种植油葵、50亩种植水稻、20余亩种植玉米。从农地现状来看，近三年耕种良好，且产量正常，但贷款人未购买农业保险。该农户的农地承包经营权亩均价值只有330元/亩，远低于政策文件中的基准参考价，一方面是由于农地所处的区域位置和农田质量不高；另一方面据调查所得该农户将附着在该农地上的钢架结构机库、砼晒场等农业设施同时抵押，评估总价值为70.6万元。据此可以推测，银行机构为了控制金融风险，降低抵押贷款额度，将农地承包经营权的亩均价值设置在较低水平，并没有完全按照价值评估政策的要求来执行。总之，虽然政府对农地经营权的价值评估根据农田类别、区域等级和位置三个方面设计了明确的参考标准,但是金融机构在发放贷款时通常会附加额外的评估标准,主要包括农户信用以及农户所在村的信用状况、贷款用途、经营项目的风险状况、贷款人的家庭收入负债情况、抵押农地面积等因素。在此基础上,信贷员还会结合自己的调查和走访给出主观性评价。平罗县农地抵押贷款覆盖率在乡镇之间的差异也比较大,例如通伏乡抵押贷款占到了全县贷款总额的60%,户均抵押贷款额在5万~7万元之间,主要原因在于该地区户均农地面积较大,交通便利,经济条件较好。由此看来,农地承包经营权价值评估实践中,评估标准具有一定的随意性和主观性,评估方法相对比较简单,评估过程主要由金融机构发挥主导作用,并未引入正规的第三方评估机构,金融机构为了控制信贷风险,在综合各种因素的情况下会尽量压低抵押率,通常在50%~70%之间,导致在评估值基础上获取的农地抵押贷款数额有限,很难满足农业经营主体的资金需求。

本章小结

本章从经济价值、社会价值和生态价值三个层面分析农地承包经营权的价值构成和价值评估方法。适用于农地经济价值评估的方法有收益还原法、市场比较法、基准地价法等,适用于农地社会价值评估的方法有替代市场法、条件价值法、商业保险缴费法等,适用于农地生态价值评估的方法有条件价值法、能值分析法、当量因子法、功能价值法等。在此基础上,基于产权价值分析理论,分别用收益还原法、替代市场法和当量因子法测算农地承包经营权的经济价值、社会价值和生态价值,从而构建出农地承包经营权的产权价值评估模型。以宁夏平罗作为样本区,对农地承包经营权的三种价值进行估算,将得出的理论评估值与实践中的案例评估值进行对比,得出实践中平罗县采用基准价格法计算的农地承包经营权抵押价值被低估,普遍忽略了农地承包经营权的社会保障功能和生态功能,从而导致在该评估价值基础上发放的抵押贷款很难满足农户的资金需求,容易产生农地抵押贷款的"需求抑制"。因此,农地承包经营权产权价值评估模型有利于在保障农户基本权益的基础上提高农户开展农地抵押贷款的积极性,同时也能够实现对耕地的生态保护,实现农地资源可持续发展。

第七章 基于公允价值评估模型的农地流转经营权价值评估方法

随着2021年1月《农村土地经营权流转管理办法》的出台，我国农地经营权流转市场更加健康，农地经营权活力不断释放，农地价值评估工作也随着农地经营权市场化流转以及农地经营权抵押的增多而变得越来越重要。"三权分置"下从农地承包经营权中分离出来的农地经营权在性质上不再承载社会保障功能，经济收益价值成为其主要价值基础。因此，农地经营权的市场经济收益成为价值评估的基本依据。农地流转经营权价值评估是实现农地市场化流转和适度规模经营以及促进城乡融合发展的重要前提，应以新时代我国乡村振兴发展、土地制度改革、耕地保护、粮食安全等方面的方针政策为导向，设计出适合我国国情的农地经营权价值评估的方法体系，凸显农地流转经营权的市场价值属性。

第一节 农地流转经营权价值构成

农地经营权流转将原来家庭承包经营模式下的分散经营转变成了新型经营主体的规模经营，在农地面积达到适度之前，随着农地集约利用度的提高，生产收益逐渐递增并达到最大。作为农地转入方的新型经营主体在资金、生产技术、管理技能等方面都具有明显的优势，开展规模化经营后规模农业经营主体就会对转入土地进行追加投资，增加在机械化、信息化等方面的投入，通过提高农地的集约化程度增加农地的产出。农地经营权流转有利于调整和优化农地经营结构，实现农地与资本的有效结合，优化农业生产要素的配置，在农业功能的广度和深度上提升农地利用价值，这是提高农业收益的重要途径。

一、经济价值

农地是自然、经济、社会、生态、文化等属性的综合体,其经济属性的外在表现是具有生产能力,能为人们带来一定的经济收益,生产能力的大小及可利用方式决定了农地经济价值的高低。农地具有生产资料和财产两个基本经济属性,但对于规模经营主体而言,农地的生产资料属性是最基本的功能。"三权分置"下,农地完整的产权被分割,农地经营权的相应权利进入了市场可以进行交易。但农地位置固定决定了其属于不动产的范畴,进而可以通过设置农地产权制度决定其归属与经济关系,也相应产生了投资和资本属性。作为农地产权转入方的规模经营主体,如果将转入农地进行农业生产,则在付出一定的流转成本下实现了农地的生产功能;但如果将转入农地再次流转或者进行抵押担保时,则实现了农地财产属性价值。当前规模经营主体流转农地多以农业生产为目的,因此土地的生产资料属性和生产经济价值大于财产属性价值。

"三权分置"下流转后的农地经营权剥离了身份属性,不再承担集体成员的社会保障功能,也因此被赋予了抵押、入股等权能,但其资产性能的大小取决于农地所内含的经济价值。按照资本化原理,其经济价值是农地在未来流转期限内、按一定利率折现的经营产出收益之和。因此在对农地流转经营权价值进行评估时农地的生产经营收益、租金、经营期限、市场利率等是首要考虑因素。

二、生态价值

农地"三权分置"的制度安排在《中华人民共和国农村土地承包法》中得到了进一步的肯定和落实,这为农地生态价值核算和评估提供了法律保障,并且有了明确的产权经济基础。但是农地产权分配格局的多元化及生产经营形式的多样化也为生态价值的确认增加了一定的难度。农业经营者是农地经营权的产权主体和直接使用者,其生产行为会直接影响到农地的生态系统服务功能。与原始承包农户不同,新型农业经营者通常是以支付货币等有偿方式获得农地经营权利,并按照农地流转合同规定的内容使用农地,其开展农业生产的最大动机就是追求利润最大化,即在有限的经营期内获得最高的经济回报。因此,农地流转经营权使用者将农地只作为获取经济收益的生产要素,而不是基本的生产保障,也不具有保护耕地生态价值的动机。

但农地流转经营权本身具有的生态功能价值是客观存在的,主要体现在以下方面:第一,"三权分置"下农地经营权流转,大大降低了农地的抛荒现象,从而保障农地高效地投入农业生产中，提高农地利用效率和农地的生态效益。第二，规模经营主体利用农地经营权开展规模经营，更有利于开展标准化生产和绿色生产技术的应用，从而生产出更多高品质的绿色农产品。第三，农地流转经营权的专业化利用，提高了机械、技术等生产要素在农业生产中的投入比重，减少了经营者对农地资源的过度开发利用，保护了农地的生态环境。因此农地流转经营权的规模化利用为农地生态价值的实现提供了有利的条件。农业经营者可以将农产品价格提高，将通过农产品销售获取的部分收益作为农地生态价值的一种体现。不论是哪种产权形式的农地，都会间接地提升农地净化空气、保持水土、涵养水源等生态功能。

第二节　农地流转经营权价值评估方法

目前，我国现行的关于农地分等定级和估价的三个国家行业标准，均没有针对农地流转经营权的价值评估做出规定。而现行的资产评估准则还没有农地经营权价值评估的机制和规则。在实践中农地流转经营权经济价值评估还是以传统方法为主，但基于农地经营权的特殊属性，从理论分析层面还可以尝试使用一些更加科学的评估方法。对于农地流转经营权生态价值的评估方法与承包经营权相同。

一、收益现值法

实践中农地的经济价值一般通过两种方式核算：一是以农产品或原材料生产成本和市场价格为基础，采用收益还原法或成本法计算价值；二是以农地直接流转收益为基础，通过收益还原法核算经济价值。两种核算方式下使用的收益还原法用到的净收益数据可以使用租赁经营的年租金来表示[1]。

收益现值法[2]与收益还原法的原理相同，是以被评估资产的未来预期收益的预估值为依据，利用一定的折现率将未来预期收益值折算成现值，以此作为被评估资产评估价值的一种方法。该方法主要用于未来期间有收益的资产以及

---

[1] 朱道林、杜挺：《中国耕地资源资产核算方法与结果分析》，《中国土地科学》，2017年第10期，第25页。

[2] 为了与农地承包经营权经济价值的计算方法区分，此处使用收益现值法的表述。

无形资产的价值评估。农地流转的实质是农地经营权的转移和流动，从会计学要素角度分析，农地经营权是典型的无形资产，经营主体通过农地流转合同可在未来一段时期内获得稳定的预期收益，因此应该按照无形资产价值评估的方法和原则来执行农地流转经营权价值评估工作。

运用资产评估的收益现值法对农地流转经营权价值进行评估主要涉及预期净收益、流转期限、折现率三个参数。计算公式为：

$$V = \sum_{t=1}^{n} \frac{R_t}{(1+i)^t} \qquad (7-1)$$

其中，V 为农地流转经营权价值，R_t 为第 t 年农地预期净收益，n 为农地流转年限，i 为折现率。

收益现值法下的农地流转经营权价值评估模型具有一定的科学性和合理性，也适用于不同地区、不同经营模式下农地经营权的价值评估。但需要注意的是，利用收益现值法计算出来的是农地流转经营权的价值，其价值大小取决于农地的净收益（R）；而流转价格（P）是以经营权价值为基础，并在市场供求影响下围绕实际价值上下波动形成的。目前收益现值法对农地的自然属性和生产能力等方面的因素考虑不够深入，投入和产出资料也很难收齐，导致该方法对农地经济价值评估仅限于区域层面，难以落实到具体地块的价值评估。

二、实物期权评估法

利用农地流转经营权开展规模经营的收益具有高度不确定性，经营项目、经营环节以及经营方式等因素都可能具有多种选择。实物期权理论从动态视角对传统估值理论模型进行了改进，反映了在不确定条件下农业经营者决策的自由度空间和农地经营权的使用价值，有利于提高农地经营权价值评估的科学性和精准性。

任何实物期权的理论价值都由期权估值模型的五个输入变量来决定，其分别为标的资产价值、执行价格、有效期、无风险利率以及标的资产价值的波动率。这五个变量的数值确认问题是使用期权模型的核心问题。在应用该模型的过程中有两个最基本的前提需要注意：一是标的资产价格变化是随机的，具有不确定性；二是支付一定的权利金后，投资者拥有做出投资支出（执行价格）并获得一个价值随机波动项目的权利（而不是义务）。

对于从事规模化生产的经营者而言，农地未来收益的不确定性是既定事实，在经营项目和经营环节上的选择权具有实物期权价值属性，主要表现为：第一，农地收益因农产品销售、生产资料采购、产品产量、经营风险等的波动性而具有高度的不确定性。第二，农地经营主体可以自由灵活地选择经营项目、经营环节、经营方式。在经营项目选择上，不仅可以从事农产品生产、农产品加工等，还可以选择观光旅游休闲娱乐。在经营阶段选择上，可以开展某一环节的生产经营活动，例如种植、加工、贸易、营销等；也可以开展从产前到产中再到产后的完整产业链条的经营活动。不管是哪一种形式，农业经营者都能够以市场环境的变化为主要依据，灵活调整农业项目，科学进行经营决策进而实现收益最大化。

由于农地流转期限通常都在十年左右，可以将农地流转经营权看作一项长期的权利。农地受让方在取得农地的经营权后，可以结合自身情况和农产品预期市场等因素在流转期限内选择合适的种植项目，这种自由选择的权利会给经营主体带来可能超预期的收益。此外，农地经营权转入方可以用流转农地自主经营，也可以选择将农地经营权再次流转，不同农地使用模式也会给经营者的收入带来不确定性，从而也会产生一定的套利空间。由此可得，农地受让方在选择权上的期权价值是农地流转经营权价值评估时必须予以充分考虑的因素，同时也不能忽略灵活管理和市场环境不确定性给农业经营者带来的潜在增值。由于国内农地相关市场发展不成熟，农地交易的数据不足，交易信息缺乏一定的公开性和透明性，因此应用实物期权评估法的最大问题就是相关参数的确定。

三、数学模型估值法

数学模型估值法凭借精准性和科学性的优势在农地价值核算和评估研究中得到了快速的发展。该方法基于地价形成机理，在综合分析收益能力、位置及公共设施等影响因素的基础上，采用层次回归法、灰色关联分析法、模糊评价法等数学模型评估农地的经济价值，针对特定的区域和评估时点而言结果具有较好的精准度，但是该类方法的普适性较弱，且不同模型评估的结果差异较大，需要用定性分析作为最终评估结果的补充。

四、生态价值评估法

农地流转经营权的生态价值评估法与农地承包经营权生态价值评估相同，主要包括条件价值法、能值分析法、当量因子法、功能价值法等，这里就不再重复阐述。

第三节　农地流转经营权公允价值评估模型的构建

现有关于农地价值评估模型的研究基本是基于资产价值评估的视角，而不是从资产价值的会计计量角度，因此以公允价值评估理论对农地流转经营权价值进行评估是对研究视角的突破与创新。

一、公允价值评估的可行性

不管是国际会计准则还是我国现行的企业会计准则，对于公允价值的内涵在以下方面达成了基本共识：第一，充分的信息是交易决策的前提。双方能够同时获得与交易相关的全部信息，并据此作出正确的理解和判断。第二，自愿、公平、合理是交易达成的基础。双方基于自愿原则和对交易公平性和合理性的共同认知，在正常理性的考虑下完成交易。第三，市场价格是公允价值的基本来源。交易双方对于市场价格的公允性普遍认可，从而保证了农地经营权价值的客观性和公平性。

《企业会计准则第 39 号——公允价值计量》将公允价值定义为市场参与者在计量日发生的有序交易中，出售一项资产所收到的或转移一项负债所需支付的价格[①]。但是特别需要注意的是，当非金融类资产用公允价值计量时，应考虑市场参与者将该资产用于最优用途时产生经济利益的能力。因此公允价值计量是一种市场参与者在市场信息公开畅通的情况下进行有序交易、综合各种风险和收益因素、以资产或负债未来产生经济利益为核心属性的计量方法。

农地流转经营权从实质上来看是一种不依赖于农地这种实物载体的独立性权利，是规模经营主体通过与原始承包农户签订农地流转合同而获得的一种特别使用权，具有较强的辨识性。从会计学角度来看是一种非货币性的无形资产，其价值评估的客观性和公允性关系到农业经营主体获取农地抵押贷款的额度，更关系到农地交易市场的健康发展。农地流转经营权抵押的实质是对农地所产生的未来收益进行抵押，符合公允价值计量的核心属性。同时公允价值的自愿交易性、信息对称性以及市场相关性等特征能够保证农地价值评估结果的

[①] 中华人民共和国财政部、企业会计准则编审委员会：《企业会计准则（2017 版）》，立信会计出版社，2017 年，第 273 页。

客观性和准确性,进而能有效保护农地抵押贷款借贷双方的根本利益。

二、公允价值评估模型

《企业会计准则第 39 号——公允价值计量》将用于公允价值计量的输入值分为三个层次:第一层次输入值是在计量日能够取得的相同资产或负债在活跃市场上未经调整的报价,第二层次输入值是除第一层次输入值外相关资产或负债直接或间接可观察的输入值,第三层次输入值是相关资产或负债的不可观察输入值[①]。企业应优先考虑前两个层次,即优先使用相关可观察输入值(即企业使用估值技术时,仅当可观察输入值无法取得时才使用不可观察输入值)。我国农地流转经营权交易市场目前还未成为活跃市场,不具备直接使用可观察输入值的条件,因此只能选择第三个层次,即公允价值计量应使用某些估值方法进行估计[②]。市场法、收益法和成本法是目前可以采用的三种主要估值技术。在充分考虑评估结果合理性的前提下,公允价值评估应采用与其中一种或多种估值技术相一致的方法。其中,收益法是将未来的收益转换成单一现值的估值方法[③]。

从公允价值评估三种方法的定义来看,收益法下的收益现值法更适用于农地流转经营权价值的评估,农地未来预期生产收益价值符合收益估值法的要素内容,即根据被评估农地过去的实际收益和成本情况,测算农地在未来抵押期间的预期净收益,然后选用适当的折现率,计算出被评估农地的净现值,并以此作为农地流转经营权的抵押价值。如果没有活跃的农地市场产生交易报价,则确定农地流转经营权公允价值最优方法就是将收益现值法的理论基础与未来现金流量现值估值技术相结合,从而构建评估模型。该项工作的重点是各经济参数输入值的确定,这也是最大的难点,具体包括:未来现金流量的确定(需要考虑农地流转经营权价值构成、影响农地流转经营权收益的不确定性因素两个方面)、贴现利率的确定(考虑风险溢价)、贴现期限的确定(考虑经营权期限)。

收益现值法下农地流转经营权价值评估模型为:

[①] 中华人民共和国财政部、企业会计准则编审委员会:《企业会计准则(2017 版)》,立信会计出版社,2017 年,第 279 页。

[②] 中华人民共和国财政部、企业会计准则编审委员会:《企业会计准则(2017 版)》,立信会计出版社,2017 年,第 279 页。

[③] 中华人民共和国财政部、企业会计准则编审委员会:《企业会计准则(2017 版)》,立信会计出版社,2017 年,第 277 页。

第七章　基于公允价值评估模型的农地流转经营权价值评估方法

$$P = P_0 + \sum_{t=0}^{n} \frac{D_t}{(1+r)^t} \quad (7-2)$$

其中，P 是农地流转经营权抵押现值。P_0 是农业设施的初始价值，即农地使用者在农地使用期间，对农地投入的与农地不可分割的大棚、灌溉等农业设施资产的初始价值。农地经营者将农地经营权抵押给金融机构之后，农业设施价值应包含在抵押物价值计算之中。D_t 是指农地经营权在未来第 t 年所取得的净收益值，这是直接关系到评估价值的关键指标。r 是贴现率。n 为贴现总期限，应为签订的农地流转合同中规定的流转期限。

三、公允价值评估模型中净收益分析

农地流转经营权净收益是公允价值评估模型中的核心指标，在贴现率和期限固定的情况下，净收益也是决定农地流转经营权评估值的关键要素。净收益既由农地流转经营权生产收益和生产成本两方面来决定，又受到一系列因素的影响。

（一）影响农地流转经营权生产收益的因素

农地流转经营权生产收益，是指在合理有效地使用农地流经营权基础上，开展持续稳定的种植或养殖活动，通过销售农产品所取得的正常收益，主要包括生产的主产品和副产品收入以及获得的国家补贴收入。农地流转经营权生产收益与农地经营权价值呈正相关关系。农地质量、耕作条件、科学技术水平、气候条件以及农业政策等方面的因素会直接影响农地单位面积的农产品产量，进而影响农地流转经营权生产收益。根据《农用地质量分等规程》（GB/T28407—2012），农地质量受到农地的地貌条件、水文条件、土壤条件和农田基本建设情况等因素的影响。农田整体的地貌和水文条件好，土壤质地良好，同时灌溉条件、排水条件、田间道路、田块平整度等建设条件越好，农地的生产收益就越高[1]。农业科学技术主要包括育种技术、栽培技术和灌溉技术等方面，这也是提高农地生产收益的关键因素。各类农作物都需要适宜的气候条件，地区气候条件越好，农地单产就越高。国家宏观的农业政策是指农业补贴、农地改革、农业贷款等制度，农业补贴力度越大、农业贷款成本越低、农地改革成效越明显都会使相关要素投入成本越低，进而有利于增加农地流转经

---

[1] 中华人民共和国国家质量监督检验检疫总局、中国国家标准化管理委员会：《农用地质量分等规程》，2012年。

营权生产收益。

（二）影响农地流转经营权生产成本的因素

通常情况下农地流转经营权生产成本包括农业经营主体开展农业生产投入的劳动时间、固定成本和流动成本等，其中生产要素投入数量是影响生产成本的关键。农地规模化程度越高越有利于开展农业机械化作业，从而降低农业生产劳动的投入时间。农业生产投入的成本包括购买农业机械、修建农业生产和仓储设施形成的固定成本以及农户流转土地、购买农药、化肥、种子等要素形成的流动成本。固定成本主要会受到农地生产规模、农地平整程度以及农业基础设施完善程度等因素影响，流动成本则主要受农地生产格局、农业要素价格、农户种植结构等因素影响。

综上所述，影响农地流转经营权净收益的因素如表7-1所示。

表7-1 影响农地流转经营权净收益的因素

指标分类	影响指标	指标解释
生产收益类	农地质量	地貌条件、水文条件、土壤条件和农田基本建设情况
	农业技术	育种技术、栽培技术和灌溉技术
	气候条件	温度、光照、降雨量等
	农业政策	农业补贴、农业贷款、农地改革
生产成本类	劳动投入	自家劳动投入和雇佣劳动投入
	固定成本	购买农业机械、修建大棚等生产设施、修建仓储设施
	流动成本	流转土地、购买农药、化肥、种子、农膜等生产资料

此外，农地经营权净收益的影响因素还包括社会经济发展条件、农地制度和交通条件、区域城镇化水平、农产品市场规模、农业生产技术水平、人均农地规模、农地利用规划、农地流转市场发育程度等。

四、公允价值评估模型的进一步修正

（一）净收益应该加上国家的农业补贴（F）

农业补贴是国家财政支农政策的核心，对保障粮食安全和农产品供给、稳定农民收入都具有积极的作用，对农业经营主体的生产决策行为也具有重要影响。2016年我国进行了农业补贴制度改革，重要的一项内容就是将农业"三项补贴"进行合并，统称为农业支持保护补贴。针对利用农地承包经营权开展粮食作物种植的普通农户，为了保护农地生产力和提高农户种粮积极性，将80%的农资综合补贴存量资金，加上对种粮农民的直接补贴和对农作物良种的补贴作为对普通农户的补贴总额；针对从事粮食种植的规模经营主体，将20%的农资综合补贴存量资金加上种粮大户补贴试点资金和农业"三项补贴"增量资金作为补贴内容①。从理论上，农业补贴会转化为地租，激活农地的财产性功能。"三权分置"下农地承包权和经营权的分离成为农户与农地关系的关键问题。在确保原有农业补贴存量继续由原始承包农户享有的前提下，将大量的新增补贴用于支持从事规模经营的新型农业经营主体，主要包括流转补贴、种植补贴等，这些补贴直接增加了农地经营者的农地生产收益，因此在农地流转经营权价值评估模型中，净收益的计算应该充分考虑农业补贴收入。

（二）净收益应该加上未支付的农地流转租金（T）

不管是理论分析层面还是实地调研结果都表明流转租金年付制对于农地流转双方都是理性选择的结果。在这种情况下，如果流转农地抵押贷款的债务人违约，金融机构只能通过拍卖剩余年限的农地经营权来实现债权，而接收被处置农地经营权的一方需要向农户支付剩余年限的流转租金。因此基于通过处置农地流转经营权来收回贷款本息的目的，金融机构在流转期限内计算农地每亩的预期净收益时，应该将贷款人作为生产成本未支付的流转租金加回来，才能使农地评估价值更接近于公允价值，在基年净收益的基础上加上每年需支付的租金。

（三）净收益增长率的影响

随着农村产业链的不断完善以及农村电子商务的迅速发展，农地净收益并不是保持不变的，而应该按照一定的比例递增。

假设基年农地净收益为 D_0，年增长率为 s，P_0 为农地上基础设施的初始价值，r 为贴现率。

修正后农地流转经营权公允价值评估模型为：

$$P = P_0 + \frac{D_0 + F + T}{r - s} \times \left[1 - (\frac{1+s}{1+r})^n\right] \quad (7-3)$$

---

① 财政部、农业部：《财政部 农业部关于全面推开农业"三项补贴"改革工作的通知》，http://www.mof.gov.cn/gkml/caizhengwengao/wg2016/wg201606/201610/t20161021_2440126.htm.

第四节 陕西杨凌示范区农地流转经营权价值评估与实践检验

一、杨凌示范区农地流转经营权经济价值计算

（一）基年净收益（D_0）

杨凌示范区对农地流转经营权抵押价值的评估参照农地承包经营权的基准价格和相关规定。但是实践中评估机构通常会综合考虑农地质量、粮食产量、区位条件、农地用途、流转年限、地类等级、基础设施、收益能力等多种因素。从调研情况看，杨凌示范区规模经营主体通过流转农地主要从事小麦、玉米等粮食作物，油菜籽、蔬菜水果等经济作物的种植。由于收集每种农作物的收益和成本数据存在一定的困难，本节通过选择有地区代表性农作物2020年的成本收益情况，估算出杨凌示范区农地流转经营权的净收益，如表7-2所示。

表7-2 杨凌示范区农作物成本收益情况　　　　单位：元

农作物品种	亩总收益①	亩总成本②	物质费用③	人工成本④	土地成本⑤	净收益⑥=①-②
小麦	1045.68	1089.26	431.04	558.73	99.49	-43.58
玉米	1016.70	1191.49	352.04	739.16	100.29	-174.79
油菜籽	831.91	1382.68	302.49	988.14	92.05	-550.77
苹果	9705.59	4374.75	1195.46	3051.12	128.17	5330.84
番茄	11989.53	5493.45	1506.28	3754.91	232.26	6496.08
黄瓜	8950.89	5464.15	1344.45	3938.12	181.58	3486.74
茄子	12533.16	4487.18	1433.05	2819.08	235.05	8045.98
菜椒	10171.18	4333.48	1185.03	2946.44	202.01	5837.70
豇豆	7750.22	4105.60	1216.58	2555.93	333.09	3644.62
萝卜	2646.83	2670.50	478.99	2066.51	125.00	-23.67

续表

农作物品种	亩总收益①	亩总成本②	物质费用③	人工成本④	土地成本⑤	净收益⑥=①-②
猕猴桃	4321.90	2081.22				2240.68
亩均净收益						3117.28

数据来源：《全国农产品成本收益资料汇编》。

由表 7-2 可得，杨凌示范区新型农业经营主体利用农地流转经营权开展农作物种植，亩均净收益大概为 3117.28 元，作为农地流转经营权价值评估计算中的基年净收益（D_0）。

（二）土地还原率的确定

对于种植经济作物的农地，由于农业生产和市场销售面临的风险会略高于粮食作物，结合杨凌示范区实际条件，并咨询专家意见，将土地还原率设定为 10%。

（三）净收益增长率的确定

根据《全国农产品成本收益资料汇编》及其他相关统计数据，并参考地区 CPI 的涨幅，将规模经营主体通过农地流转开展农业生产的净收益增长率确定为 2%[1]。

（四）农地流转经营权抵押价值的计算

根据调研所得，杨凌示范区目前还没有专门的农地经营补贴，但是对于农地规模达到 150 亩、吸纳社员 100 个以上的新型经营主体，一次性给予 30 万元的奖励。此外，2020 年开始为了降低疫情对农业生产带来的不利影响，杨凌示范区出台了一系列措施恢复农业生产，确保农产品供给。例如，土地租金缴纳期限可顺延 3~6 个月；新建集中连片 50 亩以上的设施果蔬单品冠军园，每个园区补贴 40 万元；疫情防控期间为农产品保供种植叶菜类的经营主体，每亩补贴 500 元[2]。由于这些补贴都不具有普惠性和持续性，故模型计算中暂时不考虑该项目。

---

[1] 国家发展和改革委员会价格司、价格成本调查中心：《全国农产品成本收益资料汇编》，中国统计出版社，2021 年。

[2] 数据来源于 2020 年在杨凌示范区开展的关于新型农业经营主体的社会调研。

根据土流网的数据，杨凌示范区 2020 年四个季度水浇地的流转价格分别为 866 元/亩、873 元/亩、873 元/亩、969 元/亩，通过平均计算得出 2020 年杨凌地区水浇地流转经营权价格大约为 895.25 元/亩[①]。

在不考虑农业设施历史成本和农业补贴的情况下，根据公允价值评估模型下的收益现值法公式，可以计算出 20 年租期下农地流转经营权的理论评估值 P：

$$P = \frac{3117.28 + 895.25}{10\% - 2\%} \times \left[1 - \left(\frac{1+2\%}{1+10\%}\right)^{20}\right] = 39077 \text{（元/亩）}$$

二、杨凌示范区农地流转经营权生态价值计算

（一）一个标准单位生态系统服务价值当量因子的值

首先，测算杨凌示范区单位面积主要农作物的净利润作为一个标准单位生态系统服务价值当量因子的值。杨凌示范区种植粮食作物主要有小麦和玉米两类，经济作物有油料、蔬菜两类，茶、桑、果作物中杨凌示范区主要出产苹果，因此以小麦、玉米、油料、蔬菜、苹果五类农作物的净利润为依据，采用加权平均的方法，计算一个标准单位生态系统服务价值当量因子的值。计算公式为：

$$V_a = \sum_{i=1}^{5} \frac{m_i p_i}{M} \qquad (7-4)$$

其中，V_a 为一个标准单位生态系统服务价值当量因子的值，m_i 依次为小麦、玉米、油料、蔬菜、苹果的种植面积，p_i 依次为五种农作物的单位面积平均净利润，M 为五种农作物的种植总面积。

通过《陕西省统计年鉴》《全国农产品成本资料收益汇编》获取杨凌示范区小麦、玉米、油料、蔬菜、苹果五种农作物 2018—2020 年的播种面积和净利润数据。具体数据如表 7-3 所示。

表 7-3　杨凌示范区五种农作物 2018—2020 年的播种面积和净利润数据

农作物	指标	2018	2019	2020
小麦	净利润（元/亩）	−159.41	15.08	−16.63
	播种面积（公顷）	19350	18900	10050
玉米	净利润（元/亩）	−163.34	−126.77	107.84
	播种面积（公顷）	13500	13200	9750

[①] 《陕西土地均价查询》，https://www.tuliu.com/landprice/list-310-0/。

续表

农作物	指标	2018	2019	2020
油料	净利润（元/亩）	−79.99	92.55	158.55
	播种面积（公顷）	6150	5400	750
蔬菜	净利润（元/亩）	2688.71	3125.16	4131.17
	播种面积（公顷）	32700	25800	25650
苹果	净利润（元/亩）	2614.02	1413.07	1953.78
	播种面积（公顷）	1552.50	1490.70	794.85
一个标准单位生态系统服务价值当量因子的值（元/亩）		1176.72	1230.74	2276.16

（二）杨凌示范区农地生态系统服务总价值

杨凌示范区的农地大部分为水浇地，因此采用水浇地的价值当量因子对其农地生态系统服务总价值进行计算，具体结果如表 7-4 所示。

表 7-4　杨凌示范区 2018—2020 年农地生态系统服务总价值

生态功能	当量因子	生态系统服务总价值（元/亩）		
		2018	2019	2020
食物生产	0.85	1000.21	1046.13	1934.73
原材料生产	0.40	470.69	492.30	910.46
水资源供应	0.02	23.53	24.61	45.52
气体调节	0.67	788.40	824.60	1525.03
气候调节	0.36	423.62	443.07	819.42
环境净化	0.10	117.67	123.07	227.62
水文调节	0.27	317.71	332.30	614.56
土壤保持	1.01	1188.48	1243.05	2298.92
养分循环维持	0.12	141.21	147.69	273.14
生物多样性	0.13	152.97	160.00	295.90
美学景观	0.06	70.60	73.84	136.57
合计	3.99	4695.10	4910.66	9081.87

由此可得杨凌示范区农地生态系统服务总价值平均水平为每年6229.21元/亩（将2018年、2019年、2020年三年的生态系统服务总值进行平均），在此基础上以10%的还原率进行贴现，得到20年期的农地流转经营权的生态系统服务总价值约为26113元/亩。

基于农地流转经营权经济价值和生态价值的计算结果，可以得出杨凌示范区20年期的农地流转经营权评估价值约为65190元/亩。

三、杨凌示范区农地经营权抵押价值评估案例

（一）评估对象及范围

为了对杨凌示范区××果园有限公司（权利人）拟抵押涉及的猕猴桃果树及农地流转经营权等资产进行评估，并为其提供价值参考依据，本次评估范围为截至评估基准日（2022年1月31日）××果园有限公司拟抵押涉及的猕猴桃果树及农地流转经营权等资产，评估对象为××果园有限公司拥有的位于杨陵区五泉镇上湾村及茂陵村共计480.3亩猕猴桃果树，截至评估基准日均已进入盛果期；另外包括冷库等房屋建筑物3项、制冷系统设备等机器设备8项以及杨陵区五泉镇上湾村及茂陵村共计510亩的土地流转经营权。上述资产均取得了农村产权鉴证书。

（二）评估准备

本次评估为拟抵押目的，评估实施过程符合公开和公平的市场条件；当事人是理性的；市场价值是价值估计数额；评估对象的现状良好。基于此，本次评估以市场价值作为价值类型标准，即双方基于自愿、理性的原则，在评估基准日对评估对象进行正常公平交易时的估计价值。评估公司接受××果园有限公司的委托，根据有关法律、行政法规和资产评估准则，本着客观、独立、公正的原则，主要采用收益现值法和成本法，按照必要的评估程序，对××果园有限公司拟抵押涉及的猕猴桃果树及农地流转经营权等资产于截至评估基准日的市场价值进行了评估。

本次评估以下面基本假设为前提：

（1）本资产评估价值，系在评估基准日的外部经济环境条件不变，即被评估资产保持现有用途不变且继续经营的前提下，对被评估资产为抵押目的而提出的关于资产公允价值的意见。此次估值没有考虑国家宏观环境和自然力以及其他不可抗力对评估价值产生的影响。

(2) 本资产评估价值，是评估对象基于本次评估目的和在评估基准日条件下，按照公开市场原则确定的当前公允价值，没有考虑特殊交易方可能支付的额外价格对评估价值产生的影响。

(3) 本资产评估价值建立在被评估单位提供给评估人员权属证明的基础上，委托人权属证明的依据是有关农村产权鉴证书及农地承包经营权租赁合同等资料，本评估结论有效的假设前提条件是评估对象的权属资料真实可靠。

(4) 上述前提条件是评估结论生效的前提，评估人员有责任确认这些条件是否在评估基准日有效，但是不承担因前提条件发生变化或经济环境改变而导致评估结果差异的责任。

(三) 评估依据

行为依据：资产评估的委托合同。

法律依据：《中华人民共和国民法典》《中华人民共和国资产评估法》《中华人民共和国公司法》以及其他关于资产评估的法律法规。

准则依据：《资产评估基本准则》《资产评估职业道德准则》《资产评估执业准则》中关于资产评估程序、资产评估报告、资产评估委托合同、资产评估档案、资产评估方法、无形资产、不动产、机器设备、森林资源资产等的相关规定及《资产评估价值类型指导意见》。

权属依据：被评估单位的农村产权鉴证书及农地承包经营权租赁合同等，被评估单位提供的与评估有关的其他证明文件。

取价依据：《资产评估常用方法与参数手册》《中国统计年鉴》《中国统计摘要》和评估人员收集的当前市场价格信息资料、评估人员现场勘察及市场调查情况、国家有关部门颁布的技术标准资料、网络查询的市场及行业相关信息与数据、委托人及产权所有人（被评估单位）提供的资产评估申报明细表以及有关资料、收集的其他相关资料。

(四) 评估方法

1. 猕猴桃果树及农地流转经营权

本次资产评估为拟抵押目的，由于可比实例难以选择，故不适合采用市场比较法。本次评估的果树已进入盛果期，采用成本法只能计算其购买成本、养护费用等已花费成本，但对于其今后产生的收益无法完全包含在内，因此采用成本法不合适。本次评估的资产为猕猴桃果树，其相关的收益可以取得，相应的成本费用也可以预测，故收益现值法适用，因此本次评估采用收益现值法；

同理，农地流转经营权的超额收益可以计算取得，故农地流转经营权采用收益现值法较合适。

2. 房屋建（构）筑物及机器设备

本次委托评估的房屋建（构）筑物及机器设备基本为果树生产种植所需的配套设施等，由于可比实例难以选择，故不适合采用市场比较法；另外委估资产均为单项资产，难以量化其单独的收益，因此不适合采用收益现值法；委估资产的重置成本易于取得，相应的贬损因素也能够估计，故采用成本法进行评估比较合适。

（五）相关评估情况

1. 猕猴桃果树

本次评估的猕猴桃果树为位于杨陵区五泉镇上湾村及茂陵村共计 480.3 亩的猕猴桃果园，该园所占用农地均为农地流转租赁取得，租赁期限为 20 年，截止日期为 2032 年 10 月 14 日。该猕猴桃果园全部种植猕猴桃果树，种植于 2013 年左右，树龄基本为 8 年左右，均已进入盛果期。猕猴桃果树采用收益现值法进行评估。本次评估假定生产性生物资产的价值，可由其带来的预期收益得到，即按如下模型确定：

$$V = \sum_{i=1}^{n} P \times (1+r)^{-n} \qquad (7-5)$$

其中，V 表示评估对象价值，P 表示评估对象未来年净收益，r 为折现率，n 为收益年限。

未来年净收益分析：

评估对象未来第 n 年净收益＝未来第 n 年总收入－未来第 n 年总成本

其中：

未来第 n 年总收入＝果园商品果年产量（kg/亩）×售价（元/kg）×种植面积（亩）

未来第 n 年总成本＝年土地租金＋年人工费＋年农资费＋年耕作费＋年间接费用

收益年限分析：根据委托方流转农地的截止年限及猕猴桃果树产果期年限的分析，确定本次评估的收益年限。

折现率分析：折现率＝无风险报酬率＋风险报酬率

其中，取 5 年期国债利率作为无风险报酬率。截至评估基准日 5 年期国债利率为3.97%；风险报酬率主要受以下因素影响：①供需因素。目前我国的猕猴桃产业仍处于成长期，随着居民收入的稳定增长，对猕猴桃等高端水果的需求仍将稳定增长，但由于面临产业链条不完善、品种选育落后、生产规划不足、机械化程度低等问题，行业仍有显著的增长空间。②生产成本因素。由于人工成本的上涨，以及农药、肥料等价格上涨，生产成本具有逐年增加的风险。③自然气候条件因素。农业生产受气候的影响较大，干旱、冰冻、风雹等都会对农作物造成较大损害。④政策及其他因素。国家的产业政策、行业规划、价格政策、税收政策对企业的获利能力产生短期或长期的影响。本次评估项目相对而言受政策及其他因素影响较小。

风险报酬率包含行业风险报酬率和特有风险报酬率。行业风险报酬率按照有关效益评价标准中的平均净资产收益率扣除无风险报酬率确定，特有风险报酬率是指公司经营风险率和公司财务风险报酬率之和。本次评估的猕猴桃果园属于农业种植业，行业风险不大，但有一定的财务风险和经营风险。根据上述情况，风险报酬率确定为6.03%，在不考虑通货膨胀的情况下折现率最终确定为10%。

通过上述分析，使用取得的相关数据资料，计算出相关的生产性生物资产的价值，确定为评估值，具体价值如表7-5所示。

表7-5 猕猴桃果树评估明细表

评估基准日：2022年01月31日

序号	树种	品种	面积（亩）	种植时间	土地使用期限	评估价值（元）
1	猕猴桃果树	翠香	200	2012年	20年	7672697.11
2	猕猴桃果树	徐香	100	2012年	20年	2501966.45
3	猕猴桃果树	其他	180.3	2012年	20年	6916936.44
合计			480.3			17091600.00

2. 农地流转经营权

农地流转经营权为委托方取得的杨陵区五泉镇上湾村及茂陵村共计510亩的流转用地的流转经营权（东至107省道、南至二支渠、北至小津河、西至椒生地界）。根据委托方的实际农地租金与市场租金之间的超额收益，计算剩余租赁期间的农地流转经营权价值。具体价值如表7-6所示。

表 7-6　农地流转经营权评估明细表

评估基准日：2022 年 01 月 31 日

序号	土地位置	流转期限	流转用途	面积（亩）	评估价值（元）
1	杨陵区五泉镇上湾村及茂陵村	2012年10月15日—2032年10月14日	农业生产	510	993800
	合计				993800

3. 房屋建（构）筑物

在资产持续使用的基础上，利用成本法进行计算：

$$评估值 = 重置全价 \times (1 - 折旧率)$$

其中，重置全价包括建筑安装造价、前期及其他费用、装修费、管理费及资金成本。

本次评估按照理论成新率确定：

$$理论成新率 = (1 - 已使用年限/设计使用年限) \times 100\%$$

本次评估按照年限法计算成新率已能基本准确反映委估资产的现状，故未采用现场勘察法计算成新率。其中房屋建筑物被评估单位未提供产权证书，建筑面积由被评估单位提供，评估人员经抽查核实无误后按照其所提供的建筑面积计算。具体价值如表 7-7 所示。

表 7-7　房屋建（构）筑物评估明细表

评估基准日：2022 年 01 月 31 日

序号	建筑物	结构	建成日期	建筑面积（平方米）	账面原值（元）	评估价值 原值（元）	评估价值 成新率	评估价值 净值（元）
1	储藏设施——冷库	钢结构	2017年5月	283.20	253000	257800	85%	219130
2	观光台	钢架棚	2017年5月	66.95	52700	50200	85%	42670
3	停车场	其他	2017年5月	351.05	276300	263200	85%	223720
	合计			701.20	582000	571200		485520

4. 机器设备

以被评估资产持续使用为前提，采用成本法。计算公式如下：

$$评估值 = 重置全价 \times 综合成新率$$

其中，对于一般办公设备等直接以市场采购价作为其重置单价；对国产设备和以人民币支付在市场上购置的进口设备，其重置全价根据该设备市场售价再加计设备的运杂费和安装调试费以及其他必要的、合理的成本费用确定；对难以在市场询价和价格资料不全的设备，但能掌握其价格变化幅度且原值准确的设备采用原值进行同类产品价格指数调整，以确定设备重置全价，即重置全价＝设备原值×同类产品价格指数；对已经改型或已不再生产的设备，按评估期相类似的产品或替代产品的市场售价加计运杂费和安装调试费确定。

对于综合成新率的确定可以使用年限法和勘查法来计算。其中，勘察法成新率是根据委估资产的使用要求情况，对委估资产的目前各项实际状况进行勘察打分，综合汇总计算出勘察法成新率。具体评估价值如表7-8所示。

表7-8 机器设备评估明细表

评估基准日：2022年01月31日

序号	设备名称	数量	购置日期	申报价值（元）	评估价值 原值(元)	成新率	净值(元)
1	冷库库房	1	2017年1月	126890	128800	83%	106904
2	制冷系统设备	1	2017年1月	49220	50000	75%	37500
3	电器系统设备	1	2017年1月	11980	12200	72%	8784
4	管路系统	1	2017年1月	9810	10000	75%	7500
5	气调系统	1	2017年1月	195360	198300	72%	142776
6	其他配套设备	1	2017年1月	88208	89500	72%	64440
7	灌溉设施	1	2014年	1957400	1986800	47%	933796
8	防护设施	1	2014年	265000	267750	33%	88358
	合计			2703868	2743350		1390058

综上可得，截至评估基准日，××果园有限公司拟抵押所涉及的猕猴桃果树及农地流转经营权等评估价值为19960978元，其中，农地流转经营权993800元，猕猴桃果树17091600元，房屋建（构）筑物485520元，机器设备1390058元，如表7-9所示。

表7-9 评估价值汇总表

类别	评估价值（元）
农地流转经营权	993800
猕猴桃果树	17091600
房屋建（构）筑物	485520

续表

类别	评估价值（元）
机器设备	1390058
总计	19960978

四、农地价值评估实践差异检验与评价

杨凌示范区农地流转经营权抵押价值评估案例中，农作物和农地流转经营权两项资产的总评估价值为 18085400 元，农作物的种植面积大约为 480 亩，经过计算农地流转经营权每亩评估值为 37677 元/亩，与公允价值评估模型下计算的经济价值数额（39077 元/亩）相当，从而验证了该模型的经济合理性，但其同样忽略了农地流转经营权的生态价值。

（一）年净收益的合理预期存在难度

农地流转经营权抵押价值包含农地价值和农作物价值两部分，由于农地价值评估都是以政府公布的基准价格为标准，因此农作物价值评估对于农地流转经营权价值的确定至关重要。由于小麦、玉米等粮食作物经济附加值较低，收益水平也不高，利用农地流转经营权进行粮食作物种植的农户较少。经济作物一般分为瓜果蔬菜、油料花卉等，这些作物的年净收益的确定成为评估其价值的关键因素。一方面，农作物经营受自然环境影响较大，在成长过程中容易受到冰雹、干旱等自然灾害的影响，这使其未来收益存在着很大的不确定性；另一方面，不同农作物的生产周期不同，不同阶段农作物的经营收益存在着较大的差异，导致农作物价值也会发生很大变化。因此，准确测算被评估农作物在未来一段时期内每年的净收益存在一定的难度。公允价值评估模型将农作物净收益的变化情况用每年 2% 的增长率来衡量，农作物属于生物性资产，其价值通常会随着时间推移而升高。

（二）农地流转经营权租金的支付问题

农地流转经营权租金的支付问题是流转经营权抵押价值评估过程中的关键问题。根据《农村土地经营权流转管理办法》，对农地受让方通过流转合同取得农地流转经营权的相关规定做了一些补充，对于保护农民合法的农地承包权和提高规模经营主体农地经营权利用效率都具有重要意义。例如关于流转租金的数额、支付方式和支付时间需要在农地经营权流转合同中详细说明。为了加

强对农地经营权流转的监督管理、保护承包农户权益，杨凌示范区建立了"农村土地流转履约保证保险"制度，杨凌土地流转服务有限公司、金泰保险有限公司与规模经营主体三方签订"农村土地流转履约保证保险"三方协议，意味着如果企业或者合作社欠了农户的农地租金，保险公司将按照合同约定进行赔偿。在这种制度保障下，租金年付制成了规模经营主体降低前期投入成本、应对自然和市场不确定性的最佳选择。农地流转经营权抵押价值评估中于规模经营主体未完全支付整个流转期限内的租金，导致债权属性的流转经营权的抵押权能是不完整的。农地价值评估中应该合理考虑未支付租金对净收益的影响。

（三）农业补贴的激励效用未激活

农业补贴作为解决"三权分置"下农地承包权和经营权分离所衍生的农民与农地问题的关键因素，流转补贴、种植补贴等为新型农业经营主体开展大规模经营提供了物质资金的保障，激发了新型农业经营主体的积极性。财政补贴会影响农地流转交易的相对价格，从而改变农地资源配置结构、供给结构和需求结构，是国家与农民分配关系的重要内容之一。从杨凌示范区农地经营权流转价值评估实践来看，评估中未涉及国家农业补贴，但随着2016年农业补贴政策的改革和落地，进一步有效地保护了农业经营者的相关权益，也使得农业经营者的农地生产收益得到提升，理应作为一种收益计入当期的农地流转所得，因此有必要将其计入农地净收益之中。农业补贴主要表现为资金投入优惠政策和制度建设，通过分析杨凌示范区的实践，其在资金投入方面给予新型农业经营主体一定的资金奖励，可以有效地缓解普通农户及新型经营主体的资金紧张，保障当地农地经营抵押贷款的顺利开展。但在实际运用过程之中，农业补贴的持续性和普惠性未能落实，这也是现实中急需改进和完善的问题之一。公允价值评估模型将农业补贴作为一种净收益的来源予以考虑，是结合现实政策条件对评估模型的一种创新。

（四）农地的生态价值未合理体现

农地的生态价值主要体现为农地的食物生产、原料生产、水资源供给以及对气候、土壤、生物多样性等指标所带来的影响和效益。随着国家对环境问题的日益重视，牺牲生态资源而换取农业价值的发展模式早已被摒弃，加之"双碳"目标在农业领域的纵深推进，意味着要大幅降低农药、化肥和动力机械等传统农业生产和生活资源要素投入，同时要提高农业生产效率和碳汇能力，还要全面强化农业面源污染的监管和治理。农业新型经营主体基于规模化的生产经营模式和较为先进成熟的经营技术在很大程度上有利于农业农村现代化绿色发展转型升级，提高农业农村现代化建设的发展质量，真正实现绿色发展方式。农地作为乡村的重要载体，其良性、绿色的发展是建设美丽乡村的必要条件。因此，规模经营主体通过土地流转开展农业生产获取农产品的同时也生产出了一系列的生态产品，主要包括清新的空气、宜人的气候、美丽的环境等公共性生态产品，有机农产品、旅游产品等经营性生态产品以及碳排放权、排污权等准公共性生态产品。这些生态产品的价值实现一方面可以通过财政转移支出、财政补贴等方式，另一方面可以通过直接的市场交易来完成。因此，对农地流转经营权生态价值的科学评估，是对农地生态产品价值属性的充分体现，评估模型应该予以考量。

本章小结

农地流转经营权是在农地"三权分置"基础上形成的，是一种对承包经营的农地享有占有、使用、收益和依法流转的权利。经济价值是流转经营权的主要价值内容，本质上是农地的未来预期收益。同时农地经营权通过农地规模化经营、标准化和机械化生产以及绿色技术的采用进一步提升了农地的生态价值功能。农地流转经营权经济价值的评估方法有收益现值法、实物期权评估法、数学模型法，其生态价值评估法与承包经营权价值评估法相同。在此基础上，提出以公允价值评估方法对农地流转经营权经济价值进行评估，将公允价值下的收益现值法进行修正得到最后的评估模型。以陕西省杨凌示范区为样本区，对农地流转经营权的经济价值和生态价值进行估算，将得出的理论评估值与实践中的案例评估值进行对比，得出案例企业农地流转经营权抵押评估价值与公允价值评估模型中的经济价值大致相当，但实践中存在着年净收益的合理预期难判断、农地经营权流转租金的支付困境、农业补贴的激励效用未发挥、农地的生态价值未合理体现等现实问题。因此，农地流转经营权的公允价值评估模型有利于在保障规模经营主体基本权益的基础上提高规模农户开展农地抵押贷款的积极性，这也是农地金融市场创新的关键所在。

第八章 "三权分置"下农地经营权价值综合评估模型

科学完善的农地价值评估机制,准确可行的农地价值评估方法,是推动农地市场化流转和农地抵押贷款可持续发展的关键。基于农地产权分类视角,对农地经营权价值评估方法进行分类设计,能有效提高农地价值评估的准确性和科学性。第六、七两章使用产权价值分析方法和公允价值分析方法分别对农地承包经营权和农地流转经营权的抵押价值评估进行了研究,本章在前文基础上构建出一个综合模型,以提高农地价值评估方法的适用性和可操作性。

第一节 农地产权价值评估模型的比较优势

一、体现了可持续发展的价值观

可持续发展作为一种新的发展模式,在越来越多的国家得到普及,并渗透到人类经济发展的每一个角落。1987 年,任职联合国环境与发展委员会主席的布伦特兰夫人发表的里程碑式的文献 *Our Common Future* 中首次提出可持续发展的概念,标志着可持续发展观正式形成。可持续发展观的核心就是环境问题,"绿色经济"作为一种能够实现经济与环境平衡发展的经济范式应运而生[1]。农地是人类依赖性最强的自然资源,对生态系统可持续发展的影响也最为直接,是发展绿色经济的关键。农地抵押贷款实践证明了农地产权改革对农业可持续发展的积极作用。农地作为最重要的自然资源,实现其担保融资功能

---

[1] Barbier E B, Stern D I, Common M S: Economic growth and environmental degradation: The environmental Kuznets curve and sustainable development,World Development,2004,24 (7): 1152.

有利于充分发挥农地的资本属性，这不仅是高效利用农地的一种方式，也是促进农业可持续发展的有效途径。农地是一个具有不同层级类似于"金字塔"的多元价值功能体系，最底层是保证人类基本生存的价值，往上依次为生态服务价值、粮食安全价值、社会保障价值，此外中国特殊的农地制度使农地同时具备了一种特殊的身份认同和情感寄托价值。农地承包经营权对普通农户家庭的保障作用与农地制度设计密切相关，集体成员身份与农地经营收益共同为农户及家庭构建了基本生活、就业、医疗、养老等多方面的保障。"三权分置"后，农民通过农地流转可以获得直接的财产性收入，而农地作为农民情感保障的功能会逐渐凸显。随着家庭收入结构的多样化和国家对农村社会保障投入的加大，农地社会保障的实际作用已经不再是"最后一道防线"，但是在今后很长一段时间内仍会是农村社会稳定和农民发展的基础，因此农地的社会价值功能不能忽视。随着生态文明建设和农地保护政策的大力推进，农地的生态产品价值属性日益凸显，生态振兴成为乡村振兴战略实现的重要任务，生态价值的合理评估是实现农地资源可持续发展的关键。

农地资源作为自然资源资产的重要组成部分，具有稀缺性、有用性（包括经济效益、社会效益、生态效益）以及产权明确性等特征。如何选择科学的方法衡量其经济价值、社会价值和生态价值是农地价值评估与核算的重点和难点。使用产权价值评估模型对农地承包经营权的抵押价值进行评估能够充分考虑农地资源的"三生"（生产、生活、生态）功能，农地在市场化流转和抵押过程中也能实现相应的经济价值、社会价值和生态价值，是一种具有可持续发展理念的价值观念。

二、体现了共同富裕的本质内涵

共同富裕是全体人民的富裕，是人民群众物质生活和精神生活都达到富裕，其最典型的特征就是普惠性，即经济发展在达到一个较高水平后，就要合理控制和缩小不同群体之间的差距，提升全民收入水平。乡村振兴和城乡融合发展都是实现共同富裕的重要战略。但从我国基本国情来看，农村地区实现共同富裕的经济基础还相对薄弱，大量的农村资源还没有被激活，要素功能优势不明显，这也成为农业现代化的主要障碍。

农地资源是农村经济发展的重要基础，也是农业生产活动的基本资料。充分激发农地资源的市场活力是实现农民增收的关键点，也是实现农业农村共同富裕的主要方向。长期以来，农地资源价值的实现一直没有达到最优的状态，制约了农业现代化进程和农民走向富裕的脚步。因此，激活农地资源活力，全面挖掘农地潜力，科学评估农地价值，成为提高农民财产性收入的重要手段。中国农村的绝大部分农地仍然掌握在普通农户手中，共同富裕的实现首先要依托占中国绝大多数的普通农户进行乡村建设。通过农地价值合理评估，推动农地制度改革，发展乡村产业，进而把产业发展的增值收益更多地留给农民，促进共同富裕。根据农业农村部2021年的数据，我国普通农户基数大，占农业经营户总数的98%以上，全国农村经营耕地10亩以下的约2.1亿农户，农户户均经营规模只有7.46亩①，这在世界上属于超小耕地规模。农地细碎化问题突出，劳动生产率和资源利用率还不高，科技文化素质整体水平偏低，应用现代生产要素能力不强，导致农户获取收入的能力有限，这也是导致城乡收入差距的关键所在。当前，提高普通农户收入水平已进入关键转型期，农民经营性收入和工资性收入的增收贡献在减弱。应建立现代化农村产权制度，促进要素的市场化配置，完善要素价值市场化评估机制②。深化农地制度改革，有效盘活乡村的存量农地和低效农地，合理评估农地价值将为农民增收注入新的动力。

农地产权价值评估模型一方面能够合理评估普通农户承包土地的经济价值，激活农地要素的资本属性功能，提高普通农户的农地资源利用效率，进而提高普通农户的要素收入，成为缩小城乡居民收入差距的重要内容；另一方面农地承包经营权社会保障价值的实现，有利于缩小城乡之间劳动和资本要素报酬的差距，是实现城乡居民社会保障服务均等化的有效形式，也是实现对普通农户兜底保障的直接手段，是实现共同富裕的重要基础。

三、体现了粮食安全的战略目标

当前，加快我国农业现代化的首要任务就是要提高粮食及重要农产品的供给能力。农地是保障粮食生产的命脉，耕地安全是粮食安全的重要保障和基础，保障18亿亩的耕地红线需要合理的制度安排。农地既是农业经济中的生产资料，也是农村社会中的福利资源③。农地对于国家发展战略层面的社会稳定功能将长期存在。普通农户作为与粮食生产直接相关的利益群体，其与粮食

---

① 国务院：《国务院关于加快构建新型农业经营体系推动小农户和现代农业发展有机衔接情况的报告》，http://www.npc.gov.cn/npc/c2/c30834/202112/t20211221_315449.html。
② 张红宇：《缩小城乡收入差距，促进农民富裕富足》，《农村工作通讯》，2021年第5期，第34页。
③ 印子：《农地的社会功能及其制度配置——基于华北农村"小农户家庭经营"案例分析的讨论》，《农业经济问题》，2022年第3期，第20页。

供给的安全稳定性和农地资源的可持续利用关系紧密。根据黄宗智（2021）的推算，普通农户依然是我国农业经营的主体，以农业家庭经营为主的农业经营方式，在整体耕种规模上都远远高于规模经营主体①。农地对普通农户产生的社会保障功能并不会因为农业现代化水平提升和农地经济价值提升而减弱，而在宏观层面农地具有的保障国家粮食安全和社会稳定的功能价值也一直在提升。农地的社会保障和生态环境价值从本质上来看属于公共物品的服务范畴，无法通过市场机制来反映，因此被称为非市场价值。对农地非市场价值的合理评估是解决农地资源保护问题的重要途径，不仅能提升农地资源在当前社会经济生活中的功能定位，还有利于提升农户的农地价值认知水平，进而提升其对农地资源的保护程度，有效保障粮食和重要农产品的供给。

农地产权价值评估模型从农地产权属性视角对农地价值的内涵与构成进行了重新界定，将农地承包经营权的社会保障功能、生态保护功能与经济功能并重，凸显了农地非市场价值的重要性。一方面，有利于提升农户的社会责任感和环境保护意识，对耕地保护起着重要的作用，能够保障国家粮食安全战略的实现；另一方面，可降低经济收益在农地总价值中的比重，有效抑制农户的农地非粮化利用倾向。种粮收入偏低是当前农业生产中的普遍事实，而种植果蔬、林木等经济作物的收益却较高，基于利润的驱动，大部分农户会选择农地非粮化经营。农地产权价值评估模型中农地经济收益只构成了农地价值的一部分，农户选择"种粮"还是"种经"对农地评估价值影响不大，因此能降低农户农地非粮化利用行为的发生。

第二节　农地公允价值评估模型的比较优势

一、体现了农地资源会计要素属性

会计计量是指将会计要素用定量化的货币单位加以反映，从不同的方面进行计量就意味着具有不同的计量属性。资产通常可以使用历史成本、重置成本、可变现净值、现值和公允价值等属性进行计量。众多学者提出可以采用会

---

① 黄宗智：《资本主义农业还是现代小农经济——中国克服"三农"问题的发展道路》，《开放时代》，2021 年第 3 期，第 36 页。

计计量属性来评估农地流转价值，尤其是将公允价值计量与农地流转价值相结合的原理得到了普遍认可。随着我国对公允价值的研究逐渐与国际趋同，将公允价值计量方法应用于农地经营权评估也具有越来越大的可行性。但实际上我国大多数农村地区的农地交易市场还不活跃，农地作为无形资产的公允价值实现还存在一些技术上的障碍。农地作为农户家庭的一项资产，其应该具备会计核算中资产的定义条件，一方面与该资产相关的经济利益极有可能流入农户手中，另一方面该资产的成本能够可靠地计量。但在农地价值评估这一特殊的会计核算业务中，其成本是否能够可靠地计量具有很强的不确定性。因此，在此种条件下，为了追求公平性，缩小各组间的差异性，使得至少在各地区层面的农地价值能够达到统一，人们开始追求与市场价值的一致性。市场价值假定资产处于最佳使用状态，公允价值假定资产处于交易时的特定时点状态，如果不考虑时间上的这种协同效应，两者在一定程度上是统一的，因此基于公允价值分析的农地流转经营权评估方法本身的出发点是合理且受到认可的。

农地流转经营权价值评估的客观公允是农地流转顺利进行的基本保证。若农户经营权估值偏低，则在租赁、互换和入股的这一过程中，农户最终的折算收益也会偏低，这将会损害农户的合法权益；若农地经营权估值偏高，又将损害其他利益相关者如为农户提供担保的相关主体、保险机构、风险补偿机构等的合法权益。因此，从财务会计学的角度来看，以公允价值为基础的农地流转经营权价值评估方式，体现了农地资源与会计要素属性相联系的观点，能够促进各农业经营组织的相关关系协调，是农地经营权流转的必然选择。

二、体现了科学的农地价值衡量模式

一方面，基于公允价值分析的农地流转经营权价值评估在评估方法上更加合理和规范。修正后的公允价值评估模型，在遵循市场交易规律的基础上，结合相关政策和现实条件，考虑到了农业补贴及租金对收入和成本计量的影响。从社会领域来看，其保障了农民的基本权益；从经济领域来看，其使农地流转业务的资金数额更加明晰，细化了农地的经济价值。随着社会的发展、经济的进步及"三权分置"改革的深入，农地市场中对于农地流转经营权的需求将会不断增加，而农地的不可移动性和稀缺性将会导致农地增值，农地经营权价值也会因此上升，科学合理的评估方法将会促进农地流转经营权高效流转。

另一方面，科学的农地流转经营权评估模式有助于推动城乡融合发展。相较于农地承包经营权的抵押贷款模式，农地流转经营权抵押是一种短期行为。前者基于产权价值属性，不论是从内生还是外延的角度来看，农户所承包的农地为其自身带来的价值在一定意义上是更加"充盈"的。农户将农地向其他新型农业经营主体流转之后，新的农业主体对农地的心理依赖性远不及前者，而是更多地将自身行为投入市场中。随着城乡一体化进程的加快，农地流转使城乡之间的要素融合更加紧密。农地是城乡发展的共同要素，基于公允价值的农地流转经营权价值评估模式有利于实现农地资源在市场上合理、公允地进行流转，体现了符合城乡融合发展理念的农地价值衡量模式。

三、体现了农地资源的最优配置原则

"三权分置"下的农地所有权、承包权和经营权这三项权利实现了分离，经营权在最大程度上被激活，可以在不同主体之间进行转化，农地经营权流转就是最好的表现形式，这也是解决目前农村空心、土地闲置、"谁来种地"等社会问题的有效途径。近年来，由专业大户、家庭农场、农业合作社、农业企业组成的新型农业经营主体在数量和规模上都实现了快速发展，其收益能力也远远高于普通农户。因此农户将分散的农地向新型农业经营主体流转，有利于促使农地资源的合理利用和配置，这也是"三权分置"制度改革的最大目标，合理有效地评估农地流转经营权价值是实现这一制度变革的关键。

在此基础上，农地的市场半径和规模也在逐渐扩大，从而推动农村各种资本要素市场的发展。新型农业经营主体相较于小农户，经营规模较大、物资设备条件和管理能力较好、劳动生产率高、资源利用率和土地产出率较高，且还具有灵敏的市场价值取向，能够根据市场需求积极主动地调整生产活动，实现与市场的有效衔接。以公允价值为基础的农地价值评估模式，在不考虑时点因素影响的情况下，其反映的也是市场价值，二者在理论和实践上都实现了统一。对于农地经济价值的评估方法，公允价值评估下的收益现值法在技术操作和使用上具有很强的规范性，更易于基于市场化的条件为各类农业经营主体所接受，从而加快农地资源的交换和利用。因此，基于公允价值分析的农地流转经营权价值评估体现了对农地的合理流动和优化配置。

第三节 农地经营权价值综合评估模型构建

一、农地经营权经济价值的分析换算

农地经营权的经济价值是农地资源价值的重要组成部分。无论农地经营者的身份属性如何，农作物产出均能给农地经营者带来一定的经济增值效益，即农地承包经营权与农地流转经营权的首要功能都是作为生产资料获取经济收益，因此均具备经济价值。不管是基于产权价值分析还是公允价值分析，其计算的基本原理相同，使用的主要计算方法原理均为收益法中的现金流量折现法，但二者经济价值的构成及具体计算有所差异。

（一）农地承包经营权经济价值

将农地承包经营权作为抵押物设立担保物权时，抵押物价值通过抵押农地的生产力加以体现，即农地承包经营权的经济价值为单位面积农地在抵押年限内总的净收益。设抵押年限内单位面积农地年净收益均为 a，使用土地还原率 (r) 对抵押年限 (n) 内的每年农地净收益进行折现，即可得到农地承包经营权的经济价值。根据第六章分析，基于产权价值分析的农地承包经营权经济价值 V_P 的计算公式为：

$$V_p = \frac{a}{r}\left[1 - \frac{1}{(1+r)^n}\right]$$

将 $(1+r)^n - 1$ 记为 Δ，上式则变形得：

$$V_p = \frac{a}{r} \times \left[\frac{(1+r)^n - 1}{(1+r)^n}\right] = \frac{a}{r} \times \frac{\Delta}{(1+r)^n} \qquad (8-1)$$

其中，a 为单位面积的农地年净收益，同时也是单位面积农地基年净收益。

（二）农地流转经营权经济价值

农地流转经营权是在农地流转的基础上形成的，在此过程中，农地经营主体由原始承包户转变为新型规模经营主体。农地经营权的流转交易使其一定程度上具备利用公开市场交易信息进行估值的条件，因此对于农地流转经营权基

于公允价值分析理论构建评估模型。得益于资金、生产技术、管理技能等方面的优势,新型经营主体在开展规模化经营后会对农地增加机械化、信息化等方面的投入,通过将农地与资本充分结合,提高农地的集约化程度以增加农地产出。因此,在计算农地流转经营权抵押价值时,需要额外考虑农地经营者在农地使用期间,对农地投入的与农地不可分割的大棚、灌溉等农业设施资产的初始价值 P_0。

按照资本化原理,农地经营权的经济价值是在其流转期限内所取得的年净收益进行折现后的现值之和。每年农地经营的直接生产收益为 D。规模经营主体开展农业生产的收益和成本又受到一系列因素的影响,进而影响农地净收益,因此在考虑国家农业补贴 F、农地流转租金 T、农地净收益年固定增长率 s 的基础上,对公允价值评估模型进行修正。农地经营权价值由生产收益、经营项目风险和流转期限等因素共同决定。根据第七章分析,基于公允价值分析的农地流转经营权经济价值 P 为:

$$P = P_0 + \frac{D_0 + F + T}{r - s} \times \left[1 - \left(\frac{1+s}{1+r}\right)^n\right]$$

其中,P_0 是农地上基础设施的初始价值,即规模经营主体对农地投入的与农地不可分割的农业设施资产的历史成本价值;$D_0 + F + T$ 合并为单位面积农地的基年净收益 a。

将 $r[(1+r)^{n-1} + (1+r)^{n-2}(1+s) + \cdots + (1+r)(1+s)^{n-2} + (1+s)^{n-1}]$ 记为 Δ',上式变形得:

$$\begin{aligned}
P &= P_0 + \frac{D_0 + F + T}{r - s} \times \left[\frac{(1+r)^n - (1+s)^n}{(1+r)^n}\right] \\
&= P_0 + \frac{D_0 + F + T}{r - s} \times \frac{(r-s)[(1+r)^{n-1} + (1+r)^{n-2}(1+s) + \cdots + (1+r)(1+s)^{n-2} + (1+s)^{n-1}]}{(1+r)^n} \\
&= P_0 + \frac{D_0 + F + T}{r} \times \frac{\Delta'}{(1+r)^n} \quad (8-2)
\end{aligned}$$

(三)农地经营权经济价值综合模型

农地经营权的经济价值 V_1 可统一表示为:

$$V_1 = P_0 + \frac{a}{r} \times \frac{\Delta_1}{(1+r)^n} \quad (8-3)$$

当为农地承包经营权时:

$$P_0 = 0, \Delta_1 = (1+r)^n - 1$$

当为农地流转经营权时:

$$\varDelta_1 = r\big[(1+r)^{n-1} + (1+r)^{n-2}(1+s) + \cdots + (1+s)^{n-1}\big]$$

二、农地经营权社会价值的分析换算

(一)农地承包经营权社会价值

农地承包经营权的主体具备身份属性,使得农地经营权对于原始承包户而言具有社会保障属性,具体体现在基本生活保障、就业保障和养老保障三个方面。使用替代市场法,将当地城镇居民的保障水平与农村居民保障水平的差额作为农地承包经营权的社会价值,并将城镇与农村居民年均可支配收入之比作为纠偏系数,以此得到农地可带给承包户的年均社会价值,再使用土地还原率(r)对抵押年限(n)内的农地社会价值进行折现,即可得到农地承包经营权的社会价值。根据第六章分析,基于产权价值分析的农地承包经营权社会价值 V_S 为:

$$V_S = \frac{(V_l + V_e + V_o)}{r} \times \frac{M_r}{M_c} \times \left[1 - \frac{1}{(1+r)^n}\right]$$

记 $V_l + V_e + V_o$ 为 V_σ,年均可支配收入的纠偏系数记为 m,$(1+r)^n - 1$ 为 $\varDelta$,上式变形得:

$$V_s = \frac{V_\sigma m}{r} \times \frac{\varDelta}{(1+r)^n} \tag{8-4}$$

(二)农地流转经营权社会价值

根据第七章分析可得,农地流转经营权的经营主体不依赖农地的社会保障作用,因此基于公允价值分析的农地流转经营权价值不包括社会价值,即社会价值为零。

(三)农地经营权社会价值综合模型

农地承包经营权在抵押时具有社会价值,而农地流转经营权不具备社会价值,则农地经营权的社会价值 V_2 可表示为:

$$V_2 = \frac{V_\sigma m}{r} \times \frac{\varDelta_2}{(1+r)^n} \tag{8-5}$$

当为农地承包经营权时:

$$\varDelta_2 = (1+r)^n - 1$$

当为农地流转经营权时:

$$\varDelta_2 = 0$$

三、农地经营权生态价值的分析换算

土地是自然界为人类提供的基本生产要素，经过人类的生产活动后变为农地，在农业产业层面创造价值。作为自然界生态系统的组成部分之一，农地生态价值属性主要表现为防止土壤侵蚀、涵养水源、改善气候、净化空气和水质等，这些功能的实现关乎农地本身带来的间接生态利益，与农地经营权属性和主体类型无关。

（一）农地承包经营权生态价值

使用当量因子法对农地承包经营权的生态价值进行计算，该当量因子法包括生态系统的供给服务、调节服务、支持服务及文化服务四个方面共 11 种具体的生态功能。根据第六章分析，基于产权价值分析的农地承包经营权生态价值为：

$$V_c = \frac{\sum_{t=1}^{n}(e_t \times V_a)}{r} \times \left[1 - \frac{1}{(1+r)^n}\right]$$

其中，$\sum_{t=1}^{n}(e_t \times V_a)$ 为农地生态系统服务总价值，记为 V_e；记 $(1+r)^n - 1$ 为 Δ，上式变形得：

$$V_c = \frac{V_e}{r} \times \frac{\Delta}{(1+r)^n} \quad (8-6)$$

（二）农地流转经营权生态价值

根据第七章分析，农地流转经营权也包含农地的生态价值，其计算过程与农地承包经营权相同，使用土地还原率（r）对抵押年限（n）内每年农地的生态服务总价值进行折现，即可得到基于公允价值分析的农地流转经营权的生态价值为：

$$V_c = \frac{\sum_{t=1}^{n}(e_t \times V_a)}{r} \times \left[1 - \frac{1}{(1+r)^n}\right]$$

记 $\sum_{t=1}^{n}(e_t \times V_a)$ 为 V_e；记 $(1+r)^n - 1$ 为 Δ，上式变形得：

$$V_c = \frac{V_e}{r} \times \frac{\Delta}{(1+r)^n} \quad (8-7)$$

(三) 农地经营权生态价值综合模型

农地承包经营权和农地流转经营权在抵押时均具备生态价值，则农地经营权生态价值可表示为：

$$V_3 = \frac{V_e}{r} \times \frac{\Delta_3}{(1+r)^n} \qquad (8-8)$$

$$\Delta_3 = (1+r)^n - 1$$

四、基于产权分类的农地经营权价值综合评估模型

在对农地经营权根据产权属性和经营主体进行分类的基础上，农地承包经营权和农地流转经营权的经济价值、社会价值和生态价值的构成具有异同点：农地经营权经济价值的计算原理是一致的，但农地流转经营权的经济价值中额外包含了农地使用者对农地投入的农业设施资产的初始价值，且农地净收益的计算考虑了国家农业补贴、农地流转租金、净收益年增长率这三个因素，据此对公允价值评估模型进行修正；对于农地经营权的社会价值，仅在农地承包经营权中有所体现；对于农地经营权的生态价值，农地承包经营权和农地流转经营权在内涵上是一致的，计算方法也完全相同。将经济价值、社会价值和生态价值进行加总，得到农地经营权价值 V 的综合评估模型：

$$V = P_0 + \frac{a}{r} \times \frac{\Delta_1}{(1+r)^n} + \frac{V_\sigma m}{r} \times \frac{\Delta_2}{(1+r)^n} + \frac{V_e}{r} \times \frac{\Delta_3}{(1+r)^n} \qquad (8-9)$$

农地承包经营权时：

$$P_0 = 0, \Delta_1 = (1+r)^n - 1, \Delta_2 = (1+r)^n - 1, \Delta_3 = (1+r)^n - 1$$

农地流转经营权时：

$$\Delta_1 = r[(1+r)^{n-1} + (1+r)^{n-2}(1+s) + \cdots + (1+s)^{n-1}],$$

$$\Delta_2 = 0, \Delta_3 = (1+r)^n - 1$$

"三权分置"下农地承包经营权和流转经营权具有不同的产权属性和价值构成基础，这也决定了二者在进行价值评估时应该对评估方法进行分类设计。对农地价值进行科学合理的评估是农地抵押贷款政策实施的基础，也是农地抵押这一农村金融产品可持续发展的关键。通过构建农地经营权价值的综合评估模型，将基于产权价值分析的农地承包经营权和基于公允价值分析的农地流转经营权的价值评估方法合并为一个综合计算公式，不仅对农地产权的考虑更为全面，在实际运用中也具有较强的可行性和易操作性。

农地经营权抵押价值分类评估步骤为：首先对农地经营权根据抵押主体和产权属性加以分类，代入相对应的 Δ_1、Δ_2、Δ_3，得出使用的公式；其次需要计算得出农业设施资产的初始价值 P_0、城乡社会保障价值差异 V_sm、农地生态系统服务总价值 V_e、基年净收益 a、土地还原率 r、抵押年限 n；最后将变量的值代入相应的计算公式中，即可得到该项农地产权单位面积的价值。其中，第二步中相关变量的确定是关键环节，实践中可参照本书中的计算方法，也可根据所在地区农地经营权的实际情况，采用合理适用的方法来调整和计算农业设施资产的初始价值、城乡社会保障价值差异、农地生态系统服务总价值、农地基年净收益等变量值。

该综合评估模型可根据农业经营主体和农地产权属性的实际情况对农地抵押价值进行分类计算。从农业经营者角度，可以充分利用不同性质的农地经营权开展融资活动，充分发挥农地资源的资本属性，获取合理的农地评估价值和抵押贷款数额；从金融机构角度看，扩大了农地经营权抵押贷款的市场范围，可针对农地经营权的不同类型开展差异性的贷款业务，科学合理确定农地经营权评估价值，为抵押贷款的发放提供理论依据。总之，农地经营权价值综合评估模型对于完善农村生态资产价值评估体系以及促进农村金融支持乡村振兴方式的创新都具有重要意义。

本章小结

基于产权价值理论形成的农地承包经营权价值评估模型，首先充分考虑了农地作为农业生产资料的生产功能、作为农民生活保障的社会功能以及作为自然生态资源的生态功能；其次有利于激活农地要素的资本属性，提高普通农户的要素收入，缩小城乡居民收入差距；再次提高了农地非市场价值的重要性，有利于提升农户的社会责任感和环境保护意识，达到有效保护耕地的目的。由此，体现了可持续发展的价值观、共同富裕的本质内涵以及保障国家粮食安全的战略目标。基于公允价值评估理论形成的农地流转经营权价值评估模型，有利于实现农地资源市场价值与公允价值评估的统一性，有利于促进农地市场城乡融合发展，有利于农地资源在各种经营主体之间合理有效地流动。由此，体现了农地资源的会计要素属性、科学的农地价值衡量模式以及农地资源的最优配置原则。基于两类农地经营权价值评估模型的比较优势，同时结合农地承包经营权和农地流转经营权的产权价值构成以及价值评估方法的共同特征，将两种模型进行有机结合，构建出农地经营权价值评估的综合模型。不论是金融机构还是第三方评估主体，都可以利用该模型根据农地经营主体和农地产权类型对抵押的农地经营权价值进行评估，从而为农地抵押贷款的发放提供科学合理的价值依据。

第九章 完善农地经营权价值分类评估支撑体系的政策建议

农地产权理论、资产价值评估理论、农地金融理论等为农地经营权价值评估分类设计提供了理论支撑，国内外既有的农地金融实践模式为农地价值评估提供了现实指导。根据农地产权属性对农地价值评估进行分类设计为农地资产价值实现提供了新维度、新技术和新思路。农地抵押贷款中农地经营权的价值评估关系到金融机构和农户的切身利益。确保农地价值评估的科学性、专业性和客观性，构建一套高质量的农地经营权价值评估支撑体系至关重要，其目的在于实现对农地抵押双方利益的最大保护。在前面分析的基础上，本章从整体上提出保障农地抵押贷款中农地经营权价值分类评估的实施建议。

第一节 构建"四位一体"的利益保障机制

在农地抵押贷款价值评估业务推行的过程中，政府部门、金融机构、农业经营者及农地价值评估机构构成了利益共同体，任何一方的行为决策都会对其他主体产生直接或间接的影响。只有当所有参与者的行为决策达到最佳的利益平衡，才能保证农地抵押和价值评估业务的顺利开展。

一、政府：抓政策落实，强制度保障

政府部门是农地抵押贷款业务的推行者，也是保证各个参与主体利益平衡的主导者。农地抵押贷款的政策目标是通过激活农地的资产属性提升农村金融普惠程度，解决农业现代化发展的融资困境。关于农村产权和农地金融改革，从中央到地方的各级部门都下发了多项指导意见和管理办法。要确保抵押贷款和价值评估工作顺利推进，地方政府在积极落实政策的同时应该细化方案，为实际工作的开展提供切实的制度保障。

（一）完善农地经营权价值评估体系

评估主体的确定是完善农地经营权评估体系的关键。实践中采用的抵押人自行评估、借款人和贷款人协商评估等方式从理论角度来看都缺乏一定的客观性和公允性。只有独立的第三方评估机构才可以真正保证评估价值的客观性和公允性。同时建立符合地区特征的农地经营权评估准则，全面考虑农地经济价值、社会价值和生态价值的存在。完善现有的农地价值评估指标，加强政府与金融机构、资产评估机构、农村集体组织等多方合作，共同商议制定地区农地经营权指导价格。

尤其是对于农地流转经营权价值评估，引入第三方机构进行独立评估至关重要。一方面在条件相同或相近的区域使用统一的可操作性标准，另一方面可以根据区域内的农地自身状况因地制宜出台农地流转经营权估值的具体细则。对于面向普通农户开展农地贷款，农地承包经营权价值评估可以根据抵押农地规模、农业生产综合条件采用抵押人自行评估和借贷双方协商评估的方式进行灵活设计，但该类产权价值评估应该以农地确权为前提。在整体信用状况较好的地区可以采取直接型的承包经营权抵押模式，适当减少对抵押额度的限制，缩小农地抵押与其他融资途径的贷款金额差异。为此，各级政府应积极成立有针对性的小型农地资产评估机构，支持发展农地承包经营权社会价值评估业务。一方面，加快改善农村普惠金融基础设施条件，为农村专业评估机构的发展提供必要的资金支持；另一方面，应该建立专门的农地价值评估行业准则及评估机构的准入资格，提高农村特殊资产价值评估工作的规范性。

（二）积极培育和发展农地经营权交易市场

农地交易市场化程度代表着当地农业产业化发展程度和农地流转的活跃程度，是保证农地经营权抵押价值实现的重要条件，更是实现农地权利流通和增值的关键因素。第一，建立包括村、乡（镇）、县、市、省的多层次农村产权流转交易平台，完善各层平台的业务职能范围，保证农地经营权处置变现顺畅。激发农地经营权抵押积极性的关键在于提升农地经营权价值的市场认可度与交易规范性。第二，产权交易平台积极引入资产评估企业、银行机构、保险业、农业企业等相关行业单位入驻，为农地抵押贷款和农村资产价值评估提供一站式服务。强化市场机制在农地流转中的作用，提升农地经营权的市场价值。第三，产权交易平台将转包、出租、入股、抵押等流转形式纳入平台进行细化管理，利用农地产权交易的线上平台，促进农地抵押流转和价值信息即时发布和交流。这就需要金融机构、贷款人、资产评估机构、交易平台等多方主体协同联动。地方政府要积极发挥引导和监督职能，确保农地经营权交易活动平稳有序进行。

（三）健全农地抵押贷款风险补偿机制

由于农业经营低收益、高风险的特性，涉农贷款发放的风险要高于普通贷款；加之农地经营权属性的复杂性，农地贷款风险又高于其他一般的涉农贷款。建立多元化的风险补偿机制是推动农地抵押贷款顺利开展的重要保障。政府部门可以通过支农再贷款倾斜等手段对农地经营权贷款发放量大的银行机构进行政策激励，也可以设立风险补偿专项基金；银保监会应鼓励保险机构开发新的农业险种，将相关保险与农地抵押贷款互联，有效补偿农地经营权抵押的风险敞口。农地抵押贷款既涉及农业、土地、金融多个领域，也与农业私营生产单位、政府部门、国有金融机构关系密切，多部门独立执法容易造成监管的真空地带，只有多部门通力协作，才能真正建立全面的贷款风险补偿机制，以此降低农户对失地风险的过高预估，激发农户参与农地抵押贷款的信心和热情。

此外，政府部门还应承担监督金融机构行为的责任，督促金融机构加强对农地抵押贷款产品和服务的创新，尽可能简化涉农贷款的程序，对金融机构开展农地抵押和价值评估业务的质量进行适当考核，进而保证为农业经营主体提供高质量的金融服务。

二、金融机构：增业务、扩容量、防风险

金融机构作为农地抵押贷款的供给者，承担着农地金融创新改革的重要使命，应该树立主动服务"三农"发展的意识，在合理防范金融风险的前提下，创新金融业务模式，增加信贷资金供给，提升金融服务乡村振兴的持续能力。

（一）拓展农村资产抵押品范围

首先吸引更多的金融机构拓展农村金融业务，金融机构的多样性不仅可以扩充农业经营主体的融资渠道、分散融资风险，还能通过实现抵押权人之间的竞争促进农地经营权抵押贷款产品和服务的创新。其次，金融机构应该在巩固小额信用贷款的基础上不断拓展农村资产抵押业务，扩大抵押品范围，分类开展农地承包经营权、农地流转经营权、种植农作物、养殖农畜产品、农业生产设施等抵押贷款。再次，创新农地金融产品和服务方式，根据抵押主体的资金

需求、农地规模的差异，对客户进行分类管理，积极推出"农地经营权＋信用""农地经营权＋担保""农地经营权＋保险""农地经营权＋农业设施"等多种农地经营权抵押组合产品模式，提高农业经营主体农地抵押贷款的可得性。依托农村数字金融的快速发展，利用手机银行 APP、公众号、小程序等技术手段随时随地为农户提供便捷、智能、个性化的金融服务。

（二）防范农地抵押的制度风险

由于农业本身的弱质性，加之受自然和市场双重风险的影响，农业收入的不稳定性决定了农地金融业务的开展具有很强的不确定性。金融机构要全面防范各个环节的风险，建立完善的全流程农地抵押风险防范体系。贷前应重点收集贷款人特征及抵押物等信息，贷中保证对农户经营状况和农地价格波动的连续性监测，贷后及时记录农户信用状况和还款情况。在此过程中，可加强与商业性担保机构的合作，即为办理了担保业务的农地抵押贷款客户优先放贷或提供优惠利率，在降低客户融资成本、提高其办理担保业务积极性的同时，分散农地抵押贷款业务的信用风险。为了乡村振兴战略的实现，金融机构要具备平衡外部政策监管与内部利益驱动之间的关系，不断提升服务各种类型农业经营主体的能力。联合政府积极构建农地抵押放贷的多元化标准，贷款发放对象可以有所侧重，满足经营实力稍弱的农业经营者的资金需求，提高农地抵押贷款的普惠性，提高金融资源分配的均衡性。

（三）提升服务规模经营主体的效率

基于数字化发展的趋势背景，金融机构可以通过大数据技术，将农地流转、租赁、转让等市场信息进行整合，并将其与农地供求、土地价格、经营主体特征等信息进行有效匹配，形成包含抵押物综合情况的数据库。同时即时掌握地方农业部门定期发布的最新的示范农业合作社、示范家庭农场以及农业产业化龙头企业名单信息，积极发展面向不同信贷特征的经营主体的多样化贷款产品，对具有正规贷款经历、正式流转文件的经营主体优先放贷。同时为了提高新型农业经营主体的获贷能力，定期开展有针对性的金融专题指导，帮助其完善内部财务管理体系，提升财务管理能力，注重指导贷款人提高真实偿债能力。各层次商业银行应当结合自身的业务优势和地区发展水平，创新支持农业规模化生产和经营的金融产品和服务模式，拓展农村基础金融服务的广度和深度，提升金融服务农业经营的效率和质量。

三、农地评估主体：精准提高业务水平

（一）发展中小型农村资产评估机构

资产评估机构是市场需求推动下的产物，农村资产评估的需求层次决定了中小型评估机构在农村地区有更好的生存空间。在农业资产比较丰富的地区可以探索"政府引导+市场主导"的中小型资产评估机构发展模式。小型资产评估机构的区域性和地方性特征明显，经营方式机动灵活，能满足不同类型农业经营主体的资产评估服务要求。"船小好调头"的组织优势能快速应对农村资产市场的变化，提升整体的服务效率。同时从整个行业来看，需要建立农地价值评估主体资格准入制度和农村产权价值评估的行业标准，保证评估机构具有较高的信息掌握能力、评估业务能力，进而提高农村产权价值评估行业的整体水平。

（二）提升资产评估业务的专业化水平

农村资产评估机构应该以农业经营主体的差异化需求为导向，立足特色服务，提升创新能力。由于我国幅员辽阔，各地区农村资源数量和质量都各不相同，农作物也不同于其他资产，其价值会随着生长周期不断变化，这决定了资产价值的差异。尤其是农地资源的自然特性和综合条件差异较大，种植的农作物种类繁多、农产品价格悬殊。农村资产评估机构应该充分利用大数据共享、云计算等信息技术服务建立农业资产信息数据库。在此基础上，积极拓展服务功能，发展多元化的评估业务，可以成立专门对种植某种农作物的农地经营权价值或者某种生物资产开展评估的业务部门，该部门的评估人员可以从事更专业精准的评估工作，全面准确地把握农作物生产过程和交易过程，提升农村资产评估业务的专业化程度。

（三）推动农村资产评估人才队伍建设

一方面，加大对农村资产评估人才尤其是农地价值评估专业人员的培养，着重培养评估人员的资产辨识能力和价值计算能力，确保评估流程和评估价值的公允、公正和客观。政府部门可以联合当地的高校开设农村资产评估业务培训课程，或者在一些职业院校设立农村资产评估专业方向，全面培养农村领域的高水平资产评估团队，支持农村资产评估机构的快速发展。另一方面，评估机构积极探索有效的评估人员管理模式和激励机制，避免人才流失，建设完善

的评估人才成长和发展平台，重视招聘、选拔、培训、利用、激励等环节，建设一支综合素质水平高、专业评估技术精湛、致力于服务乡村振兴的复合型从业队伍。

四、农业经营主体：全面提升能力素养

坚持农业经营主体在农地抵押和价值评估中的主体地位。普通农户和新型农业经营主体作为我国农地抵押贷款业务的主要参与者和获益者，其进行农地抵押主要是通过实现农地的资本功能满足农业生产经营、自主创业和日常消费等资金需求。提升自身的金融素养、经营能力以及农地价值认知水平是保持农业经营者主体地位的关键。

（一）提升自身农村金融素养

各种类型农业经营主体在现代农业发展过程中具有不可或缺的地位。为了提升自身获取金融资源的可能性，农业经营者应积极提升自身金融素养，这决定了农户对农地价值进行理性评估和金融决策的能力，金融素养的提升有利于增进农户对农地融资业务成本、收益及风险的科学认知。农业经营主体在立足已有的亲属关系圈、相邻关系圈来获取金融知识的同时，可以通过金融机构的宣传渠道获取金融知识，提高金融素养，进而增强风险辨识能力，提升风险承担能力，并加强多维金融知识获取方式的构建与维护。农业经营主体积极提高自身的诚信意识，合理评估自身的经营能力和预期收益，降低贷款违约情况的发生，同时积极配合金融机构等相关部门建立农业经营主体的信用档案，提供真实完整的信用信息，提升后期获取农业贷款的可能性。

（二）提高农业经营和盈利能力

缓解农业经营主体的融资困境，不仅需要政府的制度支持和金融机构的产品供给，还需要农户自身提高经营能力和盈利能力，提高农业产业化经营条件和技术，从根本上缓解农业经营的融资约束困境。农业龙头企业、家庭农场、种植大户以及农业合作社等新型经营主体应该发挥主导作用，提升农业生产经营产业化水平和市场化程度，开展多元化的农业经营模式，吸引更多的金融资本流入农村，促进农地流转进程，为农地经营权抵押和农地价值评估提供市场需求的主体基础。

（三）提升对农地价值的认知水平

引导农户形成科学全面的农地价值认知观念，提高农地的利用效率。一方面，通过增加农地财产性收入水平，提高农户对农地经营权资产价值的认知；通过政策宣传和公益活动，引导农户积极贯彻新发展理念，培养基于可持续发展视角的生态保护意识，进而全面提升农地自然资源的生态价值。另一方面，通过完善城乡一体的社会保障体系，提高农村养老、医疗保险的保障能力，弱化农户对农地社会价值的认知；通过开展农民职业技能培训，提高农户非农就业能力，促进农村剩余劳动力转移，构建农民工融入城市的长效机制，降低农户对农地的身份归属和情感依赖。

第二节 构建"三公一独"的价值评估准则体系

农地价值评估是依托国家土地政策并伴随市场经济发展而逐渐发展起来的资产评估细分行业。客观、公正地评估农地价值关系着农业经营主体、农地流转主体和金融机构等相关主体的切身利益，也关系着当地政府农地抵押工作的顺利推行。但作为一个特殊的估价对象，影响农地价值评估的因素繁多，如土地种类、土地质量、气候环境等，保证评估价值的准确性对评估人员和评估机构的公正性和专业性提出了更高的要求。

一、保证价值评估的客观公正

实现农地价值评估的客观公正，要求评估机构和人员在农地价值评估的过程中以评估的事实和实际调查为依据，实事求是地反映和处理评估业务；评估机构和人员应当公平正直地对待有关利益主体和相关方，不牺牲一方利益而使另一方受益，这也是《资产评估职业准则》对专业评估人员的基本要求。由于农地经营权价值构成的复杂性，农地用途和农地特征是影响农地经营权各项权能价值的关键因素。

为了避免评估主体和金融机构之间相互勾结而隐瞒评估对象的真实价值信息，从而导致农地价值评估结果失真，评估机构和人员在农地价值评估过程中必须将实际勘查作为必需环节。且由于农地作为一项自然资源的复杂性和特殊性，在对其各项权能价值进行评估时并没有详细和有效的原则路径，基于主观判断层面的价值考量往往更加明显。因此，当地依照自身条件所制定的评估和判断标准在评估过程中起到很大的作用，这就要求评估机构和人员严格遵循评估准则，有理有据地对农地的各项价值进行评估，在评估中保持独立性原则，在处理问题及出具报告时，不偏不倚地对待各方主体。

二、保证价值评估的准确公平

农地价值评估工作首先基于各参与主体自愿的原则，农地抵押贷款方无论是普通农户还是新型经营主体都有权决定是否对农地价值进行评估，农地价值可以通过借贷双方自行协商，也可以选择第三方评估机构；评估机构和评估方式的选择也要充分尊重抵押双方的意见，不能简单通过农地的地理位置和面积等因素限制评估主体的选择，农地价值评估的参与主体具有平等地位，各自的评估权利不能受到外部因素的影响，应充分保护农户合法的农地权益，农地价值评估结果要准确体现农户拥有的农地产权价值。

此外，准确性是对资产评估过程和评估结果的最高要求，同时也是评价评估主体专业水平的重要方面。追求农地价值评估结果的准确性作为评估这一动态行为的最终结果，与中间的环节相辅相成。在农地抵押贷款的评估过程中，要避免出现评估机构和人员能力受限、采用的评估方法不准确、选取参数不合理从而导致评估误差过大的问题。因此，要加强对评估机构和人员专业能力和素质的培训，培育能力胜任的专业评估队伍；同时，各地区所设置的评估细则应根据当地现实状况与时俱进、不断完善，以使评估细则在时点上准确公平。

三、保证评估过程的完全公开

农地抵押贷款的评估应在一个充分公开的市场上进行，农地评估的主体和客体都在这个竞争性的市场上，地位平等，彼此都能够获取有关农地贷款市场信息的机会和时间，且彼此的交易行为都是在自愿的、理智的，而非强制的条件下进行的。基于此，要求农地价值评估要保证做到评估程序、评估依据和评估结果的公开性。

农地价值评估程序即农地价值评估过程中的工作次序安排，即从农户向有关部门提出申请至有关评估机构在评估完成后向农户确认农地评估结果的这一全过程，中间会涉及农户、政府、评估机构等相关利益主体。评估程序的公开说明任何一方主体都能够熟悉和知晓有关程序，并根据程序作出应有的行为。农地价值评估程序的公开和公正性关系到农业经营主体的切身利益，能够保障农地权利主体在评估过程中有充分的话语权，让农户积极参与进来，同时实现对评估机构和人员的有效监督。

在普通的资产评估中，其行为依据来源于双方所签订的《资产评估委托合同》，而法律依据包括《资产评估法》《资产评估行业财政监督管理办法》等。在农地资产的价值评估中，应以当地依照现实状况制定的农地价值评估相关办法作为评估依据，如以农作物的亩数、农作物的地理位置等信息，在一个范围内对其进行统一的计价和计量。标准的评估依据和办法是使农户能够接受和认可农地价值的关键，也能够在一定程度上调动农户主体参与农地抵押贷款的积极性，加强其对政策的认可度。因此，评估依据应做到公开透明，在评估过程中遇到难以衡量的问题如是否采用专家的意见、是否运用市场的公开案例价值、评估数据库是否有记载相关问题等使得评估主体意见不一致时，对问题的讨论都应该做到公开透明，从而达到评估各方利益的均衡。评估依据公开是保障农地产权主体知情权的关键，从而提升农地价值评估结果的客观性和接受度。

根据《中国资产评估基本准则》的要求，资产评估师在开展资产评估业务活动时，应当对资产评估结果的合理性负责，即农地价值评估机构应当对其评估价值结果的准确性和合理性承担责任[①]。一方面，从农地价值评估各个主体参与者的角度来看，农地的评估价值不仅仅涉及主体之间的利益，同时也会受到监管部门、报告使用者等的影响，因此要对评估结果进行公开，避免评估人员违反法律和职业道德。另一方面，作为评估主体开展价值评估工作的技术手段，评估方法的选择和使用也影响着评估结果的准确性。因此，农地价值评估的结果与其方法的选择等方面是息息相关的，对于评估结果的公开，可以发现不同模式方法下结果的差异并总结规律、发掘出最适合当地农地价值评估的模式与方法，从而推动当地的农地抵押贷款实践。除此之外，评估结果的公开也可以作为其他相近条件农地的价值参考，节约评估资源和成本。

四、保证价值评估的充分独立

评估机构和人员作为农地价值评估工作的主导者，在整个评估过程中发挥着至关重要的作用。对于农地评估人员来说，独立性是执业的基本准则和品行要求；对于农地评估机构来说，独立性是保证高质量的评估报告和准确的评估价值的前提；对于农地抵押贷款实践来说，其健康和有序发展离不开农地价值

---

① 财政部：《财政部关于印发〈资产评估基本准则〉的通知》，https://www.gov.cn/gongbao/content/2018/content_5254399.htm。

评估的独立性。在农地价值评估这一行为中，主要应当将聚焦点放在保护农户的相关权益和利益不受侵害上。信息不对称是造成市场条件下资产评估中资产价值产生分歧的主要原因，而农户作为在农地价值评估这一博弈中较为弱势的一方，加之身份的特殊性，其对于信息的收集和把握能力相较于其他主体将更低，受到信息不对称的约束会更大。因此，应该充分保护农户的利益不受侵害，而独立性的要求在很大程度上是面向评估机构和人员。

首先，在农地经营权评估过程中应当保持一定的独立性和中立性，要坚持做到与农地抵押双方或者农地流转双方不存在利益上的牵连，评估程序要合理规范，评估结果要科学客观。当地可制定相应的政策文件来明确评估机构、评估人员、农户、各有关部门的责任与义务，评估小组成员尽量不包括政府部门和金融机构的相关工作人员，保证政府职能部门的监督功能，同时加入对应的惩戒机制，使独立性深入人心。其次，评估机构内建立轮岗制度，如果评估人员与农户等其他相关方有私人关系，应当予以回避；评估机构的人员和分工实行阶段性的人员轮换，以避免长久关系带来不良行为。再次，应提高评估机构和人员的综合素质，建立激励约束机制，加强信用体系建设。此外，为了保护普通农户的权益不受侵害，可由农村集体经济组织或村委会成员代表监督评估机构的评估行为。农村资产评估机构作为独立的市场主体，要在政府监管、市场调节和群众监督下保证评估工作充分的独立性。

第三节 构建"三台一系"的外部生态环境

一、构建数字化技术支撑平台

首先，互联网、大数据和云计算等技术可使金融服务克服时空局限性，降低金融服务的供给和获取成本，有效提升农村金融服务的可得性、精准性和可负担性。互联网在农村地区的快速普及使农村居民能够接触到更多的金融产品和服务，利用手机客户端便可以进行多种金融信贷操作，降低了获取信贷资金的交易成本。新型农村金融模式打破了传统金融机构物理网点在农村地区的束缚，互联网平台降低了金融对机构网点的依存度，能够为农村居民提供更加个性化的金融产品和服务，通过降低金融产品交易环节的成本进一步拓宽农村居民参与金融市场的路径。再次，数字技术能够帮助金融机构对获取的传统农业经营者信用数据进行综合分析，更加精准快速地识别客户的风险情况，从而降低信息不对称而产生的风险隐患。

　　政府应积极创新和丰富农村地区农地抵押贷款的路径，引入数字金融发展模式，可以在农村地区搭建数字金融综合服务平台，引入金融机构、评估公司、担保公司、保险公司等相关主体参与其中，为各类农业经营主体提供借贷、理财、抵押、评估等综合性服务。探索设定灵活的农地抵押贷款金额套餐，根据经营规模设定贷款金额来满足小农户的资金需求，对其申请中长期农地抵押贷款予以支持，充分发挥农户承包土地经营权的保障功能。构建基于数字信息的智能化农村公共服务平台，降低农村金融机构在贷款发放过程中产生的信息查询、评估、协商、监督实施、处置等中间成本。

二、构建农村产权管理信息平台

　　农村集体产权制度改革对于完善农村治理、保障农民权益、促进当地产权属性明晰从而推动农地抵押贷款实践具有重要意义。但农村信息化建设落后、信息资源整合度较低等问题，制约了农村当地信息化管理的发展。响应中央一号文件助力农村产权信息化建设，建立包含农村集体资产大数据中心，农村集体产权制度改革管理平台、"三资"监管平台和农村集体资产大数据分析平台，以及包含产权交易系统、农地流转系统、新型经营主体管理系统、数据交换与共享服务等系统的农村集体产权综合管理平台，从而规范农村管理，提高工作效率，通过信息资源公开、共享机制，推动工作流程的改进，实现农村集体产权的标准化、流程化、统一化、动态化、协同化和精细化管理。其中，农地流转系统旨在构建一个结构合理、层次清晰、功能完善、资源丰富、特色鲜明的农地流转信息门户网站，实现农地承包、农地流转、产权交易等相关政策法规公布、农地流转信息管理发布等功能，方便农户及集体经济组织开展农地流转，促进农村经济发展。

　　依托农村产权交易平台，建立农村产权交易信息数据库和农村产权信息查询系统，为农地金融体系的创新奠定信息科技基础。在加快农村各类资源资产确权颁证的同时，促进农业相关部门与银行业金融机构联网共享确权信息，通过形成基本数据库，实现对区域范围内农村产权交易的统一管理。可以参照房地产的价值评估机制，由多家第三方评估机构合作建立以农地信息为主的共享数据库。通过信息化手段，金融机构利用共享数据库可以快速查询目标农地的相关信息，减少现场评估的环节，将农地数据转化为活资源，大大提升贷款效率，保证抵押登记信息的真实性。增强农地流转经营权的抵押效能，将农地上的生物资产、生产设施等合理计入抵押品范围。将大数据分析、信息共享等数字化金融技术应用到农村资产价值评估行业中，实现对农地经营权、农作物、农业基础设施等多种形态抵押物的价值信息数据库建设。

三、构建农村信用管理信息平台

完善的征信体系有利于降低农地经营权抵押贷款信用风险，同时亦可提高小型农业经营主体的正规信贷可得性。现实中很多地方政府已搭建了省、市级的信用信息共享平台，但收集的数据存在碎片化、不统一、共享难的问题，导致信息平台上的征信数据数量不足、征信记录不完整，从而使未入库农户很难获取金融服务，且由于信息无法统一的共享和管理，加大了管理成本的问题，"信息孤岛"问题较为严重。

首先，政府应主动联合各相关部门完善农村居民征信体系，实现农业经营主体个人及家庭信用信息共享。同时注意对农村借款人的信用记录进行有效积累，根据借款人的还款信息和资产变动情况实时调整借款人的信用等级，以信用引领农地抵押担保贷款的发展。其次，开展农村社会信用体系建设，弘扬诚信文化，普及信用知识，帮助农村个人和组织树立诚信观念、提高信用水平；加强对农业经营者的信用教育，构建出以金融诚信为核心内容的现代农村信用体系框架。除此之外，鼓励和支持更多的市场主体参与农村数字信用体系建设，提升农村信息化服务水平和综合能力。

四、完善城乡一体的社会保障体系

我国城乡社会保障体系经过多年的发展，已经取得了一定的成效，但是不平衡、不充分的问题依然存在。党的二十大报告对我国社会保障体系建设提出了"覆盖全民、统筹城乡、公平统一、安全规范、可持续、多层次"的六大发展原则[1]。建立依托于国家的、与经济社会发展水平相适应的、覆盖所有城乡居民的城乡一体化社会保障体系，对于推进农地抵押贷款具有重要意义。养老、医疗、最低生活等农村社会保障项目应该以相对先进的城镇社会保障体系为样板，减小城乡之间的保障差异，逐步降低农地承包经营权的社会保障价值，为农地抵押贷款和农地价值评估的开展提供良好的社会保障环境，这对于

---

[1] 习近平：《高举中国特色社会主义伟大旗帜　为全面建设社会主义现代化国家而团结奋斗——在中国共产党第二十次全国代表大会上的报告》，https://www.gov.cn/xinwen/2022-10/25/content_5721685.htm。

实现城乡经济社会协调发展有着非常重要的意义。同时考虑到部分农户农地贷款违约情况的发生可能会造成农民的失地风险，可以成立农地抵押的社会保障专项资金，专门用于解决贷款农户失地后所造成的社会问题。财政"兜底"下的农地经营权抵押融资虽然可以暂时解决农地资本化后的社会问题，但是不具有持续性。构建完善的城乡一体化社会保障体系，减少农业经营者开展农地融资的后顾之忧，提升金融机构对抵押品的处置权限才是长久之计。

农地抵押贷款及价值评估服务对象包括普通农户、专业大户、家庭农场、农业企业、农业合作社等各种类型农业经营主体，但要根据经营主体的性质、生产规模、社会资源等特征设计差异化的服务，以支持规模农户的产业化经营为重点，以支持普通农户的家庭经营与现代农业有效衔接为难点，充分体现农村金融服务的普惠性。当前我国大部分农村地区基本形成了包括金融机构、担保公司、保险公司、评估机构、政府部门等在内的多元化、立体式的农地金融服务体系。以商业银行为主的金融机构要成为农地金融服务的主力，寻求营利性和政策性的利益平衡点，通过金融产品和服务方式创新降低交易成本和信贷风险。担保机构、保险公司和评估机构等第三方组织在农地金融供给过程中应该发挥有效的增信和润滑作用，协调解决借贷双方的利益冲突和信息不对称问题。政府部门在农村金融体系建设过程中也应该积极发挥监督职能，完善农村金融基础设施，建设农村信用体系，对农村居民进行金融知识教育和宣传等。只有构建出科学完善的农地价值评估支撑体系，激发出农地金融改革的内生活力，才能保证农地抵押贷款下农地经营权价值分类评估的有效施行。

本章小结

农地抵押贷款产权价值分类评估方法的实现需要一套完善的农地经营权价值评估支撑体系予以保证。首先，需要构建"四位一体"的农地金融利益保障机制，在农地抵押贷款价值评估业务推行的过程中，政府部门、金融机构、农业经营者及农地价值评估机构构成了利益共同体，任何一方的行为决策都会对其他主体产生直接或间接的影响。各级政府在积极落实政策的同时应该细化方案，为实际工作的开展提供切实的制度保障；金融机构在合理防范系统性金融风险的前提下创新农地金融服务方式，促进农地金融的普惠性；农村资产评估的需求层次决定了应积极发展中小型评估机构并提升专业化水平和评估人员队伍素质；普通农户和新型农业经营主体作为我国农地抵押贷款业务的主要参与者和获益者，应努力提升自身的金融素养、经营能力以及农地价值认知水平。其次，需要构建"三公一独"的农地价值评估准则体系，公正、公平、公开、独立地评估农地价值关系着农业经营主体、农地流转主体和金融机构的切身利益，也关系着当地政府农地抵押工作的顺利推行。再次，应构建"三台一系"（数字化技术支撑平台、农村产权管理信息平台、农村信用管理信息平台和城乡一体的社会保障体系）的外部生态环境。

第十章 结论与展望

根据"三权分置"下农地产权属性差异对农地经营权抵押价值评估进行理论研究和实践检验,一方面可实现农地制度与农村金融研究的深度融合,有利于拓展农村金融和普惠金融理论的广度和深度;另一方面有利于扩充农地价值评估方法范畴,并进一步拓展自然生态产品资产价值评估的理论框架。从应用角度看,有利于提升农地抵押和农地价值评估服务的精准性和科学性。基于产权价值分析法对农地承包经营权进行评估,既可解决普通农户家庭经营的"融资之困",又可减少因农地抵押而产生的"失地之忧";基于公允价值分析法对农地流转经营权进行评估,可保障规模经营主体能够获得客观充足的资金支持,对促进农业规模化和集约化经营具有重要意义。

第一节 研究结论

(1)农地抵押作为农地金融的重要内容,明确农地抵押贷款政策的演变过程及阶段特征是研究农地价值评估的逻辑前提。总体来看,我国采用了循序渐进、试点先行的原则开展了农地制度改革,农地抵押政策经历了严格禁止、政策逐渐松动、法律有条件解禁和法律完全放开四个阶段。通过对试点地区的资料收集和样本地区的实地调研发现,农地抵押贷款的实践效果与政策预期存在着一定的反差,主要原因是内生发展动力不足、市场处置机制不畅、农地价值评估机制不完善等。只有解决这些关键问题,才能真正激发出"三权分置"制度的内生活力,推动农地抵押融资的可持续发展。

(2)"三权分置"下农地经营权抵押价值评估不仅要遵循真实性、法规性、科学性和可行性等原则,还要基于以人为本和可持续发展视角充分体现农地经济价值、社会价值和生态价值等多重属性。借鉴顾客满意度指数(CSI)理论框架构建了农地价值评估农户满意度指数模型（LVAFSI），利用宁夏平罗和陕西高陵两地区农户调研数据，运用结构方程模型定量分析各种因素对价值评估的影响程度，得出价值评估公允性是关键性因素。因此，要提升农地经营权价值评估水平，首先要设计科学的农地价值评估方法，提高农地评估价值的公允性和准确性。

（3）"三权分置"下的农地经营权根据取得方式不同，可以分为承包经营权和流转经营权。前者是普通农户通过家庭承包方式取得的一种稳定性产权，具有保障性和财产性双重特征，但农地小而散以及价值构成的复杂性决定了科学选择评估方法的重要性。后者是新型经营主体通过与普通农户签订流转合同而取得的一种期限性产权，具有完全的财产属性和较高的市场交易性，对价值评估方法的公允性和准确性要求更高。两类农地产权价值受到一系列内外部因素的影响，且决定了二者作为抵押品在收益、还款和处置变现能力方面的差异，利用样本地区的调研数据，通过构建回归模型进行了实证检验，据此形成了农地抵押贷款产权价值分类评估的理论依据。

（4）基于可持续发展视角，农地承包经营权抵押价值主要由经济价值、社会价值和生态价值三部分构成，分别适合采用收益还原法、替代市场法以及当量因子法对三种价值进行估算，在此基础上构建了农地承包经营权的产权价值评估模型。以宁夏平罗作为样本区，对农地承包经营权的三种价值进行估算，将理论评估值与案例评估值进行对比，发现实践中平罗县采用基准价格法计算的农地承包经营权抵押价值被低估，忽略了农地承包经营权的社会保障功能和生态功能，导致在该评估价值基础上发放的抵押贷款很难满足农户的资金需求。

（5）农地流转经营权剥离了社会功能，其价值构成中只有经济价值和生态价值，其抵押的实质是对农地所产生的未来收益进行抵押，在此基础上构建了农地流转经营权的公允价值评估模型。以陕西杨凌作为样本区，对农地流转经营权的经济价值和生态价值进行估算，将理论评估值与案例评估值进行对比，发现实践中陕西杨凌的农地流转经营权抵押评估价值与公允价值评估模型中的经济价值大致相当，但年净收益、农地经营权流转租金、农业补贴以及生态价值等问题未得到合理考虑，降低了对农业规模经营的金融支持效应。

（6）基于两类农地经营权价值评估模型的比较优势，同时结合产权价值构成以及价值评估方法的共性特征，将两种模型进行有机结合，形成农地经营权价值评估的综合模型。在此基础上，构建一套包括"四位一体"的农地金融利益保障机制、"三公一独"的农地价值评估准则体系以及"三台一系"的外部生态环境在内的农地抵押和价值评估的支撑体系。

第二节 研究展望

（1）由于受疫情影响，本研究设计的调研工作未能够按照预期开展，只在宁夏和陕西的部分试点地区开展了实地调研和数据收集，实证分析只是基于调研地区的样本数据进行检验，据此得出的结果可能存在一定的偏差，但总体上不影响研究结论。

（2）农地金融改革处于不断推进的动态变化过程中，农地抵押贷款和农地价值评估也处于探索推进的进程中，农村金融产品创新的步伐也会越来越快。本研究所设计的模型和对策建议需要与时俱进，服务于"三农"发展实际和乡村振兴发展战略，不断调整和完善。

（3）农地既是人类赖以生存和发展的重要自然资源，又是保障农业经济活动不可或缺的生产资料。尚需深入研究的问题主要包括：一方面，如何通过农地金融制度设计进一步激活其财产属性，提高不同类型农业经营者收入，进而促进城乡融合发展；另一方面，如何在新发展理念和"双碳"目标下，科学评估和核算农地的生态产品价值，需要在实践中不断研究和探索。

附录 农地经营权抵押贷款及价值评估开展情况调查问卷

调查员姓名＿＿＿＿＿＿ 班级＿＿＿＿＿＿ 电话＿＿＿＿＿＿

调查地点＿＿＿＿市＿＿＿＿县（市）＿＿＿＿乡（镇）＿＿＿＿村

被调查人姓名＿＿＿＿＿＿＿ 被调查人联系方式＿＿＿＿＿＿＿

尊敬的农民朋友：

您好！感谢您从百忙之中抽出时间接受我们的调查访问。这次调查的主要目的是向您了解该地区农地抵押融资和农地经营权价值评估的基本做法和效果，为进一步推动农地产权市场化改革提供参考。为了解除您的疑虑，特作以下说明：

1. 本问卷所涉及的问题只用于课题研究，保证您的个人资料不外泄；
2. 本问卷所有问题的答案无对错之分，请您放心并客观填写。

第一部分：农户家庭及农地经营情况

1. 您的性别：A. 男　　B. 女；　您的年龄：＿＿＿＿＿＿岁。
2. 您的文化程度：
   A. 没上过学　　　　B. 小学　　　　　　C. 初中
   D. 高中　　　　　　E. 大专以上
3. 您家是否有村干部？
   A. 是　　　　　　　B. 否
4. 您家人口数：＿＿＿＿＿人。其中，具备劳动能力的有＿＿＿＿＿人。
5. 您家属于哪一种经营主体类型？
   A. 普通农户　　　　B. 种植大户　　　　C. 家庭农场
   D. 农业合作社　　　E. 农业企业

6. 您家目前种植农地_____亩，其中，耕地_____亩，园地_____亩，林地_____亩，其他_____亩（注：此处农地分为耕地、林地、园地及其他）。

7. 您家种植的主要作物有：①_____，_____亩；②_____，_____亩；③_____，_____亩。

8. 您家种植的土地上是否建有大棚、灌溉等农业设施？

   A. 是，农业设施的价值大概为_____元。

   B. 否

9. 您家拥有的农村产权证书有（可多选）：

   A. 土地承包经营权证　　　　B. 土地流转经营权证

   C. 集体荒地承包经营权证　　D. 宅基地使用权证

   E. 房屋产权证　　　　　　　F. 其他_____

10. 您家的主要收入来源是_____，其中农业收入占比大概有_____%。

11. 您所在地区农地的流转价格是_____元/亩。

第二部分：农地产权抵押贷款开展情况

1. 您家办理农地抵押贷款的具体时间是_____年（年份），农地抵押贷款的金额是_____元，期限是_____月，贷款利率是_____。

2. 您家进行农地抵押贷款的主要用途是（可多选）：

   A. 用于农业生产（购买种子、化肥，流转土地）

   B. 养殖业及渔业的生产（购买种苗、饲料）

   C. 子女上学

   D. 盖房子

   E. 婚丧嫁娶、看病等

   F. 个体投资经营（搞运输、个体）

3. 为您家办理农地抵押贷款的金融机构是：

   A. 农村商业银行　　　　　　B. 邮政储蓄银行

   C. 中国农业银行　　　　　　D. 村镇银行

   E. 其他_____

4. 您家办理贷款时抵押的农地产权类型是：

   A. 农地承包经营权　　　　　B. 农地流转经营权

   C. 集体荒地承包经营权　　　D. 宅基地使用权

5. 您家办理抵押贷款的方式是：

  A. 单一农地产权抵押   B. 农地抵押+其他财产担保

  C. 农地抵押+第三方担保   D. 农地经营权+其他风险分散机制

6. 您从开始申请农地抵押贷款到获得贷款所需的时间是_____天。

7. 您为什么会选择农地抵押贷款这种方式？

  A. 金融机构推荐   B. 村干部宣传推荐

  C. 村里其他人推荐   D. 自己对比分析选择的结果

8. 您认为农地产权抵押贷款相对于其他方式的贷款有哪些优势？（可多选）

  A. 利率低   B. 手续简便，贷款容易获得

  C. 期限合理   D. 放贷额度合理

  E. 风险低   H. 政府大力支持

  G. 其他_____

9. 您认为农地抵押贷款相对于其他方式的贷款有哪些劣势？（可多选）

  A. 贷款金额太小，无法满足资金需求

  B. 还不上借款，农地会被处置

  C. 手续麻烦

  D. 需要担保人

  E. 利率太高

  F. 其他_____

10. 目前您还知道哪些农户可以选择的正规金融贷款种类？（可多选）

  A. 小额信用贷款   B. 农户联保贷款

  C. 第三方担保贷款   D. 订单农业贷款

  E. 生物资产质押贷款   F. 农村房屋抵押贷款

  G. 互联网借贷   F. 其他_____

11. 您家之前是否还有其他形式的正规贷款？

  A. 有，形式_____，贷款金额_____

  B. 否

第三部分：农地抵押贷款价值评估情况

1. 您所抵押的农地面积是_____亩，评估价值_____元/亩。

2. 您办理农地抵押贷款时农地价值的评估主体是：

  A. 政府机构   B. 发放贷款银行

C. 第三方机构　　　　　　　D. 贷款人自评估

E. 借贷双方协商评估

3. 您获得的抵押贷款额度占农地评估价值的比例（抵押率）是_____%。

4. 您对农地产权抵押价值评估的整体满意程度如何？

   A. 非常满意　　　B. 比较满意　　　C. 一般满意

   D. 不满意　　　　E. 非常满意

5. 您对价值评估整体情况与您预期的结果进行对比产生的满意感程度如何？

   A. 非常满意　　　B. 比较满意　　　C. 一般满意

   D. 不满意　　　　E. 非常满意

6. 您对价值评估整体情况与您最理想的状况进行对比产生的满意感程度如何？

   A. 非常满意　　　B. 比较满意　　　C. 一般满意

   D. 不满意　　　　E. 非常满意

7. 您对价值评估过程中第三方机构参与情况的满意程度如何？

   A. 非常满意　　　B. 比较满意　　　C. 一般满意

   D. 不满意　　　　E. 非常满意

8. 您对政府相关部门在价值评估中监督管理作用的满意程度如何？

   A. 非常满意　　　B. 比较满意　　　C. 一般满意

   D. 不满意　　　　E. 非常满意

9. 您对金融机构在价值评估中参与情况的满意程度如何？

   A. 非常满意　　　B. 比较满意　　　C. 一般满意

   D. 不满意　　　　E. 非常满意

10. 关于价值评估在整体上对农地抵押贷款产生的积极效应，您的期望程度如何？

    A. 非常高　　　　B. 比较高　　　　C. 一般高

    D. 不高　　　　　E. 非常不高

11. 您对自家农地产权获得合理评估价值的期望程度如何？

    A. 非常高　　　　B. 比较高　　　　C. 一般高

    D. 不高　　　　　E. 非常不高

12. 您对通过农地价值评估获得抵押贷款缓解您家融资需求的期望程度如何？

A. 非常高　　　　　B. 比较高　　　　　C. 一般高
D. 不高　　　　　　E. 非常不高

13. 您认为农地抵押价值评估在整体上对您及家庭产生的积极作用程度如何？
A. 非常高　　　　　B. 比较高　　　　　C. 一般高
D. 不高　　　　　　E. 非常不高

14. 您对农地评估所获得的价值额度的满意程度如何？
A. 非常满意　　　　B. 比较满意　　　　C. 一般满意
D. 不满意　　　　　E. 非常满意

15. 您对农地抵押价值评估对您家庭福利改善情况的满意程度如何？
A. 非常满意　　　　B. 比较满意　　　　C. 一般满意
D. 不满意　　　　　E. 非常满意

16. 当您对价值评估不满意时，向政府部门投诉的想法与冲动程度如何？
A. 非常高　　　　　B. 比较高　　　　　C. 一般高
D. 不高　　　　　　E. 非常不高

17. 当您对价值评估不满意时，向周围熟人进行抱怨的可能性如何？
A. 非常高　　　　　B. 比较高　　　　　C. 一般高
D. 不高　　　　　　E. 非常不高

18. 当您对价值评估不满意时，向陌生人进行抱怨的可能性如何？
A. 非常高　　　　　B. 比较高　　　　　C. 一般高
D. 不高　　　　　　E. 非常不高

19. 您对整个评估过程进行正面评价的程度如何？
A. 非常高　　　　　B. 比较高　　　　　C. 一般高
D. 不高　　　　　　E. 非常不高

20. 您将此种贷款和评估模式推荐给其他人的可能性如何？
A. 非常高　　　　　B. 比较高　　　　　C. 一般高
D. 不高　　　　　　E. 非常不高

21. 当您再次进行农地抵押贷款融资时，继续采用此种价值评估模式的可能性有多大？
A. 非常高　　　　　B. 比较高　　　　　C. 一般高
D. 不高　　　　　　E. 非常不高

22. 您对农地价值评估标准的公开性和客观性情况满意程度如何？
A. 非常满意　　　　B. 比较满意　　　　C. 一般满意

D. 不满意　　　　　E. 非常满意

23. 您对评估过程中评估主体对抵押物进行实地考察的满意程度如何?

A. 非常满意　　　B. 比较满意　　　C. 一般满意

D. 不满意　　　　　E. 非常满意

24. 您对评估结束后出具的价值评估报告的满意程度如何?

A. 非常满意　　　B. 比较满意　　　C. 一般满意

D. 不满意　　　　　E. 非常满意

25. 您对评估机构是否针对不同地块、不同主体分类设置评估方法的满意程度如何?

A. 非常满意　　　B. 比较满意　　　C. 一般满意

D. 不满意　　　　　E. 非常满意

26. 您对评估主体考虑农地价值影响因素是否全面的满意程度如何?

A. 非常满意　　　B. 比较满意　　　C. 一般满意

D. 不满意　　　　　E. 非常满意

27. 您对评估主体使用价值评估方法一致性情况的满意程度如何?

A. 非常满意　　　B. 比较满意　　　C. 一般满意

D. 不满意　　　　　E. 非常满意

28. 您对评估主体认定的最终评估价值的接受和认可程度如何?

A. 非常满意　　　B. 比较满意　　　C. 一般满意

D. 不满意　　　　　E. 非常满意

29. 银行机构对评估主体最终评估价值的接受和认可程度如何?

A. 非常满意　　　B. 比较满意　　　C. 一般满意

D. 不满意　　　　　E. 非常满意

30. 您家农地的评估价值与同类型资产价值进行比较,可靠性程度如何?

A. 非常可靠　　　B. 比较可靠　　　C. 一般可靠

D. 不可靠　　　　　E. 非常可靠

参考文献

[1] 张龙耀,周南,许玉韫,等. 信贷配给下的农业规模经济与土地生产率[J]. 中国农村经济,2018(7):19-33.

[2] 武丽娟,刘瑞明. 唤醒沉睡的资本:农地抵押贷款的收入撬动效应[J]. 财经研究,2021,47(9):108-122.

[3] 汪险生,郭忠兴. 流转型土地经营权抵押贷款的运行机制及其改良研究——基于对重庆市江津区及江苏新沂市实践的分析[J]. 经济体制改革,2017(2):69-76.

[4] 宋坤,徐慧丹. 农地经营权抵押贷款模式选择:转型与路径[J]. 财经科学,2021(6):92-104.

[5] 王德福. 制度障碍抑或市场不足?——农地产权抵押改革的限制因素探析[J]. 求实,2017(5):79-88.

[6] 黄惠春,祁艳. 农户农地抵押贷款需求研究——基于农村区域经济差异的视角[J]. 农业经济问题,2015,36(10):11-19+110.

[7] 苏岚岚,孔荣. 农民金融素养、农地转入与农地抵押融资——基于陕西、宁夏、山东1947户农户调查数据的实证[J]. 财贸研究,2021,32(7):42-55+110.

[8] 顾庆康,林乐芬. 农地经营权抵押贷款能缓解异质性农户信贷配给难题吗?[J]. 经济评论,2019(5):63-76.

[9] 彭澎,刘丹. "三权分置"下农地经营权抵押融资运行机理——基于扎根理论的多案例研究[J]. 中国农村经济,2019(11):32-50.

[10] 吴一恒,马贤磊,马佳,等. 如何提高农地经营权作为抵押品的有效性?——基于外部治理环境与内部治理结构的分析[J]. 中国农村经济,2022(8):40-53.

[11] 白洋,胡锋. 农村土地融资担保的法律制度完善[J]. 中州学刊,2021(8):62-67.

[12] 戴琳,于丽红,兰庆高,等. 农地抵押贷款缓解种粮大户正规信贷约束了吗——基于辽宁省434户种粮大户的实证分析 [J]. 农业技术经济, 2020 (3): 20-31.

[13] 李韬,罗剑朝. 农户土地承包经营权抵押贷款的行为响应——基于Poisson Hurdle模型的微观经验考察 [J]. 管理世界, 2015 (7): 54-70.

[14] 梁虎,罗剑朝. 农地抵押贷款参与、农户增收与家庭劳动力转移 [J]. 改革, 2019 (3): 106-117.

[15] 潘文轩. 农地经营权抵押贷款中的风险问题研究 [J]. 南京农业大学学报 (社会科学版), 2015, 15 (5): 104-113+141.

[16] 楼建波. 农户承包经营的农地流转的"三权分置"——一个功能主义的分析路径 [J]. 法学家, 2016 (4): 53-69.

[17] 罗兴,马九杰. 不同土地流转模式下的农地经营权抵押属性比较 [J]. 农业经济问题, 2017, 38 (2): 22-32.

[18] 朱文珏,罗必良. 农地价格幻觉:由价值评价差异引发的农地流转市场配置"失灵"——基于全国9省(区)农户的微观数据 [J]. 中国农村观察, 2018 (5): 67-81.

[19] 辛寄蓉,冯义从,刘寅,等. 完善农地流转价格评估体系的思考——基于不动产统一登记数据的支撑 [J]. 中国国土资源经济, 2017, 30 (10): 41-44+58.

[20] 黄惠春,徐霁月. 中国农地经营权抵押贷款实践模式与发展路径——基于抵押品功能的视角 [J]. 农业经济问题, 2016, 37 (12): 95-102+112.

[21] 陈锡文. 农业和农村发展:形势与问题 [J]. 南京农业大学学报(社会科学版), 2013, 13 (1): 1-10+29.

[22] 李伟伟,张云华. 土地承包经营权抵押标的及其贷款操作:11省(区、市)个案 [J]. 改革, 2011 (12): 76-84.

[23] 汪险生,郭忠兴. 信息不对称、团体信用与农地抵押贷款——基于同心模式的分析 [J]. 农业技经济问题, 2016, 37 (3): 61-71+111.

[24] 程郁,王宾. 农村土地金融的制度与模式研究 [M]. 北京:中国发展出版社, 2015.

[25] 林一民,林巧文,关旭. 我国农地经营权抵押的现实困境与制度创新 [J]. 改革, 2020 (1): 123-132.

[26] 纪秀江. 农地经营权抵押融资功能实现的创新探索——基于枣庄"结对融"模式的思考 [J]. 西南金融, 2018 (2): 71-76.

[27] 宋坤, 聂凤娟. 政府主导型农地经营权抵押贷款对农户收入效应的影响——基于成都温江与崇州市对比分析 [J]. 中国农业资源与区划, 2021, 42 (9): 216-225.

[28] 程郁, 张云华, 王宾. 农村土地产权抵质押: 理论争论、现实困境和改革路径 [J]. 金融监管研究, 2014 (10): 10-27.

[29] 李少武, 张衔. 三权分置改革中农村土地承包经营权抵押贷款研究 [J]. 重庆社会科学, 2019 (1): 35-43.

[30] 祝之舟. 农村土地承包经营权的功能转向、体系定位与法律保障——以新《农村土地承包法》为论证基础 [J]. 农业经济问题, 2020 (3): 40-48.

[31] 赵振宇. 基于不同经营主体的农地承包经营权抵押问题研究 [J]. 管理世界, 2014 (6): 174-175.

[32] 房绍坤, 林广会. 土地经营权的权利属性探析——兼评新修订《农村土地承包法》的相关规定 [J]. 中州学刊, 2019 (3): 45-54.

[33] 陈锡文. 关于农村土地制度改革的两点思考 [J]. 经济研究, 2014, 49 (1): 4-6.

[34] 李怀. 农地"三权分置"助推乡村振兴: 理论逻辑与机制构建 [J]. 当代经济研究, 2021 (8): 79-87.

[35] 徐华君, 操颖卓. 农村土地承包经营权抵押贷款的现实困境与价值评估研究 [J]. 金融监管研究, 2017 (3): 84-96.

[36] 洪名勇. 马克思土地产权制度理论研究——兼论中国农地产权制度改革与创新 [M]. 北京: 人民出版社, 2011.

[37] 罗必良. 新制度经济学 [M]. 太原: 山西经济出版社, 2005.

[38] 段晓芳. 会计公允价值与资产评估公允价值 [J]. 金融会计, 2021 (2): 9-13.

[39] 陈水光, 兰子杰, 苏时鹏. 自然资源资产价值可持续实现路径分析 [J]. 林业经济问题, 2022, 42 (1): 21-29.

[40] 钟骁勇, 李洪义. 我国耕地资源价值核算路径探索 [J]. 中国土地, 2021 (2): 41-43.

[41] 谢高地, 肖玉, 甄霖, 等. 我国粮食生产的生态服务价值研究 [J]. 中国生态农业学报, 2005 (3): 10-13.

[42] 谢高地，甄霖，鲁春霞，等. 一个基于专家知识的生态系统服务价值化方法 [J]. 自然资源学报，2008（5）：911－919.

[43] 谢高地，张彩霞，张雷明，等. 基于单位面积价值当量因子的生态系统服务价值化方法改进 [J]. 自然资源学报，2015，30（8）：1243－1254.

[44] 张红宇. 缩小城乡收入差距，促进农民富裕富足 [J]. 农村工作通讯，2021（5）：32－34.

[45] 印子. 农地的社会功能及其制度配置——基于华北农村"小农户家庭经营"案例分析的讨论 [J]. 农业经济问题，2022（3）：77－89.

[46] Barbier E B, Stern N D I, Common M S. Economic growth and environmental degradation：the environmental Kuznets curve and sustainable development [J]. World Development，2004，24（7）：1151－1160.

[47] Menkhoff L, Neuberger D, Rungruxsirivorn O. Collateral and its substitutes in emerging markets' lending [J]. Journal of Banking & Finance，2012（36）：817－834.

[48] Power G J, Turvey C G. On the exit value of a forward contract [J]. Journal of Futures Markets，2010，29（2）：179－196.

[49] F Lehn, Bahrs E. Analysis of factors influencing standard farmland values with regard to stronger interventions in the German farmland market [J]. Land Use Policy：The International Journal Covering All Aspects of Land Use，2018，38：138－146.

[50] Mazzocchi C, Orsi L, Fe Rrazzi G, et al. The dimensions of agricultural diversification：a spatial analysis of italian municipalities [J]. Rural Sociology，2019（8）：30.

[51] Awasthi, Kant M. Socioeconomic determinants of farmland value in India [J]. Land Use Policy，2014，39：78－83.

后　记

本书是笔者主持的国家社会科学基金项目"'三权分置'下农地抵押贷款产权价值评估分类设计研究"（项目编号：17CYJ028）的研究成果。感谢国家社科基金对本书的研究和出版提供的大力支持，感谢相关专家对研究报告初稿提出的修改意见。

在本书写作过程中，课题组多次赴省内外地区开展调研，先后到过宁夏回族自治区平罗县、陕西省西安市高陵区、陕西省杨凌农业高新技术产业示范区、陕西省安康市平利县、陕西省西安市周至县等，走访了上述县（市、区）的农业农村局、中国人民银行、乡村振兴局等部门以及多个乡镇政府和村委会。通过调研和座谈，收集了大量一手资料，为本书完稿积累了丰富的素材。在调研过程中，课题组受到了所到之处相关部门负责人和工作人员的热情接待，收获良多。借此，对上述地区曾经给予帮助的单位和个人表示诚挚的谢意。

在本书写作过程中，刘然然、孙茹月、王玉静、宋罗琪、李茜、吴靖祎等多名研究生和本科生在文献整理、问卷收集、数据分析、实证研究等方面做了大量的工作，在此表示深深的谢意。同时，感谢西北大学苏芳教授、陕西科技大学薛俭教授、陕西科技大学马广奇教授、西北政法大学尚海洋教授、陕西科技大学曹志鹏教授、西北农林科技大学罗剑朝教授等专家学者对本书写作中存在的问题给予了多次的指导和帮助。

本书参考和引用了大量国内外文献，借鉴了国内外专家学者的相关研究成果。这些文献资料为本书的完成奠定了坚实的理论基础。由于篇幅有限，无法将作者一一列出，在此向所有文献资料的作者致谢。

中国的农地金融问题是非常复杂且具有一定研究价值的现实课题，由于受主客观条件的限制，书中难免存在谬误和不足之处，敬请专家学者批评指正，后期本人还将进行更多深入研究和探索。

阚立娜

2023 年 8 月